위기와 미래

문재인 정부 국정비전의 진화와 5대 강국론

위기와 미래

문재인 정부 국정비전의 진화와 5대 강국론

국정과제협의회 정책기획시리즈 **19**

조 대 엽
윤 태 범
김 태 진
박 규 범

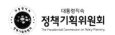

대통령직속
정책기획위원회
The Presidential Commission on Policy Planning

차　례

표 차례

그림 차례

국정과제협의회 정책기획시리즈
발간에 붙여

대통령직속 정책기획위원회
위원장 조대엽

1. 문재인 정부 5년, 정책기획위원회 5년을 돌아보며

문재인 정부가 출범한 지 5년차가 되었습니다. 돌이켜보면 전국의 거리를 밝힌 거대한 촛불의 물결과 전임 대통령의 탄핵, 새 정부출범에 이르는 과정은 '촛불혁명'이라고 할 만했습니다. 2016년 촛불혁명은 법과 제도의 틀에서 전개된 특별한 혁명이었습니다. 1,700만 명의 군중이 모여 촛불의 바다를 이루었지만 법의 선을 넘지 않았습니다. 전임 대통령의 탄핵과 새 대통령의 선출이 법과 정치적 절차의 훼손 없이 제도적으로 진행되었습니다. '제도혁명'이라고도 부를 수 있는 참으로 특별한 정치 과정이 아닐 수 없습니다. 세계적으로 대의 민주주의의 위기와 한계가 뚜렷한 가운데 2017년 문재인 정부의 출범 과정은 현대 민주주의의 범위와 내용을 제도적으로 확장한 정치사적 성과라고도 할 수 있습니다.

현대 민주주의의 괄목할 만한 진화를 이끌고 제도혁명으로 집권한 문재인 정부가 5년차를 맞았습니다. 선거 후 바로 대통령 취임과 함께 국정기획자문위원회가 출발해 100대 국정과제를 선별하면서 문재인 정부의 정치 일정이 시작되었습니다. 집권 5년차를 맞으며 인수위도 없이 출발한 집권 초기의 긴박한 과정을 떠올리면 문재인 정부는 임기 마지막까지 국정의 긴장을 늦출 수 없는 운명을 지녔습니다. 어쩌면 문재인 정부는 '제도혁명정부'라는 특별한 성격을 갖는다는 점에서 거의 모든 정부가 예외 없이 겪었던 임기 후반의 '레임덕'이라는 표현은 정치적 사치일 수 있습니다. 문재인 정부의 남은 시간 동안 지난 5년의 국정 성과에 이어 마지막까지 성과를 만들어냄으로써 국정의 긴장과 동력을 잃지 않는 일이 무엇보다 중요한 시점입니다. 그것이 문재인 정부의 역사적 소명이기도 합니다.

정책기획위원회는 지난 5년간 대통령 직속기구로서 폭넓은 국정자문 활동을 했습니다. 정책기획위원회의 주된 일은 국정과제 전반을 점검하고 대통령에게 필요한 내용들을 보고하는 일입니다. 지난 5년 정책기획위원회의 역할을 구분하면 정책 콘텐츠 관리와 정책 네트워크 관리, 정책소통 관리라는 세 가지로 요약할 수 있습니다.

먼저, 정책 콘텐츠 관리는 국가 중장기 발전전략 및 정책 방향 수립과 함께 100대 국정과제의 추진과 조정, 국정과제 관련 보고회의 지원, 국정분야별 정책 및 현안과제 연구, 대통령이 요구하는 국가 주요 정책 연구 등을 포괄합니다. 둘째로 정책 네트워크 관리는 청와대, 총리실, 정부부처, 정부출연 연구기관, 정당 등과의 협업 및 교류가 중요하며, 학계, 전문가 집단, 시민단체 등과의 네트워크 확장을 포함합니다. 특히 정책기획위원회는 대통령 소속 위원회를 통괄하는 기능을 갖기도 합니다.

대통령 소속의 9개 주요 위원회로 구성된 '국정과제협의회'의 의장

위원회로서 대통령 위원회의 소통과 협업의 구심 역할을 했습니다. 셋째로 정책소통 관리는 정부부처 간의 소통과 협력을 매개하는 역할이나 정책 쟁점이나 정책 성과에 대해 국민들이 공감할 수 있도록 정책 담론을 생산하고 확산하는 일을 포괄합니다. 연구용역이나 주요 정책 TF 운용의 결과를 다양한 형태의 간담회, 학술회의, 토론회, 언론 기고, 자체 온라인 방송 채널을 통해 공유하기도 했습니다.

정책기획위원회의 1기는 정부 출범 시 '국정기획자문위원회'가 만든 100대 국정과제의 관리와 '미래비전 2045'를 만드는 데 중점이 두어졌습니다. 말하자면 정책 콘텐츠 관리에 중점을 둔 셈입니다. 정책기획위원회의 2기는 위기적 정책 환경에 대응하는 정책 콘텐츠 생산과 집권 후반부의 성과관리라는 측면에서 과제가 큰 폭으로 늘었습니다. 주지하듯 문재인 정부의 후반부는 세계사적이고 문명사적인 아주 특별한 시대적 위기를 맞고 있습니다. 코로나19 팬데믹이라는 문명사적 위기는 정책기획위원회 2기의 정책 환경을 완전히 바꾸었습니다. 정책기획위원회는 코로나19 발생 이후 포스트코로나시대에 새롭게 부가되는 국정과제를 100대 과제와 조정 보완하는 작업, 감염병 대응과 보건의료체제 혁신을 위한 종합 대책의 마련, 코로나19 이후 거대 전환의 사회변동에 대한 전망, 한국판 뉴딜의 보완과 국정자문단의 운영 등을 새로운 과제로 진행했습니다.

정책기획위원회의 2기는 코로나19 팬데믹으로 인한 방역위기와 경제위기를 뚫고 나아가는 국가 혁신전략들을 지원하는 일과 함께, 무엇보다도 문재인 정부의 국정성과를 정리하고 〈국정백서〉를 집필하는 일이 남아 있습니다. 우리 위원회는 성과관리를 단순히 정부의 치적을 정리하는 수준이 아니라 국정성과를 국민의 성과로 간주하고 국민과 공유해야 한다는 차원에서 정책 소통의 한 축으로 간주하고 있습니다.

우리 위원회는 문재인 정부가 촛불혁명의 정부로서 그리고 제도혁명의 정부로서 지향했던 비전의 진화 경로를 종합적 조감도로 그렸고 이 비전 진화의 경로를 따라 축적된 지난 5년의 성과를 포괄적으로 정리하기도 했습니다. 다양한 정책성과 관련 담론들을 세부적으로 만드는 과정이 이어지는 가운데, 우리 위원회는 그간의 위원회 활동 결과로 생산된 다양한 정책담론들을 단행본으로 만들어 대중적으로 공유하면 좋겠다는 데에 뜻을 모았습니다. 이러한 취지는 정책기획위원회뿐 아니라 국정과제협의회 소속의 다른 대통령 위원회도 공유함으로써 단행본 발간에 동참하게 되었습니다. '국정과제협의회 정책기획시리즈'가 탄생했고 각 단행본의 주제와 필진 선정, 그리고 출판은 각 위원회가 주관해서 진행하는 것으로 했습니다.

정책기획위원회가 출간하는 이번 단행본들은 정부의 중점 정책이나 대표 정책을 다루는 것이 아닙니다. 또 단행본의 주제들은 특별한 기준에 따라 선별된 것도 아닙니다. 이번에 출간하는 단행본 시리즈의 내용들은 정부 정책이나 법안에 반영된 것도 있고 그렇지 않은 것도 포함되어 있습니다. 따라서 이 책의 내용들은 정부나 정책기획위원회의 공식 입장이라고 할 수 없습니다. 정책기획위원회에서 지난 5년간 다양한 방식으로 논의된 정책담론들 가운데 비교적 단행본으로 엮어내기에 수월한 것들을 모아 필진들이 수정하는 수고를 더한 것입니다. 문재인 정부의 정책기획위원회에 모인 백여 명의 정책기획위원들이 다양한 분야에서 국가의 미래를 고민했던 흔적을 담아보자는 취지라 할 수 있습니다.

2. 문재인 정부 5년의 국정비전과 국정성과에 대하여

문재인 정부는 촛불시민의 염원을 담아 '나라다운 나라, 새로운 대한민국'을 약속하며 출발했습니다. 지난 5년은 우리 정부가 국민과 약속한 나라를 만들기 위해 진지하고도 일관된 노력을 기울인 시간이었습니다. 지난 5년, 국민의 눈높이에 미흡하고 부족한 부분이 있었습니다. 그러나 예상하지 못한 거대한 위기가 거듭되는 가운데서도 정부는 국민과 함께 다양한 국정성과를 만들었습니다.

어떤 정부든 공과 과가 있기 마련입니다. 한 정부의 공은 공대로 평가되어야 하고 과는 과대로 평가되어야 합니다. 아무리 미흡한 부분이 있더라도 한 정부의 국정성과는 국민이 함께 만든 것이기 때문에 국민적으로 공유되어야 하고, 국민적 자부심으로 축적되어야 합니다. 국정의 성과가 국민적 자부심과 자신감으로 축적되어야 새로운 미래가 있습니다.

정부가 국정 성과에 대해 오만하거나 공치사를 하는 것은 경계해야 할 일이지만 적어도 우리가 한 일에 대한 자신감과 자부심 없이는 대한민국의 미래 또한 밝을 수 없습니다. 정책기획위원회는 이 같은 취지로 2021년 4월, 『문재인 정부 국정비전의 진화와 국정성과』라는 제목의 보고서를 만들었고, 이 보고서를 바탕으로 5월에는 문재인 정부 4주년을 기념하는 컨퍼런스도 개최했습니다.

문재인 정부는 2017년 출범 후 '국민의 나라, 정의로운 대한민국'을 국가비전으로 제시하고 5대 국정목표, 20대 국정전략, 100대 국정과제를 제시했습니다. '국민의 나라, 정의로운 대한민국'이라는 국정의 총괄 비전은 "대한민국의 모든 권력은 국민으로부터 나온다"라고 하는 헌법 제1조의 정신입니다. 여기에 '공정'과 '정의'에 대한 문재인 대통령의 통치 철학을 담았습니다. 정의로운 질서는 사회적 기회의 윤리인 '공정', 사회적 결과의 윤리인 '책임', 사회적 통합의 윤리인 '협력'이라는 실천윤리가 어울려 완성됩니다. 문재인 정부 5년은 공정국가, 책임국가, 협력국가를 향한 일관된 여정이었습니다. 그리고 문재인 정부의 국정성과는 공정국가, 책임국가, 협력국가를 향한 일관된 정책의 효과였습니다.

돌이켜보면 문재인 정부 5년은 중첩된 위기의 시간이었습니다. 집권 초기 북핵위기에 이은 한일통상위기, 그리고 코로나19 팬데믹 위기라는 예측하지 못한 3대 위기에 문재인 정부는 놀라운 위기 대응 능력을 보였습니다. 2017년 북핵위기는 평창올림픽과 다자외교, 국방력 강화를 통한 한반도 평화 프로세스로 위기 극복의 성과를 만들었습니다. 2019년의 한일통상위기는 우리 정부와 기업이 소부장산업 글로벌 공급망을 재편하고 소부장산업 특별법 제정 등 모든 수단을 동원해 제조업의 경쟁력을 강화함으로써 위기를 극복했습니다. 일본과의 무역마찰을 극복하는 이 과정에서 '아무도 흔들 수 없는 나라'를 만들겠다는 대통령의 약속이 있었고 마침내 우리는 일본과 경쟁할 만하다는 국민적 자신감을 갖게 되었습니다.

이제는 핵심 산업에서 한국 경제가 일본을 추월하게 되었지만 우리 국민이 갖게 된 일본에 대한 자신감이야말로 무엇보다 큰 국민적 성과가 아닐 수 없습니다.

2020년 이후의 코로나19 위기는 지구적 생명권의 위기이자 인류 삶의 근본을 뒤흔드는 문명사적 위기라 할 수 있습니다. 우리는 개방, 투명, 민주방역, 과학적이고 창의적 방역으로 전면적 봉쇄 없이 팬데믹을 억제한 유일한 나라가 되었습니다. K-방역의 성공은 K-경제의 성과로도 확인됩니다. K-경제의 주요 지표들은 우리 경제가 코로나19 이전으로 회복되었을 뿐 아니라 성공적 방역으로 우리 경제가 새롭게 도약하고 있다는 사실을 보여주고 있습니다.

문재인 정부 5년 간 겪었던 3대 거대 위기는 인류의 문명사에 대한 재러드 다이아몬드식 설명에 비유하면 '총·균·쇠'의 위기라 할 수 있습니다. 인류문명을 관통하는 총·균·쇠의 역사는 제국주의로 극대화된 정복과 침략의 문명사였습니다. 그러나 문재인 정부가 지난 5년 총·균·쇠에 대응한 방식은 평화와 협력, 상생의 패러다임으로 인류의 신문명을 선도하는 것이었습니다. 세계가 이 같은 총·균·쇠의 새로운 패러다임에 주목하고 있습니다. 문재인 정부가 총·균·쇠의 역사를 다시 쓰고 인류문명을 새롭게 이끌고 있다고 감히 말할 수 있습니다.

문재인 정부는 지난 5년, 3대 위기를 극복함으로써 '위기에 강한 정부'의 성과를 얻었습니다. 또 한국판 뉴딜과 탄소중립 선언, 4차 산업혁명과 혁신성장, 문화강국과 자치분권의 확장을 주도해 '미래를 여는 정부'의 성과를 만들었습니다. 돌봄과 무상교육, 건강공공성, 노동복지 등에서 '복지를 확장한 정부'의 성과도 주목할 만합니다. 국정원과 검찰·경찰 개혁, 공수처 출범 및 시장권력의 개혁과 같은 '권력을 개혁한 정부'의 성과에도 주목해야 합니다. 나아가 문재인 정부는 한반도 평화유지와 국방력 강화를 통해 '평화시대를 연 정부'의 성과도 거두고 있습니다.

위기대응, 미래대응, 복지확장, 권력개혁, 한반도 평화유지의 성과를 통해 강한 국가, 든든한 나라로 거듭나는 정부라는 점에 주목하면 우리는 '문재인 정부 국정성과로 보는 5대 강국론'을 강조할 수 있습니다. 이 같은 '5대 강국론'을 포함해 주요 입법성과를 중심으로 '대한민국을 바꾼 문재인 정부 100대 입법성과'를 담론화하고, 또 문재인 정부 들어 눈에 띄게 달라진 주요 국제지표를 중심으로 '세계가 주목하는 문재인 정부 20대 국제지표'도 담론화하고 있습니다.

2021년 4월 26일 국정성과를 보고하는 비공개 회의에서 문재인 대통령은 "모든 위기 극복의 성과에 국민과 기업의 참여와 협력이 있었다"는 말씀을 몇 차례 반복했습니다. 지난 5년, 국정의 성과는 오로지 국민이 만든 국민의 성과입니다. 그래서 문재인 정부 5년의 성과는 오롯이 우리 국민의 자부심의 역사이자 자신감의 역사입니다. 문재인 정부 5년의 성과는 국민과 함께 한 일관되고 연속적인 국정비전의 진화를 통해 축적되었습니다. '국민의 나라, 정의로운 대한민국'이라는 국가비전이 구체화되고 세분화되어 진화하는 과정에서 '소득 주도 성장·혁신성장·공정경제'의 비전이 제시되었고, 이러한 경제운용 방향은 '혁신적 포용국가'라는 국정비전으로 포괄되었습니다.

3대 위기과정을 극복하는 과정에서 문재인 정부는 '아무도 흔들 수 없는 나라', '위기에 강한 나라'라는 비전을 진화시켰고, 코로나19 팬데믹 위기에서 '포용적 회복과 도약'의 비전이 모든 국정 방향을 포괄하는 비전으로 강조되었습니다. 코로나19 팬데믹으로 인한 방역위기와 경제위기를 극복하는 과정에서 대한민국은 새로운 세계표준이 되었습니다. 또 최근 탄소중립시대와 디지털 경제로의 대전환을 준비하는 한국판 뉴딜의 국가혁신 전략은 '세계선도 국가'의 비전으로 포괄되었습니다.

이 모든 국정비전의 진화와 성과에는 국민과 기업의 기대와 참여가 있었습니다. 그러나 우리는 문재인 정부의 임기가 그리 많이 남지 않은 시점에서 국민의 기대와 애초의 약속에 미치지 못한 많은 부분들은 남겨놓고 있습니다. 혁신적이고 종합적인 새로운 그림이 필요한 부분도 있고 강력한 실천과 합의가 필요한 부분도 있습니다. 무엇보다도 민주주의에 대한 새로운 기획이 필요합니다. 문재인 정부는 촛불혁명이라는 제도혁명을 통해 민주주의를 진화시킨 정치사적 성과를 얻었으나 정작 민주주의에 대한 새로운 전망을 제시하는 데는 미치지 못했습니다. 문재인 정부는 헌법 제1조의 민주주의를 실현하고자 했으나 문재인 정부 이후의 민주주의는 국민의 행복추구와 관련된 헌법 제10조의 민주주의로 진화해야 할지 모릅니다. 민주정부 4기로 이어지는 새로운 민주주의의 디자인이 필요합니다.

둘째는 공정과 평등을 구성하는 새로운 정책비전의 제시와 합의가 요구됩니다. 오늘날 대부분의 국가는 정의로운 공동체를 추구합니다. 정의로운 질서는 불평등과 불공정, 부패를 넘어 실현됩니다. 이 같은 질서에는 공정과 책임, 협력의 실천윤리가 요구되지만 우리 시대에 들어 이러한 실천윤리에 접근하는 방식은 세대와 집단별로 큰 차이를 보입니다.

신자유주의 시대에 성장한 청년세대는 능력주의와 시장경쟁력을 공정의 근본으로 인식하는 반면 기성세대는 달리 인식합니다. 공정과 평등에 대한 '공화적 합의'가 필요합니다. 소득과 자산의 분배, 성장과 복지의 운용, 일자리와 노동을 둘러싼 공정과 평등의 가치에 합의함으로써 '공화적 협력'에 관한 새로운 그림이 제시되어야 합니다.

셋째는 지역을 살리는 그랜드 비전이 새롭게 제시되어야 합니다. 공공기관 이전을 통한 중앙정부 주도의 혁신도시 정책을 넘어 지역 주도의 메가시티 디자인과 한국판 뉴딜의 지역균형 뉴딜, 혁신도시 시즌

2 정책이 보다 큰 그림으로 결합되어 지역을 살리는 새로운 그랜드 비전으로 제시될 필요가 있습니다.

넷째는 고등교육 혁신정책과 새로운 산업 전환에 요구되는 인력양성 프로그램이 결합된 교육혁신의 그랜드 플랜이 만들어져야 합니다.

다섯째는 커뮤니티 케어에 관한 혁신적이고 복합적인 정책 디자인이 준비되어야 합니다. 지역 기반의 교육시스템과 지역거점 공공병원, 여기에 결합된 지역 돌봄 시스템이 복합적이고 혁신적으로 기획되어야 합니다.

이 같은 과제들은 더 큰 합의와 더 많은 시간이 필요합니다. 그러나 이러한 쟁점들이 다음 정부의 과제나 미래과제로 막연히 미루어져서는 안 됩니다. 문재인 정부의 국정성과들이 국민의 기대와 참여로 가능했듯이 이러한 과제들은 기존의 국정성과에 이어 문재인 정부의 마지막까지 국민과 함께 제안하고 추진함으로써 정책동력을 놓치지 않는 것이 중요합니다.

코로나19 변이종이 기승을 부리면서 여전히 코로나19 팬데믹의 엄중한 위기가 진행되는 가운데 국민의 생명과 삶을 지켜야 하는 절체절명한 시간이 흐르고 있습니다. 문명 전환기의 미래를 빈틈없이 준비해야하는 절대시간이기도 합니다. 여기에 대응하는 문재인 정부의 남은 시간이 그리 길지 않습니다. 그러나 인수위도 없이 서둘러 출발한 정부라는 점과 코로나 상황의 엄중함을 생각하면 문재인 정부에게 남은 책임의 시간은 길고 짧음을 잴 여유가 없습니다.

이 절대시간 동안 코로나19보다 위태롭고 무서운 것은 가짜뉴스나 프레임 정치가 만드는 국론의 분열입니다. 세계가 주목하는 정부의 성과를 애써 외면하고 근거 없는 프레임을 공공연히 덧씌우는 일은 우리 공동체를 국민의 실패, 대한민국의 무능이라는 벼랑으로 몰아가는 것과 다르지 않습니다. 국민이 선택한 정부는 진보정부든 보수정부든 성공해야 합니다. 책임 있는 정부가 작동되는 데는 책임 있는 '정치'가 동반되어야 합니다.

정책기획위원회를 포함한 국정과제위원회들은 문재인 정부의 남은 기간 동안 국정성과를 국민과 공유하는 적극적 정책소통관리에 더 많은 의미를 두어야 합니다. 문재인 정부의 성과를 정확하게, 사실에 근거해서 평가하고 공유하는 데 더 많은 시간을 써야 합니다. 다른 무엇보다도 객관적이고 종합적인 국정성과에 기반을 둔 세 가지 국민소통전략이 강조됩니다.

첫째는 정책 환경과 정책 대상의 상태를 살피고 문제를 찾아내는 '진단적 소통'입니다. 둘째는 국정성과에 대한 이해를 통해 민심과 정부 정책의 간극이나 긴장을 줄이고 조율하는 '설득적 소통'이 중요합니다. 셋째는 국민들이 삶의 현장에서 정책의 성과를 체감할 수 있게 하는 '체감적 소통'을 강조할 수 있습니다. 위기대응정부론, 미래대응정부론, 복지확장정부론, 권력개혁정부론, 평화유지정부론의 '5대 강국론'을 비롯한 다양한 국정성과 담론들이 이 같은 국민소통전략으로 공유될 수 있기를 바랍니다.

정책기획위원회의 눈으로 지난 5년을 돌이켜보면 문재인 정부의 시간은 '일하는 정부'의 시간, '일하는 대통령'의 시간이었습니다. 촛불혁명으로 집권한 제도혁명정부로서는 누적된 적폐의 청산과 산적한 과제의 해결이 국민의 명령이었기 때문에 옆도 뒤도 보지 않고 오로지 이 명령을 충실히 따라야 했습니다. 그 결과가 '일하는 정부', '일하는 대통령'의 시간으로 남게 된 셈입니다.

정부 광화문청사에 있는 정책기획위원회 위원장실에는 한 쌍의 액자가 걸려 있습니다. 위원장 취임과 함께 우리 서예계의 대가 시중(時中) 변영문(邊英文) 선생님께 부탁해 받은 것으로 "先天下之憂而憂, 後天下之樂而樂"(선천하지우이우, 후천하지락이락)이라는 글씨입니다. 북송의 명문장가였던 범중엄(范仲淹)이 쓴 '악양루기'(岳陽樓記)의 마지막 구절입니다. "천하의 근심은 백성들이 걱정하기 전에 먼저 걱정하고, 천하의 즐거움은 모든 백성들이 다 즐긴 후에 맨 마지막에 즐긴다"는 의미로 풀어볼 수 있습니다. 국민들보다 먼저 걱정하고 국민들보다 나중에 즐긴다는 말로 해석됩니다. 일하는 정부, 일하는 대통령의 시간과 닿아 있는 글귀입니다.

문재인 정부의 남은 시간이 길지 않지만, 일하는 정부의 시간으로 보면 짧지만도 않습니다. 결코 짧지 않은 문재인 정부의 시간을 마지막까지 일하는 시간으로 채우는 것이 제도혁명정부의 운명입니다. 촛불시민의 한 마음, 문재인 정부 출범 시의 절실했던 기억, 국민의 위대한 힘을 떠올리며 우리 모두 초심으로 돌아가야 합니다.

앞선 두 번의 정부가 국민적 상처를 남겼습니다. 진보와 보수를 떠나 국민이 선택한 정부가 세 번째 회한을 남기는 어리석은 역사를 거듭해서는 안 됩니다. 문재인 정부의 성공이 우리 당대, 우리 국민 모두의 시대적 과제입니다.

3. 한없는 고마움을 전하며

아무리 작은 일이라도 일이 마무리되고 결과를 얻는 데는 드러나지 않는 많은 분들의 기여와 관심이 있기 마련입니다. 정책기획위원회는 앞에서 밝힌 바와 같이 정책 콘텐츠 관리와 정책 네트워크 관리, 정책 소통 관리에 포괄되는 광범한 활동을 수행하고 있습니다. 사실 이 책과 같은 단행본 출간사업은 정책기획위원회의 관례적 활동과는 별개로 진행되는 여별의 사업이라 할 수 있습니다. 이러한 부가적 사업이 가능한 것은 6개 분과 약 백여 명의 정책기획위원들이 위원회의 정규 사업들을 충실히 해낸 효과라 할 수 있습니다. 무엇보다도 정책기획위원회라는 큰 배를 위원장과 함께 운항해주신 두 분의 단장과 여섯 분의 분과위원장께 감사의 말씀을 드려야 합니다. 미래정책연구단장을 맡아 위원회에 따뜻한 애정을 쏟아주셨던 박태균 교수와 2021년 하반기부터 박태균 교수의 뒤를 이어 중책을 맡아주신 추장민 박사, 그리고 국정과제지원단장을 맡아 헌신적으로 일해주신 윤태범 교수께 각별한 마음을 전합니다. 김선혁 교수, 양종곤 교수, 문진영 교수, 곽채기 교수, 김경희 교수, 구갑우 교수, 그리고 지금은 자치분권위원회로 자리를 옮긴 소순창 교수께서는 6개 분과를 늘 든든하게 이끌어 주셨습니다. 한없는 고마움을 전합니다.

단행본 사업에 흔쾌히 함께 해주신 정책기획위원뿐 아니라 비록 단행본 집필에는 참여하지 않았지만 지난 5년 정책기획위원회에서 문재인 정부의 다양한 정책담론을 다루어주신 1기와 2기 정책기획위원 모든 분께 이 자리를 빌려 그간 가슴 한 곳에 묻어두었던 고마운 마음을 전합니다.

위원들의 활동을 결실로 만들고 그 결실을 빛나게 만든 것은 정부 부처의 파견 공무원과 공공기관의 파견 위원, 그리고 전문위원으로 구성된 위원회 직원들의 공이었습니다. 국정담론을 주제로 한 단행본들이 결실을 본 것 또한 직원들의 헌신 덕분입니다. 행정적 지원을 진두지휘한 김주이 기획운영국장, 김성현 국정과제국장, 백운광 국정연구국장, 박철웅 전략홍보실장께 각별한 감사를 드리며, 본래의 소속으로 복귀한 직원들을 포함해 정책기획위원회에서 함께 일한 직원들 한 분 한 분께도 감사의 마음을 전합니다.

한국판 뉴딜을 정책소통의 차원에서 국민적으로 공유하기 위해 정책기획위원회는 '한국판 뉴딜 국정자문단'을 만들었고, 지역자문단도 순차적으로 구성한 바 있습니다. 한국판 뉴딜 국정자문단의 자문위원으로 함께 해주신 모든 분들께도 이 자리를 빌려 감사드립니다.

서 론

촛불시민의 염원을 담아 '나라다운 나라, 새로운 대한민국'을 약속하며 출범한 문재인 정부의 5년은 국민과 약속한 나라를 만들기 위해 진지하고도 일관된 노력을 기울인 시간이었다. 북핵 위기, 한일통상 위기, 코로나19 위기 등 예상치 못한 거대한 위기가 거듭되는 가운데서도 정부는 국민의 삶의 질을 높이고 나라의 발전을 위하여 노력하였다. 물론 국민의 기대와 눈높이에 비추어 여전히 미흡하고 부족한 부분이 많지만 국내외적으로 여러 측면에서 긍정적인 평가를 받기도 하였다.

정책기획위원회는 그 동안 문재인 정부가 국민과 함께 노력하고 만들었던 성과들을 공유하기 위하여 『문재인 정부 국정비전의 진화와 국정성과』 등 여러 보고서를 만들었다. 이 책은 위원회가 그동안 발간하였던 각종 보고서와 정부의 자료들을 토대로 만들어졌다. 정부는 국정운영의 성과에 대해서 항상 겸손해야 할 것이다. 더 많이 노력하지 못하였음에 대해서 반성해야 할 것이다. 그럼에도 불구하고 현 정부의 국정 성과는 국민과 함께 만든 것이기에, 절대로 가볍게 평가될 수 없으며, 의미있는 노력과 성과들은 국민적으로 공유되어야 할 것이다.

1부는 문재인 정부의 국정비전에 대해 소개하고, 이 국정비전이 지난 5년간 어떻게 진화되어 왔는가에 대하여 소개한다. 문재인 정부가 출범하면서 제시한 국정의 비전은 '국민의 나라, 정의로운 대한민국'이다. 이 비전은 새로운 시대로서 '국민의 시대'를 여는 비전이라고 할 수 있다. 국정비전은 직면하는 국정의 상황과 변화에 따라서 다양한 형태로 진화하였다. 변화하는 상황에 적극적이고 능동적으로 대응함으로써 실천 지향적인 국정비전이 되었고, 국민의 삶의 질을 제고하는데 적극적으로 기여할 수 있었다.

2부는 문재인 정부가 맞닥뜨린 위기와, 그 위기를 극복한 과정을 정리하였다. 문재인 정부의 5년은 '국난'이라고도 할 수 있는 거듭된 위기의 시간이었다. 2017년의 북핵위기, 2019년의 한일통상위기, 그리고 2020년부터 지금까지 이어지고 있는 코로나19 위기가 그것이다. 문재인 정부는 이 위기들을 극복해나가며, 새로운 문명사적 전환의 시기에 대응하기 위하여 한국판 뉴딜을 제시하고 추진하였다.

3부는 문재인 정부가 지난 5년동안 만들어 낸 변화와 성과에 대하여 소개하였다. 문재인 정부의 국정운영 기간동안 입법화된 법령들 중에서 국민들의 삶의 질 제고 등 다양한 측면에서 영향을 미치는 법령들을 정리하였다. 다음으로는 외신보도와 국제평가지표 등을 통해서 우리나라의 높아진 위상들을 정리하였다. 마지막으로 문재인 정부의 국정성과를 '위기에 강한 정부', '미래를 여는 정부', '복지를 확장한 정부', '권력을 개혁한 정부', '평화시대를 다진 정부'로 나누어 정리하였다.

코로나19 등의 위기 속에서도 대한민국은 쉼 없이 발전하였다. 어느덧 세계가 부러워하는 나라가 되었다. 그것은 바로 위기 속에서도 빛을 발한 국민들이 있었기 때문이다. 문재인 정부의 성과는 오롯이 국민의 성과다. 국민과 함께 극복한 '위기'와 국민과 함께 만든 '미래'가 더 나은 대한민국을 위한 징검다리가 될 수 있기를 기대한다.

| 제1부 |

체계와 궤적

제1장 문재인 정부의 국가비전체계

1. 문재인 정부의 국가비전 :
국민의 나라, 정의로운 대한민국[1]

1) 왜 '국민의 나라'인가

2016년의 촛불시민혁명은 국민의 목소리가 정치와 국정운영에 제대로 반영되지 못하고, 국민 전체의 이익과 거리가 멀어지게 된 엘리트 중심 정치의 탈피와 국민 중심의 국정운영을 요구한 것이라 해도 과언이 아니다. '국민의 나라'는 국민이 나라의 주인임을 확인했던 촛불 정신을 구현하며, 국민주권의 헌법 정신을 국정운영의 기반으로 삼는 새로운 정부의 실현을 의미한다. 또한 이것은 국민과 괴리된 것으로 인식되던 '나라'를 국민과 함께하는 '국민의 나라'로의 전환을 의미한다. 나라는 '나라'다워야 하고, 국민은 '국민'으로서 존중받아야 한다는 것이다.

문재인 정부가 지향한 '국민의 나라'는 다음과 같은 두 가지 목표를 추구하고자 하였다. 이와 같은 내용은 문재인 정부의 국정과제를 정리한 국정기획자문위원회의 백서를 통하여 확인할 수 있다.

---

1 이 부분은 국정기획자문위원회 백서(2017)의 내용을 정리한 것이다.

첫째, 국민의 뜻을 국정에 반영하고, 국민 개개인이 국정 전 과정에 참여하여 정책을 함께 만들어 갈 수 있도록 국정운영을 변화시켜야 한다. 나라의 근본은 국민이고, 따라서 나라의 운영, 즉 국정의 운영은 국민의 참여 속에 국민과 함께 이루어져야 한다.

둘째, 권력자 한 사람의 정부, 엘리트 중심의 정치가 아닌 국민 모두의 정부를 추구하며, '두 국민'이 아닌 '한 국민'을 지향하는 협치와 통합의 정치를 모색한다. 나라의 주인은 국민임을 명확하게 하며, 이것이 정치와 국정운영의 근본이 되어야 한다.

2) 왜 '정의로운 대한민국'인가

문재인 정부는 특별한 역사적 상황 속에서 출범하였다. 2014년 세월호 참사와 2016년의 촛불시민혁명은 '국가'가 무엇을 위해 존재하며, '권력'이 어떻게 행사되어야 하며, '국민'은 어떻게 존중되어야 하는가를 일깨워 새로운 시대정신을 드러낸 계기라 할 수 있다. 나라와 국민의 가치와 의미에 대한 거대한 담론이 국가 전반에 걸쳐 넘쳐난 시기였다.

당시 사유화된 국가권력과 위기속의 국민과 함께 하지 못한 정부에 대한 국민들의 분노, 불공정한 기회에 대한 불만, 경제와 사회 등 곳곳에서의 격차 확대로 인한 희망의 상실, 이로 인한 개인과 사회 모두의 현재와 미래에 대한 불안이 당시 우리 사회의 현주소였다. 이를 극복하기 위한 핵심적인 가치이자 방안으로서 '정의'는 국민의 마음속에 자리잡은 분노와 불안의 극복, 적폐의 청산과 민생의 개혁이라는 시대적 요구를 담아내는 핵심적 가치이자 최우선으로 추진되어야 할 시대적 과제가 되었다.

'정의로운 대한민국'은 사회 저변에 만연되어 있는 특권과 반칙을 제거하고, 보편적인 원칙과 상식이 존중되며, 국민이면 누구에게나 공정한 기회가 보장되고, 사회 곳곳에 누적된 차별과 격차를 해소하는 국민 중심의 새로운 대한민국의 실현을 의미한다.

'평등한 기회, 공정한 과정, 정의로운 결과'는 새로운 대한민국, 정의로운 대한민국을 지향하는 새 정부의 국정운영에서 가장 우선하는 원칙이자 핵심적 가치라 할 수 있다. 문재인 정부가 추진하고자 한 국정과제의 핵심적 기반이라 할 수 있다.

2. 문재인 정부의 국정목표와 국정전략

1) 국정기획자문위원회의 구성과 국정운영 5개년 계획의 수립

문재인 정부는 국내외의 엄중한 환경과 이전의 정부들과 달리 인수위가 없는 상황에서 출범한 정부라는 어려운 환경속에서 출발했다. 정상적인 선거과정과 국정운영의 준비과정이 존재할 수 없는 특별한 상황이었다.

문재인 정부에게는 대내적으로는 무너진 국가·사회 체계를 정의롭게 재정립하고 줄어든 일자리와 취약한 미래의 성장동력을 창출하며, 사회 곳곳에 만연된 각종 불평등과 차별 해소, 미흡한 자치분권과 전국적 균형발전을 이루어내야 하는 시대적 임무가 부여되었다. 어느 것 하나 지체할 수 없는 중요한 시대적 소명이라 할 수 있다.

또한 문재인 정부는 대외적으로는 열강들의 심화된 경쟁속에서 당당한 협력외교 체제를 강화해야 하고, 강한 자주국방과 안보역량의 구축, 굳건한 한미동맹 등 국제협력의 강화를 통해 한반도의 완전한 비핵화와 지속가능한 평화번영을 이루어야 하는 어렵고도 복합적인 환경에 직면한 가운데 출발하였다. 문재인 정부는 다중적 위기의 상황 속에서 출범하였다고 할 수 있다.

이 같은 위기의 상황속에서 국정운영의 방향과 과제를 정립해야 하는 역할이 국정기획자문위원회에 부여되었다. 국정기획자문위원회는 단기간에 국정운영 5개년 계획을 수립해야 했다.

국정기획자문위원회는 시기의 엄중함을 감안하여 신속하게 국정운영의 방향과 과제를 정립하는 동시에, 문재인 정부를 성공한 정부로 만들어 대한민국의 발전에 이바지하기 위해 효과적으로 임무를 수행하지 않으면 안 되었다. 국정운영 5개년 계획은 국내외의 상황, 국가발전의 방향 및 방법에 대하여 짧은 기간이지만 치열한 토론을 통해 문재인 정부가 추진해야 할 과제와 향후 5년간의 추진계획을 수립하였다.

2) 국정운영 5개년 계획의 필요성과 특징

국정운영 5개년 계획은 문재인 정부의 조기 안착과 지속적인 국정운영의 추진을 위한 기본이라 할 수 있다. 또한 국정운영 5개년 계획은 문재인 정부 국정운영의 나침반이라 할 수 있다. 국정운영 5개년 계획은 문재인 정부의 목표인 나라다운 나라, 새로운 대한민국 건설의 방향을 설정하고 흔들림 없이 추진되도록 하는 지침이다.

정책의 우선순위를 설정하고 정책 간의 연계성을 확보하여 한정된 국가자원을 효율적으로 배치하고 운용하는 지도이기도 하다. 정책집행 단계에서 목표와의 정합성과 일관성을 유지하고, 새롭게 수립되는 정책들이 문재인 정부의 지향에 부합하도록 하여 국정운영의 연속성을 확보하는 수단이라 할 수 있다.

또한 국정운영 5개년 계획은 문재인 정부의 국정운영의 설계도이다. 국정운영 5개년 계획은 정책의 주체와 객체, 그리고 모든 국민들에게 공개됨로써 국정운영의 정당성과 효과성을 높이는 설계도이다. 주권자인 국민과 정책 수립 및 시행의 주체인 국회·행정부, 그리고 기업과 단체 등 각 주체에 국정운영 계획을 투명하고 명확하게 제시함으로써 국가 전체 운영의 예측 가능성을 증대시킬 수 있다. 5년간의 국정운영 계획을 공유함로써 국민들에게 국가운영 방향에 대한 정보를 제공하고 국민과 정부 간 소통 기반을 확대하는 역할을 하였다.

국정운영 5개년 계획은 국정운영의 평가기준이기도 하다. 부문별 정책들이 국가목표와 국정목표에 따라 일관되고 합리적·효율적·통합적으로 수행되고 있는지를 평가하는 기준이다. 국정 환경의 변화에 따른 국정운영 방향 전환 필요 시 변화의 방향과 수준을 결정하고 평가기준의 전환을 돕는 시방서이며, 국정 여건 변화에 따른 정책 수정의 필요성의 정도와 각 정책들의 연계 수준에 따른 정책 수정의 범위를 산정하는 기반이기도 하다.

국정운영 5개년 계획은 많은 국민들이 참여한 가운데 만들어졌다는 점에서 큰 의미가 있다. 국정운영 5개년 계획의 특징은 다음과 같이 정리될 수 있다.

첫째, 국정운영 패러다임의 전환을 반영하였다. 촛불시민혁명으로 탄생한 정부이자 새롭게 집권한 민주정부로서 국민주권 시대에 맞도록 새로운 시대정신을 담아 국정운영의 패러다임을 전환하고자 하였다. 국정운영의 최상위 계획으로서 5년간 문재인 정부의 세부 정책 수립, 정책집행, 정책평가 및 환류의 기준을 마련한 것이다.

둘째, 새로운 국가정책의 기본 방향에 따른 구체적인 실행계획을 제시하고 있다. 변화된 패러다임에 맞추어 각 부문별 국가정책의 기본 방향을 설계하고, 이를 실현하기 위한 세부 정책을 제시하고 있다. 국가 비전과 국정 목표, 각 부문별 과제, 시기별·연도별 달성목표, 재원, 입법계획, 주관 부처 등 추진 주체까지 명시하여 체계성·실행성을 조화롭게 하고자 하였다.

셋째, 국민참여형 국정운영 계획이라 할 수 있다. 국민인수위원회에 접수된 국민들의 정책 아이디어를 체계화하여 국정과제에 반영함으로써 정부 주도의 국정계획 수립 관행에서 탈피하고자 하였다. 정부와 국민의 협력 거버넌스에 의한 국민참여형 국정계획을 수립하였다. 청와대를 포함한 범정부 부처, 여당, 학계와 시민단체 전문가 등 국가의 모든 정책역량을 집중시킨 계획이다.

넷째, 정부와 집권당에 국민을 향한 약속과 책임을 명확하게 부여하고자 하였다. 국민참여 속에 당·정·청이 협력하여 국정운영 5개년 계획을 마련하여 투명하게 공개하고, 매년 그 성과를 측정할 수 있도록 함으로써 정부와 여당에 국민과의 약속을 충실히 이행할 책임을 부여하였다. 계획이 실행으로 연결되도록 하였다.

2) 5대 국정목표와 20대 국정전략

(1) 국민이 주인인 정부

'국민이 주인인 정부'는 제도와 일상에서 국민주권을 실현하기 위한 새로운 정부 시스템을 추구한다. 국민 위에 군림하는 대통령의 특권을 내려놓고 국가권력의 사유화로 인해 붕괴된 국정운영을 개편하며 권력기관의 민주적 개혁을 추진함으로써 권력자 한 사람의 정부가 아니라 국민 모두의 정부를 추구하는 동시에, 청와대의 특권을 버리고 국민과 소통하며 이를 통해 통합하는 광화문 대통령의 모습을 실천한다. 이와 더불어 과거의 폐쇄적이고 일방적인 정책결정 과정을 탈피하여 국민 모두가 정부와 함께 국정 전 과정에 참여하고 공론과 합의에 기초하여 정책을 입안하고 결정하는 정부 혁신을 추진해나간다.

'국민이 주인인 정부' 4대 국정전략	• 국민주권의 촛불민주주의 실현 • 소통으로 통합하는 광화문 대통령 • 투명하고 유능한 정부 • 권력기관의 민주적 개혁

(2) 더불어 잘 사는 경제

'더불어 잘 사는 경제'는 경제의 중심을 국가와 기업에서 국민 개인과 가계로 바꾸고, 성장의 과실이 국민 모두에게 골고루 돌아가는 경제를 지향한다. 가계의 소득이 늘면 소비가 살아나고 투자와 생산이 증가하게 되는 국민경제의 선순환 복원을 추구하며, 특히 일자리는 성장을 촉진하는 최고의 복지라는 점에서 일자리 창출은 '더불어 잘 사는 경제'의 핵심 과제이다. 이와 함께 대기업은 세계시장에서 경쟁하고, 중소기업은 중견기업으로 성장하며, 골목상권에서는 소상공인과 자영업자의 창의력이 발휘되는 경제를 모색한다. 또 4차 산업혁명을 선도하기 위해 과학기술의 발전과 미래 성장산업을 적극적으로 지원하고, 역동적인 벤처 생태계를 만들어 창의적 벤처기업과 혁신적 창업자를 육성한다 .

'더불어 잘 사는 경제' 5대 국정전략	• 소득 주도 성장을 위한 일자리경제 • 활력이 넘치는 공정경제 • 서민과 중산층을 위한 민생경제 • 과학기술 발전이 선도하는 4차 산업혁명 • 중소벤처가 주도하는 창업과 혁신성장

(3) 내 삶을 책임지는 국가

시장만능주의의 확산은 불평등과 격차 확대, 공공성 약화 현상을 초래했다. 따라서 사회·경제적 불평등을 해소하고, 국민의 품위 있는 삶을 유지하며, 사회 구성원의 유대를 강화하기 위해 적극적 행위자로서 국가의 역할이 필요하다. 복지·보육·교육·안전·환경 등에서 국가의 책임성을 강화하고, 이를 통해 '국민의 삶의 질' 제고를 도모해야 한다. 이와 함께 노동이 존중되고 성평등이 실현되는 것을 포함하여 각 영역에서 차별 없는 공정사회를 추구하는 한편 무한경쟁과 각자도생의 논리를 탈피하여 국민 모두가 더불어 공존하고 번영하는 질 높은 사회통합을 실현해 나갈 것이다. 급속도로 진행되는 지식정보사회의 발전에 발 빠르게 대응해 개인의 자유가 보장되고 창의성이 발휘되며 국민 모두의 행복이 실현되는 문화국가를 모색한다.

'내 삶을 책임지는 국가' 5대 국정전략	• 모두가 누리는 포용적 복지국가 • 국가가 책임지는 보육과 교육 • 국민안전과 생명을 지키는 안심사회 • 노동존중·성평등을 포함한 차별 없는 공정사회 • 자유와 창의가 넘치는 문화국가

(4) 고르게 발전하는 지역

전국 모든 지역이 고르게 발전하기 위해 우선적으로 추진되어야 할 과제는 자치분권과 균형발전이다. 자치분권을 이루기 위해 중앙정부 권한의 지방 이양과 지방재정 확충을 통해 지방분권을 추진하고, 주민자치 확대를 통해 지역 현장에서의 풀뿌리 민주주의를 구현한다. 균형발전을 이루기 위해 지역이 가진 잠재력을 극대화하여 자립적 성장기반을 마련함으로써 중앙 대 지방, 지방 대 지방 간의 경제·사회적 격차를 해소해 나간다.

'고르게 발전하는 지역' 3대 국정전략	• 풀뿌리 민주주의를 실현하는 자치분권 • 골고루 잘 사는 균형발전 • 사람이 돌아오는 농산어촌

(5) 평화와 번영의 한반도

'평화와 번영의 한반도'는 우리 사회가 놓인 대외적 상황을 고려할 때 국제관계에서 추구해야 할 가장 중요한 가치이다. 이를 위해 국토를 지키고 국민을 안심시킬 수 있는 강력하고 유능한 안보와 책임국방을 최우선적으로 구축해나간다. 이와 더불어 남북 간 교류협력을 추진하여 함께 번영하는 길을 도모하고 제재부터 협상까지 다양한 수단을 동원하여 한반도 비핵화를 모색해야 한다. 이와 함께 국익을 증진시키고 평화로운 한반도를 실현할 수 있는 당당한 국제협력 외교를 추진해 나간다.

'평화와 번영의 한반도' 3대 국정전략	• 강한 안보와 책임국방 • 남북 간 화해협력과 한반도 비핵화 • 국제협력을 주도하는 당당한 외교

3. 문재인 정부의 100대 국정과제

1) 국정과제 선정과정

선거과정에서 국민에게 약속한 공약을 기초로 국민제안 내용과 정책 현안 등을 종합적으로 고려하여 새 정부 100대 국정과제를 선정하였다.

먼저 공약의 내용, 정책 포괄범위·유사성, 실천 방안 등을 검토하여 국정과제를 단위별로 재구성하였다. 201개 공약을 892개 세부 공약으로 재분류하고, 각 세부 공약별로 부처 업무보고, 전문가 간담회, 현장방문, 심층토론을 통해 실천 방안을 마련하였다. 내용이 유사한 공약은 하나의 국정과제로 통합하고, 다양한 독립된 정책을 포괄하는 공약은 복수의 국정과제로 분리하였다.

또한 국민인수위원회에 설치된 '광화문1번가'를 통해 제안된 국민 정책건의 중 공약과 관련이 높거나 정책화가 필요한 사항은 국정과제에 포함시켰고, 공약 외에 시급한 민생과제, 각종 제도 개선 필요사항, 기타 국정 현안사항 중 정부가 역점을 두고 추진해야 할 정책도 국정과제에 추가하였다.

국정기획자문위원회는 종합된 국정과제안들을 국정기획위 검토, 관계기관 등의 의견수렴을 거쳐 이행 가능성, 과제 간 정합성 등을 검증한 뒤 국정목표, 국정전략 등을 고려하여 100대 국정과제를 최종 확정하였다.

〈표 1-1〉 국민인수위원회 '광화문1번가' 국민제안 및 국정과제 반영 현황

구성	국민인수위원(일반국민), 소통위원, 간사위원(사회혁신수석), 지원기획단(국무회의에서 국정기획자문위원회 산하에 국민인수위 설치 의결 / 2017. 5. 16)
제안 현황	총 18만 705건 접수, 정책제안 17만 535건 • 국민들은 공약(12대 약속) 중 민생·복지·교육(39.01%), 일자리(16.40%),부정·부패·청산(12.25%) 순으로 제안 • 빅데이터 분석 결과 학교·교사·기업·비정규직 등이 주요 키워드로 확인
국민제안 반영	국민인수위·부처 등의 검토를 거쳐 국정기획위에 제출된 제안 101건의 집중 검토결과 총 99건을 국정과제에 반영 ※ 반영 사례 • 택배 등 배달료 현실화 → '화물종사자 보호 강화'에 반영 • 블로그·SNS마켓 수익에 과세 → '과세형평 제고'에 반영 • 다문화가족 한국어교육 강화 → '다문화가족 지원 강화'에 반영

2) 국정과제 체계

문재인 정부가 추진하고자 한 국정과제의 체계는 국가비전 – 5대 국정목표 – 20대 국정전략 – 100대 국정과제 – 487개 실천과제로 구축되었다.

국가비전 및 국정목표 달성을 위한 실천전략으로서 20대 국정전략을 설정하고, 국정전략별로 핵심 정책을 100대 국정과제로 선정하였다. 100대 국정과제는 실행력을 제고하기 위해 487개 실천과제로 세분하였고, 각 실천과제별로 연차별 이행목표와 이행계획을 설정하였다. 국정과제의 추진체계와 100대 국정과제는 〈표 1-2〉, 〈1-3〉과 같다.

〈표 1-2〉 국정과제 체계도

국가비전	국민의 나라 정의로운 대한민국				
5대 국정목표	국민이 주인인 정부	더불어 잘 사는 경제	내 삶을 책임지는 국가	고르게 발전하는 지역	평화와 번영의 한반도
20대 국정전략	1. 국민주권의 촛불 민주주의 실현 2. 소통으로 통합하는 광화문 대통령 3. 투명하고 유능한 정부 4. 권력기관의 민주적 개혁	1. 소득주도 성장을 위한 일자리경제 2. 활력이 넘치는 공정경제 3. 서민과 중산층을 위한 민생경제 4. 과학기술 발전이 선도하는 4차 산업 혁명 5. 중소벤처가 주도하는 창업과 혁신성장	1. 모두가 누리는 포용적 복지국가 2. 국가가 책임지는 보육과 교육 3. 국민안전과 생명을 지키는 안심사회 4. 노동존중· 성평등을 포함한 차별없는 공정사회 5. 자유와 창의가 넘치는 문화국가	1. 풀뿌리 민주주의를 실현하는 자치분권 2. 골고루 잘 사는 균형발전 3. 사람이 돌아오는 농산어촌	1. 강한 안보와 책임국방 2. 남북간 화해협력과 한반도 비핵화 3. 국제협력을 주도하는 당당한 외교
100대 국정과제 (487개 실천과제)	15개 과제 (71개 실천과제)	26개 과제 (129개 실천과제)	32개 과제 (163개 실천과제)	11개 과제 (53개 실천과제)	16개 과제 (71개 실천과제)

〈표 1-3〉 문재인 정부 100대 국정과제 목록

		국정과제(주관부처)
		■ 전략 1: 국민주권의 촛불민주주의 실현
국민이 주인인 정부	1	적폐의 철저하고 완전한 청산 (법무부)
	2	반부패 개혁으로 청렴 한국 실현 (권익위·법무부)
	3	국민 눈높이에 맞는 과거사 문제 해결 (행안부)
	4	표현의 자유와 언론의 독립성 신장 (방통위)
		■ 전략 2: 소통으로 통합하는 광화문 대통령
	5	365일 국민과 소통하는 광화문 대통령 (행안부)
	6	국민 인권을 우선하는 민주주의 회복과 강화 (법무부·행안부·인권위)
	7	국민주권적 개헌 및 국민참여 정치개혁 (국조실)
		■ 전략 3: 투명하고 유능한 정부
	8	열린 혁신 정부, 서비스하는 행정 (행안부)
	9	적재적소, 공정한 인사로 신뢰받는 공직사회 구현 (인사처)
	10	해외 체류 국민 보호 강화 및 재외동포 지원 확대 (외교부)
	11	국가를 위한 헌신을 잊지 않고 보답하는 나라 (보훈처)
	12	사회적 가치 실현을 선도하는 공공기관 (기재부)
		■ 전략 4: 권력기관의 민주적 개혁
	13	국민의, 국민을 위한 권력기관 개혁 (법무부·경찰청·감시원·국정원)
	14	민생치안 역량 강화 및 사회적 약자 보호 (경찰청)
	15	과세형평 제고 및 납세자 친화적 세무행정 구축 (기재부)
		■ 전략 1: 소득 주도 성장을 위한 일자리경제
더불어 잘사는 경제	16	국민의 눈높이에 맞는 좋은 일자리 창출 (고용부)
	17	사회서비스 공공인프라 구축과 일자리 확충 (복지부)
	18	성별·연령별 맞춤형 일자리 지원 강화 (고용부)
	19	실직과 은퇴에 대비하는 일자리 안전망 강화 (고용부)
	20	좋은 일자리 창출을 위한 서비스 산업 혁신 (기재부)
	21	소득 주도 성장을 위한 가계부채 위험 해소 (금융위)
	22	금융산업 구조 선진화 (금융위)
		■ 전략 2: 활력이 넘치는 공정경제
	23	공정한 시장질서 확립 (공정위)
	24	재벌 총수 일가 전횡 방지 및 소유·지배구조 개선 (공정위)
	25	공정거래 감시 역량 및 소비자 피해 구제 강화 (공정위)
	26	사회적경제 활성화 (기재부)

국정과제(주관부처)		
	27	더불어 발전하는 대·중소기업 상생 협력 (중기부)
		■ 전략 3: 서민과 중산층을 위한 민생경제
	28	소상공인·자영업자 역량 강화 (중기부)
	29	서민 재산 형성 및 금융지원 강화 (금융위)
	30	민생과 혁신을 위한 규제 재설계 (국조실)
더	31	교통·통신비 절감으로 국민 생활비 경감 (국토부·과기정통부)
불	32	국가기간교통망 공공성 강화 및 국토교통산업 경쟁력 강화 (국토부)
어		■ 전략 4: 과학기술 발전이 선도하는 4차 산업혁명
	33	소프트웨어 강국, ICT 르네상스로 4차 산업혁명 선도 기반 구축 (과기정통부)
잘	34	고부가가치 창출 미래형 신산업 발굴·육성 (산업부·과기정통부·국토부·복지부·기재부)
사	35	자율과 책임의 과학기술 혁신 생태계 조성 (과기정통부)
는	36	청년과학자와 기초연구 지원으로 과학기술 미래역량 확충 (과기정통부)
	37	친환경 미래 에너지 발굴·육성 (산업부)
경	38	주력산업 경쟁력 제고로 산업경제의 활력 회복 (산업부)
제		■ 전략 5: 중소벤처가 주도하는 창업과 혁신성장
	39	혁신을 응원하는 창업국가 조성 (중기부)
	40	중소기업의 튼튼한 성장 환경 구축 (중기부)
	41	대·중소기업 임금 격차 축소 등을 통한 중소기업 인력난 해소 (중기부)
		■ 전략 1: 모두가 누리는 포용적 복지국가
	42	국민의 기본생활을 보장하는 맞춤형 사회보장 (복지부)
	43	고령사회 대비, 건강하고 품위 있는 노후생활 보장 (복지부)
내	44	건강보험 보장성 강화 및 예방 중심 건강관리 지원 (복지부)
	45	의료공공성 확보 및 환자 중심 의료서비스 제공 (복지부)
삶	46	서민이 안심하고 사는 주거 환경 조성 (국토부)
을	47	청년과 신혼부부 주거 부담 경감 (국토부)
		■ 전략 2: 국가가 책임지는 보육과 교육
책	48	미래세대 투자를 통한 저출산 극복 (복지부)
임	49	유아에서 대학까지 교육의 공공성 강화 (교육부)
지	50	교실혁명을 통한 공교육 혁신 (교육부)
는	51	교육의 희망사다리 복원 (교육부)
국	52	고등교육의 질 제고 및 평생·직업교육 혁신 (교육부)
가	53	아동·청소년의 안전하고 건강한 성장 지원 (여가부)
	54	미래 교육 환경 조성 및 안전한 학교 구현 (교육부)

		국정과제(주관부처)
내 삶 을 책 임 지 는 국 가		**■ 전략 3: 국민안전과 생명을 지키는 안심사회**
	55	안전사고 예방 및 재난 안전관리의 국가책임체제 구축 (행안부)
	56	통합적 재난관리체계 구축 및 현장 즉시대응 역량 강화 (행안부)
	57	국민 건강을 지키는 생활안전 강화 (환경부·식약처)
	58	미세먼지 걱정 없는 쾌적한 대기환경 조성 (환경부)
	59	지속가능한 국토환경 조성 (환경부)
	60	탈원전 정책으로 안전하고 깨끗한 에너지로 전환 (산업부·원안위)
	61	신기후체제에 대한 건실한 이행체계 구축 (환경부)
	62	해양영토 수호와 해양안전 강화 (해수부)
		■ 전략 4: 노동존중·성평등을 포함한 차별없는 공정사회
	63	노동존중 사회 실현 (고용부)
	64	차별 없는 좋은 일터 만들기 (고용부)
	65	다양한 가족의 안정적인 삶 지원 및 사회적 차별 해소 (여가부)
	66	실질적 성평등 사회 실현 (여가부)
		■ 전략 5: 자유와 창의가 넘치는 문화국가
	67	지역과 일상에서 문화를 누리는 생활문화 시대 (문체부)
	68	창작 환경 개선과 복지 강화로 예술인의 창작권 보장 (문체부)
	69	공정한 문화산업 생태계 조성 및 세계 속 한류 확산 (문체부)
	70	미디어의 건강한 발전 (방통위)
	71	휴식 있는 삶을 위한 일·생활의 균형 실현 (고용부)
	72	모든 국민이 스포츠를 즐기는 활기찬 나라 (문체부)
	73	관광복지 확대와 관광산업 활성화 (문체부)
고 르 게 발 전 하 는 지 역		**■ 전략 1: 풀뿌리 민주주의를 실현하는 자치분권**
	74	획기적인 자치분권 추진과 주민 참여의 실질화 (행안부)
	75	지방재정 자립을 위한 강력한 재정분권 (행안부·기재부)
	76	교육 민주주의 회복 및 교육자치 강화 (교육부)
	77	세종특별시 및 제주특별자치도 분권모델의 완성 (행안부)
		■ 전략 2: 골고루 잘 사는 균형발전
	78	전 지역이 고르게 잘 사는 국가균형발전 (산업부·국토부·행안부)
	79	도시경쟁력 강화 및 삶의 질 개선을 위한 도시재생뉴딜 추진 (국토부)
	80	해운·조선 상생을 통한 해운강국 건설 (해수부)

국정과제(주관부처)		
	■ 전략 3: 사람이 돌아오는 농산어촌	
	81	누구나 살고 싶은 복지 농산어촌 조성 (농식품부)
	82	농어업인 소득안전망의 촘촘한 확충 (농식품부)
	83	지속가능한 농식품 산업 기반 조성 (농식품부)
	84	깨끗한 바다, 풍요로운 어장 (해수부)
평화와 번영의 한반도	■ 전략 1: 강한 안보와 책임국방	
	85	북핵 등 비대칭 위협 대응능력 강화 (국방부)
	86	굳건한 한미동맹 기반 위에 전작권 조기 전환 (국방부)
	87	국방개혁 및 국방 문민화의 강력한 추진 (국방부)
	88	방산비리 척결과 4차 산업혁명시대에 걸맞은 방위산업 육성 (국방부·방사청)
	89	장병 인권 보장 및 복무 여건의 획기적 개선 (국방부)
	■ 전략 2: 남북 간 화해협력과 한반도 비핵화	
	90	한반도 신경제지도 구상 및 경제통일 구현 (통일부)
	91	남북기본협정 체결 및 남북관계 재정립 (통일부)
	92	북한인권 개선과 이산가족 등 인도적 문제 해결 (통일부)
	93	남북교류 활성화를 통한 남북관계 발전 (통일부)
	94	통일 공감대 확산과 통일국민협약 추진 (통일부)
	95	북핵문제의 평화적 해결 및 평화체제 구축 (외교부)
	■ 전략 3: 국제협력을 주도하는 당당한 외교	
	96	국민외교 및 공공외교를 통한 국익 증진 (외교부)
	97	주변 4국과의 당당한 협력외교 추진 (외교부)
	98	동북아플러스 책임공동체 형성 (외교부)
	99	국익을 증진하는 경제외교 및 개발협력 강화 (외교부)
	100	보호무역주의 대응 및 전략적 경제협력 강화 (산업부)

제2장 국정 환경의 변화와 국정비전의 진화

1. 국정비전의 다양한 분야로의 확산과 분화

문재인 정부가 출범하면서 제시한 국정의 비전은 '국민의 나라, 정의로운 대한민국'이다. 이 비전은 새로운 시대로서 '국민의 시대'를 여는 비전이라 할 수 있다. 헌법 제1조의 정신에 기초하여 촛불시민혁명의 주체, 나라의 주인으로서의 '국민' 중심의 국정운영을 강조하였다.

이 비전은 국민의 뜻을 국정에 반영하고, 국민 개개인이 국정의 전과정에 참여하여 정책을 함께 만들어갈 수 있도록 국정운영을 변화시켜야 하는 목표를 담고 있다. 또한 권력자 한 사람의 정부, 엘리트 중심의 정치가 아니라 국민 모두의 정부를 추구하며, '두 국민'이 아닌 '한 국민'을 지향하는 협치와 통합의 정치를 반영하고 있다. 그래서 국민의 나라이다.

문재인 정부는 촛불시민혁명이 제기한 국가가 무엇을 위해 존재해야 하는가, 권력은 어떻게 행사되어야 하는가라는 새로운 시대정신에 답하기 위하여 출범하였다. 문재인 정부는 출범 시작부터 사유화된 국가권력과 무능한 정부에 대한 분노, 불공정한 기회에 대한 불만, 격차 확대로 인한 희망의 상실, 이로 인한 개인과 사회 모두의 불안을 해소해야 하는 숙제에 직면하였다. 정의는 국민의 분노와 불안의 극복, 적폐청산과 민생 개혁의 요구를 담아내는 핵심 가치이자 최우선의 시대적 과제일 수밖에 없었다.

 문재인 정부의 국정비전으로서 '정의로운 대한민국'은 특권과 반칙을 일소하고 원칙과 상식이 존중되며, 누구에게나 공정한 기회가 보장되고, 차별과 격차를 해소하는 새로운 대한민국을 실현해야 하는 과제를 담고 있다. 평등한 기회, 공정한 과정, 정의로운 결과는 문재인 대통령의 국정 철학에서 가장 우선하는 원칙이며 새로운 정부의 핵심 가치이다.

 '국민의 나라, 정의로운 대한민국'은 문재인 정부의 최상위의 국정비전으로서, 이것을 구체적으로 실현하기 위해서 보다 실천적인 수준의 비전들이 지속적으로 제시되었다. 실천적 비전들은 대통령의 취임사, 신년사, 기념사 등을 통하여 지속적으로 제시되었다.

 문재인 대통령은 2017년 7월 7일 G20 정상회의에서 한국 경제의 대전환을 위한 '사람 중심 경제'의 비전을 다음과 같이 제시하였다. '사람 중심의 경제' 비전은 '국민의 나라, 정의로운 대한민국'을 경제적인 관점에서 구체적으로 구현되는 비전으로서, 일자리, 공정경제, 혁신성장을 포함하고 있다.

"우리 정부는 사람 중심 경제로 경제 패러다임의 대전환을 모색하고 있습니다. 모든 국민이 공정한 기회를 갖도록 하여 창의성과 기업가 정신을 살리고, 국민과 가계를 중심으로 경제정책을 운용하는 발상의 전환입니다.…새 경제정책은 첫째, 일자리 주도 성장, 둘째, 공정경제, 셋째, 혁신성장으로 요약됩니다." (G20 정상회의, 2017. 7. 7)

사람 중심의 경제와 더불어 문재인 정부의 핵심적인 비전은 소득주도 성장이라 할 수 있다. 소득 주도 성장은 최저임금 인상 등 임금소득자의 가계소득 증대, 자영업자의 임대료 경감, 의료비와 보육료 경감 등 가계지출의 경감, 고용보험 확대와 아동수당 도입 등 안전망과 복지 확충 등으로 구성된다. 문재인 정부의 소득 주도 성장은 가계소득 증대, 가계지출 경감과 안전망·복지 강화를 기반으로 일자리를 늘리고, 성장잠재력을 확충하는 동시에 소득분배를 개선하는 경제성장이다. 이와 같은 소득주도 성장의 비전은 다양한 국정과제를 통하여 일관되게 강조 및 추진하고자 하였다.

"국민 모두가 의료비 걱정에서 자유로운 나라, 어떤 질병도 안심하고 치료받을 수 있는 나라를 만들어 가겠습니다. 치료비의 많은 부분을 차지하는 비급여 문제를 해결하겠습니다. 고액 의료비 때문에 가계가 파탄 나는 일이 없도록 만들겠습니다. 절박한 상황에 처한 환자를 한 명도 빠뜨리는 일이 없도록 의료 안전망을 촘촘하게 짜겠습니다. 국민 부담은 최소화하면서 국민 혜택을 극대화하기 위해 전력을 다하겠습니다."(건강보험 보장 강화 관련 현장 방문, 2017. 8. 9)

"국민의 삶을 바꾸는 구체적인 실천도 시작됐습니다. 최저임금 인상으로 최저임금 1만 원 시대의 청신호를 켰고 소상공인, 영세 중소기업에 대한 지원대책도 함께 마련했습니다. 국민생활과 밀접한 보육과 교육·환경·안전 분야에서 국가의 책임을 더 높여가고 있습니다."(국정과제 보고대회, 2017. 7. 19)

"최저임금 인상은 양극화 해소와 저임금 노동자의 인간다운 삶, 그리고 소득 주도 성장을 위해 꼭 필요한 일입니다. … 정부는 최저임금 인상의 안착을 올해 초반 가장 중요한 과제로 생각하고 있습니다. 최저임금 인상이 안착되면 소비를 늘려 내수가 확대되고 경제가 더 좋아질 것입니다. 결국 중소기업과 소상공인들께도 도움이 될 것입니다."(중소·벤처기업 및 소상공인과의 대화, 2018. 1. 16)

또한 '공정경제'의 비전을 강조하였다. 공정경제는 '사람 중심 경제'의 핵심의 하나로서, 모든 사람들에게 공정한 경쟁을 보장하고, 불합리함을 배제함으로써, 어느 누구도 억울함이 없도록 하는 것이다.

"모두에게 공평한 기회와 공정한 경쟁이 보장되는 공정경제입니다. 시장감시 기능을 강화하여 불공정거래 관행을 근절하고, 불합리한 기업 지배구조도 개선해 나가고자 합니다. 아울러 노사가 함께 발전할 수 있도록 노사정 대타협을 도모하고 기업 내 합리적인 노사 협력 문화 정착을 지원할 것입니다."(G20 정상회의, 2017. 7. 7)

"공정경제는 정의로운 나라의 시작이며 더불어 잘 사는 경제의 근간입니다. 가맹·유통·하도급·대리점 등 4대 분야 갑을 관계 피해 구제를 추진하고, 이를 위한 형사·민사·행정 분야 법 집행 체계를 정비해 국민이 더 이상 억울한 일을 겪지 않도록 해나가야 할 것입니다". (제1차 국민경제자문회의·경제관계장관회의, 2017.12. 27)

또한 문재인 대통령은 취임 후 첫 신년 기자회견(2018. 1. 10.)에서 정부혁신의 비전인 '사회적 가치'를 제시하였다. 국민의 나라가 제대로 구현되기 위해서는 그에 걸맞는 정부혁신이 필요한데, 문재인 정부는 이를 위한 혁신의 비전으로서 '사회적 가치'를 제시하였다. 사회적 가치는 무너진 공동체의 가치를 회복하고 공존과 협력, 환경과 지속가능성, 인권 등을 강조하는 문재인 정부의 핵심적 비전의 하나라 할 수 있다.

> "국민의 삶을 개선하기 위해 정부도 혁신하겠습니다. 혁신의 방향은 다시 국민입니다. 정부 운영을 사회적 가치 중심으로 바꾸겠습니다. 국민 참여와 협력을 통해 할 일을 하는 정부가 되겠습니다."(신년 기자회견, 2018. 1. 10)

문재인 대통령은 우리 경제의 도약을 위한 비전으로서 '혁신성장'을 제시하기도 하였다. 이를 통해 우리가 직면한 성장과 고용의 한계를 극복하고자 한 것이다. 혁신성장은 지속가능한 성장을 위한 핵심적 비전으로서, 이것은 공정경제 등과 더불어 중요한 국가성장의 비전으로 추구되었다.

> "성장과 고용의 한계에 직면한 우리 경제가 새롭게 도약하기 위해서는 반드시 혁신성장에 성공해야 합니다."(2018 대한민국 혁신성장 보고대회, 2018. 5. 17)

이와 같은 실천적인 국정운영을 위한 하위의 비전들은 최상위 국정비전인 '국민의 나라, 정의로운 대한민국'을 실현하기 위한 보다 실천지향적인 비전들이라 할 수 있다. 이 비전들은 국정운영을 하는 과정에서 지속적으로 제시되면서, 최상위 국정비전인 '국민의 나라, 정의로운 대한민국'을 보다 구체화하는 비전으로 활용되었다.

여기서 제시된 비전들은 문재인 정부의 국정운영을 이끌어간 핵심적인 실천적 비전들이지만, 이것이 모든 비전을 다 포함하고 있는 것은 아니며, 대표적인 비전들을 예시적으로 든 것이다. 그리고 특정 비전이 다른 비전보다 상위 혹은 앞서는 비전이라 할 수 없다. 비전들은 특정한 영역을 위하여 제시된 것들이며, 이들은 모두 고유한 중요성을 갖고 있기 때문이다. 다만 이와 같은 비전들은 문재인 정부 출범시 제시하였던 국정비전 '국민의 나라, 정의로운 대한민국'을 구체적으로 실현하기 위하여 제시된 하위 비전들이라 할 수 있다.

특히 문재인 정부는 출범 직후부터 북핵 위기 등의 상황에 직면하였다. 이어서 2019년 한일 통상위기, 그리고 2020년에는 코로나19 위기가 발생하였다. 통상적인 국정운영이 쉽지 않음을 의미한다. 이에 따라 문재인 정부는 정부 출범시 마련하였던 국정과제의 안정적 추진만이 아니라 이와 같은 위기를 극복하기 위한 비전을 제시하고 새로운 국정과제를 발굴하여 추진하지 않으면 안 되었다.

문재인 정부의 최상위 국정비전인 '국민의 나라, 정의로운 대한민국'을 구현하기 위하여 국정과제를 추진하되, 위기 극복과 새롭게 출현하는 상황에 적극적으로 대응하기 위하여 새로운 실천비전을 제시하고, 새로운 국정과제를 발굴하여 추진하였다.

2. 3대 위기와 국정비전의 진화

국정비전은 직면하는 국정의 상황과 변화에 따라 다양한 형태로 진화된다 할 수 있다. 변화하는 상황에 적극적이고 능동적으로 대응함으로써 오히려 실천 지향적인 국정비전이 되고, 국민의 삶의 질을 제고하는데 적극적으로 기여할 수 있을 것이다. 이와 같은 국정비전의 진화에 가장 큰 영향을 미친 것은 3대 위기라 할 수 있다.

문재인 정부는 출범한 지 얼마 되지 않아 위기에 직면하였다. 북핵 위기를 필두로 일본에 의한 통상위기, 그리고 코로나19 팬데믹이 그 것이다. 이러한 위기들은 국정운영의 환경을 급격하게 변화시킨 것들로서, 기존에 설정된 국정운영의 비전을 재정립하게 하는 전환점이 될 수밖에 없었다. 국정운영을 통상적인 과제와 전략으로는 이끌 수 없는 환경을 만들었다.

문재인 정부는 새롭게 직면한 위기를 극복하기 위한 새로운 비전을 제시하고, 이를 실천하기 위한 세부적인 정책들을 추진하였다. 새로운 비전들을 제시함으로써 '국민의 나라, 정의로운 대한민국'이라는 최상위의 국정비전이 제대로 구현될 수 있었다.

문재인 정부는 북핵위기를 극복하기 위하여 한반도 비핵화, 신한반도체제와 같은 비전을 제시하였다. 특히 한반도 비핵화 비전은 제1차 남북정상회담을 통하여 제시된 것으로서, 한반도의 평화를 위한 핵심 비전이라고 할 수 있다. 또한 신한반도체제 비전에서는 남북한간의 대립과 갈등을 넘는 경제협력공동체를 만들고, 이를 바탕으로 한반도의 평화경제시대를 열어나갈 것을 제시하였다. 단순한 위기 극복을 넘는 구체적인 실천적 비전으로 확장되었다.

"오늘 김정은 위원장과 저는 완전한 비핵화를 통해 핵 없는 한반도를 실현하는 것이 우리의 공동 목표라는 것을 확인했습니다. … 한반도의 완전한 비핵화를 위한 소중한 출발이 될 것입니다."(제1차 남북정상회담 공동선언 발표, 2018. 4. 27)

"신한반도체제는 우리가 주도하는 100년의 질서입니다. 국민과 함께, 남북이 함께 새로운 평화협력의 질서를 만들어 낼 것입니다. 신한반도체제는 대립과 갈등을 끝낸 새로운 평화협력공동체입니다. … 한반도체제는 이념과 진영의 시대를 끝낸 새로운 경제협력공동체입니다. 한반도에서 평화경제 시대를 열어 나가겠습니다."(제100주년 3·1절 기념식, 2019. 3. 1)

한일 통상위기를 극복하기 위하여 문재인 대통령은 '아무도 흔들 수 없는 나라'의 비전을 제시하였다. 일본에 의한 소부장 품목의 수출 규제에도 불구하고 한국 경제는 절대로 흔들릴 수 없다는 강력한 의지를 표현하였다. 경제위기의 극복을 넘어 경제적 주권의 확고한 확보와 책임있는 경제강국으로서의 역할까지 강조하였다. 이와 같은 비전하에 우리의 소부장 산업은 위기를 기회로 전환할 수 있었다.

"아무도 흔들 수 없는 나라", 우리가 만들고 싶은 새로운 한반도를 위해 세 가지 목표를 제시합니다. 첫째, 책임 있는 경제강국으로 자유무역질서를 지키고 동아시아의 평등한 협력을 이끌어내고자 합니다. 우리 국민께서 기적처럼 이룬 경제발전의 성과와 저력은 나눠줄 수는 있어도 빼앗길 수는 없습니다. 경제에서 주권이 확고할 때 우리는 우리 운명의 주인으로, 흔들리지 않습니다."(제74주년 광복절 경축식, 2019. 8.15)

또한 문재인 정부는 코로나19의 극복을 위하여 '위기에 강한 나라'의 비전을 제시하였다. 물론 이 비전은 코로나19 극복만을 위한 비전은 아니다. 문재인 정부는 북핵 위기, 한일 통상위기, 그리고 코로나19라는 3대 위기에 연속적으로 직면하면서, 위기 극복을 핵심적인 국정운영의 방향으로 설정하였는데, 이것이 바로 '위기에 강한 나라'라는 비전으로 집약되었다고 할 수 있다.

문재인 대통령은 2020년 5월 취임 3주년 특별연설에서 '위기에 강한 나라'를 특별히 강조하였다. 위기를 기회로 극복한 대한민국의 저력을 확인하고, 특히 코로나19 방역과정에서의 성과는 세계의 표준이 되었다는 점에서, 코로나19는 우리에게 위기이지만 동시에 선도국가로 진입하는 전환점이기도 하였다. '위기에 강한 나라'의 비전은 코로나19를 극복하는 저력을 의미하기도 하고, 또 이를 통해 위기를 넘어 세계 선도국가로의 진입을 의미하는 비전이라고도 할 수 있다.

"비상한 각오와 용기로 위기를 돌파해 나가겠습니다. 나아가 위기를 기회로 만들겠습니다. '기회는 찾는 자의 몫이고, 도전하는 자의 몫'이라고 했습니다. 국민과 함께 지혜롭게 길을 찾고 담대하게 도전하겠습니다. … 위기 극복의 DNA를 가진 우리 국민을 믿습니다. … 바이러스와 힘겨운 전쟁을 치르며 국민들은 대한민국을 재발견하기 시작했습니다. '이미 우리는 선진국'이라고 말하기 시작했습니다. 우리가 따르고 싶었던 나라들이 우리를 배우기 시작했습니다. 우리가 표준이 되고 우리가 세계가 되었습니다. … 위기를 가장 빠르게 극복한 나라가 되겠습니다. 세계의 모범이 되고 세계를 선도하는 나라가 되겠습니다."(대통령 취임 3주년 특별연설, 2020. 5.10)

코로나19가 2020년 발생한 이후 지속됨에 따라 문재인 정부는 코로나19의 극복을 통한 국민의 일상적 회복의 강조와 더불어, 이를 토대로 세계 선도국가로 진입하는 것을 비전으로 제시하였다. 선진국을 추격하는 국가가 아니라 우리 스스로가 앞장서서 새로운 길을 개척하고, 새로운 표준을 만드는 세계 선도국가로의 진입을 위한 비전을 제시하였다.

"국민 삶의 완전한 회복을 이루겠습니다. 방역을 튼튼히 하며 일상 회복으로 나아가는 것이 모든 회복의 출발점입니다. … 격차를 줄여가는 포용적 회복에 전력을 다하겠습니다. … 선도국가 시대를 열어나가겠습니다.… 세계를 선도하는 위치에 서서, 더 많은 분야에서 우리가 가는 길이 새로운 길이 되고, 새로운 표준이 되도록 하겠습니다."(2022년 신년사, 2022. 1. 3)

물론 국정운영이 단일의 비전만으로 추진될 수 있는 것은 아니다. 최상위 국정비전인 '국민의 나라, 정의로운 대한민국'이라는 비전하에, 국정운영 과정에서 직면하는 위기 발생 등 다양한 상황들에 직면하여 능동적이고 선제적인 하위의 실천적 비전들리 제시되고 실천됨으로써 위기를 극복하고 앞으로 나아갈 수 있는 것이다.

3. 5대 국정목표의 변화와 발전

문재인 정부는 출범시 국정비전인 '국민의 나라, 정의로운 대한민국'을 실현하기 위하여 5대 국정목표를 제시하였다. 5대 국정목표는 비전을 달성하기 위하여 국민들과 약속한 것들을 체계화한 것으로서, 이것은 100대 국정과제로 보다 구체화되었다. 문재인 정부의 국정운영에 필요한 핵심적인 정책들이 체계화된 것이라 할 수 있다.

문재인 정부의 5대 국정목표는 국민이 주인인 정부, 더불어 잘 사는 경제, 내 삶을 책임지는 국가, 고르게 발전하는 지역, 평화와 번영의 한반도로 구성되어 있다.

문재인 정부는 기본적으로 이와 같은 5대 목표 아래 100대 국정과제가 5년 동안 각 부처에 의하여 세부적으로 실천되도록 하였으며 의미있는 성과들을 확보하였다. 그러나 앞서 3대 위기에서 살펴본 바와 같이, 문재인 정부가 출범한 이후 국정 환경은 끊임없이 변화하였으며, 이것은 기존의 국정비전과 국정목표의 변화와 발전을 요구하였다. 3대 위기에 의하여 촉발된 국정목표의 다변화 외에도 새롭게 다가오는 국제 환경에 능동적으로 대응하기 위한 새로운 국정목표도 적극적으로 제시하였다.

정부 출범 이후 새롭게 추가 혹은 강조된 국정목표로서 혁신성장, 포용적 국제협력, 한국판 뉴딜과 세계 선도국가, 기후위기와 탄소중립, 소프트파워, 우주시대 등을 들 수 있다. 이들은 구체적인 정책의 형태로 추진되기도 했지만 그 중요성에 있어서는 국정목표에 버금간다고 할 수 있다.

한일 통상위기를 겪으면서 정부는 소부장 산업의 경쟁력 강화만이 아니라 전반적인 제조업의 혁신적 발전과 성장을 위한 혁신성장을 제시하였다. 문재인 대통령은 성장과 고용의 한계에 직면한 대한민국의 새로운 활력으로 혁신성장을 강조하였다. 혁신성장은 세계 선도국가로 진입하기 위한 핵심적 국정목표라 할 수 있다.

> "성장과 고용의 한계에 직면한 우리 경제가 새롭게 도약하기 위해서는 반드시 혁신성장에 성공해야 합니다."(2018 대한민국 혁신성장 보고대회, 2018. 5.17)

문재인 정부는 코로나19에 대한 성공적인 방역과 성과를 국제적으로 공유, 확산하고, 높아진 국제적 위상에 걸맞는 국제적 역할을 수행하고자 하였다. 문재인 정부는 국제적인 공동번영을 위한 협력방안의 하나로서 북한, 중국, 일본, 몽골, 한국이 함께 참여하는 '동북아시아 방역·보건 협력체'를 포함하는 '포용적 국제협력'을 제시하였다. 세계 선도국가로서의 책임있는 역할을 강조한 것이다.

문재인 정부는 단지 위기를 극복하는 데만 머문 것이 아니라 이를 새로운 국가성장의 동력이자 전환점으로 활용하고자 하였다. 이를 대표하는 것이 바로 '한국판 뉴딜'이다. 문재인 정부는 선도국가로 도약하는 대한민국 대전환을 위한 방법으로 '한국판 뉴딜'을 제시하고 적극적인 투자를 하였다. 2020년 7월 1차 한국판 뉴딜에 이어, 2021년 7월 2차 한국판 뉴딜을 발표하였다. 한국판 뉴딜은 문재인 정부의 국정비전이자 핵심적인 국정목표라 할 수 있다.

"정부는 다시 한번 국민의 힘으로, 코로나 위기 극복을 넘어, 세계사적 변화를 도약의 기회로 삼고자 합니다. … 정부는 오늘, 새로운 대한민국의 미래를 여는 약속으로, 한국판 뉴딜의 담대한 구상과 계획을 발표합니다. 한국판 뉴딜은 선도국가로 도약하는 '대한민국 대전환' 선언입니다. 추격형 경제에서 선도형 경제로, 탄소의존 경제에서 저탄소 경제로, 불평등 사회에서 포용 사회로, 대한민국을 근본적으로 바꾸겠다는 정부의 강력한 의지입니다. 한국판 뉴딜은, 대한민국 새로운 100년의 설계입니다."(한국판 뉴딜 국민보고대회 기조연설, 2020. 7. 14)

코로나19 등장은 기후와 환경의 중요성을 재인식하게 하는 결정적 계기가 되었다. 기후위기 극복을 위한 핵심적 대안인 탄소중립은 우리나라만이 아니라 전 세계가 직면한 과제가 되었다. 문재인 정부는 기후위기와 탄소중립에 적극적이고 선도적으로 대응하기 위하여 탄소중립 선언과 더불어 2050 탄소중립위원회를 출범시켰다. 그리고 탄소중립을 적극 실천하기 위해 2030년까지 온실가스를 감축하는 감축목표(NDC)를 제시했다. 2022년부터 주요 국가계획과 개발사업이 기후변화에 미치는 영향을 사전평가하는 기후변화영향평가제도가 적용되기 시작했다.

> "탄소 중립과 경제성장, 삶의 질 향상을 동시에 달성하는 '2050년 대한민국 탄소중립 비전'을 마련했습니다. 전 세계적인 기후위기 대응을 '포용적이며 지속가능한 성장'의 기회로 삼아 능동적으로 혁신하며, 국제사회를 선도하는 것이 목표입니다. 우리 아이들의 건강하고 넉넉한 미래를 만들어 가는 것입니다."(대한민국 탄소중립 선언, 2020. 12. 10)

2021년 10월 21일 한국형발사체 누리호가 고흥 나로우주센터에서 발사되었다. 100% 성공한 것은 아니지만 독자적인 우리 기술로 새로운 우주시대를 열었다 해도 과언이 아니다. 우주발사체 기술은 기초과학에서부터 전기·전자·화학·신소재 등 국가과학기술역량의 총 집결체이다. 문재인 대통령은 대한민국 우주시대를 선언하고, 이를 실현하기 위한 정책들을 제시하였다. 미래를 선제적으로 준비하기 위한 국정목표를 새롭게 제시한 것이다.

> "우리는 해냈습니다. 누구의 도움도 받지 않고 초정밀·고난도의 우주발사체 기술을 우리 힘으로 개발해냈습니다. … 이제 우리가 만든 위성을 우리가 만든 발사체에 실어 목표궤도에 정확히 쏘아 올릴 날이 머지않았습니다. '대한민국 우주시대'가 눈앞으로 다가온 것입니다. … 우주개발에 앞서는 나라가 미래를 선도하게 될 것입니다. … '누리호'의 성능이 조금만 더 정밀해진다면 독자적인 우주수송능력을 확보하고 '대한민국 우주시대'를 열 수 있습니다. 정부는 대한민국이 명실상부한 우주 강국으로 도약할 수 있도록 장기적인 안목에서 흔들림 없이 투자할 것입니다."(한국형발사체 누리호 발사 참관 대국민 메시지, 2021. 10. 21)

이와 같이 변화하는 국정 환경에 능동적, 선제적으로 대응하기 위하여 문재인 정부는 출범시 제시했던 5대 국정목표 100대 국정과제외에 새로운 국정목표들을 추가적으로 제시하고, 이를 실현하기 위한 다양한 국정과제들을 발굴하고 추진하였다.

[그림 2-1] 국정비전의 진화

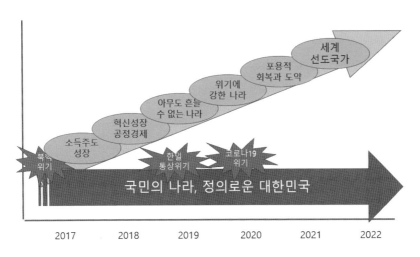

| 제2부 |

대응과 전략

제3장 문재인 정부 3대 위기와 위기대응 전략[1]

1. 문재인 정부 3대 위기와 21세기 총·균·쇠

1) 위기의 시간과 협력의 시간

코로나19와의 전쟁이 몇 해째 계속되고 있다. 감염은 팬데믹이 되었고 팬데믹은 새로운 변종의 출현으로 여전히 불확실성이 지속되고 있다. 백신과 치료약이 개발됨으로써 사망자가 줄어들고 증상이 완화되었으나 오미크론과 같은 변이종은 확산 속도가 대단히 빠르고 또 새로운 변종을 예고하고 있어 불안은 여전하다. 코로나19 팬데믹에 대한 초기 대응에서 서구 선진국들은 여지없이 실패했다. 코로나 감염균의 출현이 문명사적 위기를 가져온 것은 보다 근원적으로는 문명사적인 자원의 집중과 생태파괴에 원인이 있다. 그래서 집중문명의 현재적 효과라고도 할 수 있는 선진국 패러다임은 신자유주의적 글로벌 자본주의에 이르기까지 가혹한 경쟁과 생태착취의 현실을 가져왔고 마침내 포스트코로나 시대라는 문명사적 위기와 전환의 시기를 맞게 된 것이다. 경쟁과 각축, 정복과 침략이 지구적 위기를 만들었고 위기는 유

---

1 이 글은 정책기획위원회(2021)의 '국민과 함께 극복한 3대 위기'의 내용을 정리한 것이다.

래 없이 확산되어 문명사적 수준에 이르렀다.

우리는 코로나19 팬데믹이라는 인류의 생명을 위협하는 공동의 적 앞에 서 있다. "모두가 안전해야 나도 안전하다"는 사실을 절실한 교훈으로 가르치고 있다. 이 거대한 도전 앞에서 살아남을 수 있는 유일한 무기는 협력과 연대다. 전대미문의 위기 앞에서 정부에 대한 불신과 방역과 백신접종의 자유주의적 선택, 방역과 경제적 생계의 충돌 등의 문제는 공동체적 연대와 협력을 약화시키고 있다. 잃어버린 일상을 회복하고 '전후'의 복구를 위해서도 협력과 연대는 필수적이다. 위기의 시간은 협력의 시간으로 채워져야 새로운 미래를 열 수 있다. 협력과 연대는 누구나 다 알고 있는 해결책임에도 그냥 얻어지지 않는다. 협력과 연대의 원천은 무엇보다도 '공동체적 자기애'다. 자신이 살고 있는 공동체에 대한 본래적 애정과 지지를 의미하는 공동체적 자기애는 서로에 대한 '인정'(認定)에서 출발한다. 인정은 공존을 낳고 공존은 협력과 연대로 나아간다.

우리는 국난의 위기를 맞을 때면 어김없이 우리 안에 내장된 협력과 연대의 유전자가 살아나 분열의 일상을 밀어낸 역사를 가졌다. 코로나19와의 전쟁으로 우리는 다시 대한민국이라는 국가공동체에 대한 '공동체적 자기애'를 복원시켰다. 다시 협력과 연대의 유전자가 깨어난 것이다. 코로나19 팬데믹의 초기에 대한민국은 방역 모범국가로 인정되었고 세계가 대한민국의 방역과 경제회복을 주목했다. 비록 새로운 변종 바이러스의 등장으로 대응 방식에 어려움을 겪고 있지만 다른 나라와 비교했을 때 여전히 낮은 사망률과 치명률은 초기의 성공적 대응의 효과를 부인할 수 없다. 초기 방역의 성공은 연대와 협력의 효과였다. 국민들은 정부로 하여금 민주주의적 질서 위에서 방역과 치료의 컨트롤타워로서의 적절한 역할을 할 수 있는 힘을 부여했다. 객관성과 공정성은 내팽겨친 채 시대착오적 이데올로기를 앞세워 서로를 물어뜯는 것이 일상이 된 분열의 시대에 코로나19와의 우울한 전쟁이 놀랍게도 공동체적 자기애를 살려낸 것이다. 또 그것은 방역을 포함한 모든 분야에서 투명성과 공정성을 앞세운 정부에 대한 신뢰로 이어졌다. 세계가 우리 정부의 대응 방식을 주목하고 배우려 한 것이다.

정부의 능력은 시민의 힘에서 나온다. 이 엄중한 위기 앞에서 확인된 연대와 협력의 힘이야말로 우리 시민 자신의 모습이다. 코로나19와의 전쟁에서 드러난 문재인 정부의 능력은 정파적 능력이 아니라 연대와 협력을 이루어낸 국민의 성과이다. '우리가 진천'이고 '우리가 대구'이듯이 우리가 바로 대한민국이다. 시민의 힘으로 선 문재인 정부가 시민의 힘을 가장 돋보이게 했다. 이 힘겨운 위기 극복의 시작은 정부와 우리 스스로에 대한 자기애다. 공동체적 자기애에 바탕을 둔 협력의 시간만이 위기의 시간을 넘을 수 있다.

2) 3대 위기와 21세기 총·균·쇠의 패러다임

문재인 정부는 세 번의 거대한 위기를 겪었다. 정부 출범과 함께 시작된 북핵위기, 일본과의 무역마찰로 시작된 한일통상위기, 그리고 코로나19 팬데믹의 위기라는 3대 위기가 있었다. 특히 코로나19 팬데믹의 위기는 다른 어떤 정부도 겪지 못한 세 번째 국난이라 말할 수 있다. 문재인 정부가 겪은 세 번의 거대한 위기는 어떤 나라도 예측하거나 경험하지 못한 불확실성의 효과다. 문재인 정부는 이 같은 지구적 불확실성이 만들어낸 세 번의 위기를 연대와 협력으로 극복해냈을 뿐 아니라 새로운 비전을 통해 위기를 기회로 만들었다. 위기에 대응하는 시간은 미래를 여는 시간이기도 했다.

문재인 정부 제1의 위기는 2017년 9월의 '북핵위기'이다. 북한의 6차 핵실험이 성공하자 한반도에 핵 위기는 엄중해졌다. 문재인 대통령은 72차 유엔총회 기조연설을 통해 다자주의 대화 및 평창올림픽의 성공적 개최를 위한 협력을 요청했다. 유엔은 157개국이라는 역대 최대 회원국 공동 제안으로 '올림픽 휴전'을 결의했다. 북한의 평창올림픽 참가가 승인된 후 한국, 북한, 미국의 지도자가 한자리에 모인 평화와 화합의 올림픽이 개최되었다. 세 차례의 남북정상회담이 열렸고 세 차례의 북미정상회담이 개최되었다. 문재인 대통령은 3년 연속 유엔총회에 참석해 연설했다. 언제 터질지 알 수 없는 핵위기의 긴장이 평창올림픽과 절묘하게 결합되어 기적처럼 만들어진 평화였다.

문재인 정부 제2의 위기는 2019년 7월에 시작된 일본과의 '통상위기'이다. 일본은 한국의 핵심 산업인 반도체 디스플레이 소재에 대한 규제에 이어 화이트국가에서 한국을 제외하는 조치를 느닷없이 발표했다. 세계적으로는 자유무역질서를 뒤흔드는 무도한 짓이었고 우리에게는 징용배상 판결에 대한 보복으로 비쳤다. 미국의 관망 속에 갈등은 악화되고 장기화되었다. 우리는 소재·부품·장비산업의 경쟁력 강화를 위한 대규모 예산을 투입하는 등 강력한 대응책을 추진하는 한편, 한일군사정보보호협정(GSOMIA) 파기카드를 꺼내들기도 했다. 대통령은 '아무도 흔들 수 없는 나라'를 선언하고, 국회는 특별조치법을 통과시켰다. 불확실성이 남아 있으나 한일 통상대란은 우리에게 소부장산업의 해외 의존도를 낮추고 경쟁력을 갖추는 새로운 기회가 되었다. 신속하고도 적극적인 대응과정에서 이제 "일본에게는 밀리지 않을 수 있다"라는 자존감과 자신감을 얻은 것이 최대의 성과였다.

문재인 정부 제3의 위기는 여전히 세계를 뒤흔들고 있는 코로나19 팬데믹의 '바이러스 위기'이다. 코로나19 바이러스는 팬데믹이 되었고 이제 새로운 변종 바이러스에 대응해 단계적 일상 회복의 과정에 있다. 처음 약 한 달간 한국의 국가감염관리시스템은 거의 완벽에 가까웠다. 신천지 신도 집단감염과 함께 폭증하는 확진 사태가 온 국민을 불안과 공포로 몰았으나 방역과 검역의 시스템은 흔들리지 않았다. 발달된 IT기술을 활용한 진단검사와 철저한 역학조사, 중증도에 맞는 치료체제의 구축에 세계가 주목했다. 압도적인 진단역량과 속도에 세계가 놀랐다. 개방적이고 투명하며 시민과 함께 하는 독특한 방역시스템이 세계의 모델이 되었다.

북핵위기, 한일통상위기, 코로나19 팬데믹의 위기라는 문재인 정부의 3대 위기는 총·균·쇠의 역사를 바꾸는 더 크고 놀라운 일로 평가될 수도 있다. 재레드 다이아몬드(Jared Mason Diamond)는 인류의 운명을 바꾼 세 가지 요소로 무기와 병균과 금속을 지목했다. 168명의 스페인 군인이 8만 명의 잉카 주민을 정복한 예처럼 유라시아가 긴 제국주의 시대를 주도한 과정을 유럽의 환경에서 만들어진 총·균·쇠의 역사로 풀어낸 것이다. 재레드 다이아몬드의 '총·균·쇠'는 정복과 지배의 패러다임으로 20세기 강대국의 힘을 설명하는데도 여전히 유효했다.

문재인 정부에 들이닥친 3대 위기는 다른 무엇보다도 '21세기형' 총·균·쇠의 급습이었다. 핵무기로 변형된 '총'과 반도체 디스플레이 소재, 부품, 장비로 모습을 바꾼 '쇠', 그리고 코로나19로 등장한 '균'은 21세기형 총·균·쇠였다. 20세기까지의 총·균·쇠는 강대국 중심의 세계질서 속에서 작동하는 침략과 점령의 패러다임이었다. 그러나 우리 시대 총·균·쇠의 습격은 예측하지 못한 불확실성으로부터 오는 것이었고, 초연결사회에서 지구적 파국을 가져올 수 있는 지구적 현상이 되었다. 핵으로 바뀐 '총'은 지구적 공존을 위협하고, 신소재로 바뀐 '쇠'는 지구 통상질서를 위협했으며, 코로나19로 바뀐 '균'은 지구적 생명권을 위협했다. 21세기형 총·균·쇠의 위협은 더 거대하고 더 치명적이며 더 두려운 것이 되었다.

문재인 정부는 총·균·쇠의 지구적 위협을 완전히 새로운 패러다임으로 극복하는 힘을 보여주었다. 파괴의 무기였던 '총'에 대한 대응은 평창올림픽이라는 평화의 제전으로 극복되는 방식을 보여주었다. '쇠'의 대응은 거대한 자본과 강대국의 일방주의에 위축되지 않는 호혜주의의 비전을 제시했다. '균'이야말로 죽음의 공포와 불안에 내몰려 봉쇄와 단절을 택하기보다 외부로부터의 문을 닫지 않으면서도 시민사회와의 협력에 기초한 민주적 보건방역시스템으로 극복하는 모델을 만들었다. 문재인 정부는 총·균·쇠의 역사를 다시 쓰고 있다. 정복과 파괴의 총·균·쇠를 넘어 상호 호혜 속에서 인류 전체가 진보할 수 있는 새로운 출구를 열고 있다. 거대한 불확실성 앞에 세계가 갈 방향을 21세기형 총·균·쇠의 패러다임으로 가리키고 있다. 협력과 연대를 통한 문재인 정부의 문제해결 능력이 불확실성 시대에 지구적 표준이 되고 있으며, 개발도상국과 약소국들에게는 희망이 되고 있다.

3) 위기대응과 K-민주주의

지구적 초연결사회에서 국가 간의 상대적 능력은 실시간으로 확인된다. 자국 내에서 자기 정부의 능력에 대한 평가와 평판은 당파적 편견으로 가득 차 있지만 국가 간의 역량을 보이는 객관적 지표는 비교적 뚜렷이 드러나 있다. 3대 위기를 극복해내고 있는 문재인 정부의 능력은 대한민국의 자존감을 한껏 높였다. 3대 위기 극복은 대한민국의 저력이었다. 이 저력은 문재인 정부의 괄목할 만한 국제지표적 성과를 만들기도 했다. 코로나19 진단기법 ISO 국제표준 지정, 세계 10위 경제대국, 역대 최고의 국가신용등급, 세계 수출시장 점유율 1위 품목 69개, 제조업 경쟁력 세계 3위, 수소차 및 수소 연료전지 글로벌 보급량 1위, 무디스 ESG평가 1등급, 2021 블룸버그 혁신지수 1위, 유니콘 기업 6위, 세계은행 기업환경 평가 5위, 조선 수주 1위, 메모리 반도체 수출 점유율 1위, GDP 대비 국제특허출원 1위, 외환보유액 8위, 소프트파워 2위, 2020 UN전자정부 종합 2위, OECD 디지털정부평가 종합 1위, OECD 공공데이터 평가지수 1위 등이 세계가 평가하는 우리의 모습이다. 어쩌면 문재인 정부에 와서 대한민국은 단군 이래 최고의 국가역량을 보이고 있는지도 모른다. K-pop과 영화 〈기생충〉의 쾌거, 드라마 〈오징어〉와 BTS의 놀라운 활약이 여기에 추가되었다.

21세기 총·균·쇠의 새로운 패러다임을 제시한 문재인 정부는 이제 정부 능력에 대한 새로운 모델을 만들어내고 있다. 총·균·쇠의 역사를 바꾼 문재인 정부의 역량은 다른 무엇보다도 시민의 힘에서 나온다. 시민의 힘이 곧 국가의 능력이다. 2017년 약 1천 7백만 명의 시민들이 촛불을 들었고 박근혜 대통령을 탄핵했고 새 정부를 출범시켰다. 일제에 저항한 시민, 독재에 저항한 저 4월의 시민, 부마의 시민, 5월 광주의 시민, 6월의 시민이 촛불로 모여 '나라다운 나라'에 대한 열망을 내뿜었고 그 선택이 문재인 정부였다. 그래서 '국민의 나라, 정의로운 대한민국'을 지향하는 문재인 정부는 어떤 정부보다 시민의 뜻에 민감하다. 다른 어떤 정부보다 시민을 두려워해서, 시민에게 듣고 시민에게 배우며 시민 속에서 시민과 함께 하고자 한다. 그래서 다른 어떤 정부보다 시민에게 개방적이고 투명하며 빠르게 응답할 준비를 갖춘 정부다. 시민의 힘이 3대 위기를 극복한 국가 능력의 원천이다.

문재인 정부의 3대 위기는 지구적 불확실성의 효과다. 특히 코로나 19 '바이러스 위기'는 현대 세계의 모범으로 여겨졌던 서구정치와 경제와 문화의 모든 질서를 의심케 하고 있다. 이 지구적 혼돈과 위기에 대응해 총·균·쇠의 역사를 다시 쓰는 대한민국의 능력은 'K-민주주의'(K-democracy)의 힘이다. 주권자가 관객으로 전락한 서구의 대의민주주의, 위임민주주의의 경직성과 수동성은 우리 시대의 위기에 무력하다. K-민주주의는 시민의 참여와 영향력이 극대화된 '표출적 민주주의'이며 시민의 삶과 결합된 '유연한 공공성'의 질서다. K-민주주의의 본질은 촛불에 응축되어 있고 촛불은 대한민국 국민이 독특하게 품고 있는 '공동체적 자기애'의 상징이다. 나아가 K-민주주의가 응축하고 있는 공동체적 자기애는 '지구적 인류애'로 열려있다.

'우리가 진천'이고 '우리가 대구'고 '우리가 대한민국'이라는 공동체적 자기애의 확장은 '우리가 지구'라는 인류애를 향해 있는 것이다. 나라를 잃은 상황에서도 세계문화에 공헌할 기회를 잃은 슬픔을 표현한 3·1 독립선언문의 정신도 바로 이 지점에 자리 잡고 있다. 공동체적 자기애를 뿌리로 하는 K-민주주의는 시민적 자율의 민주주의이자, 사회적 책임의 민주주의이고, 공동체적 협력의 민주주의다. 시민의 힘과 정부의 능력이 이러한 민주주의를 유지, 발전시킨다. 'K-민주주의'야말로 우리 시대 예측 불가능한 위기를 해결하는 최적의 모델이자 처방일지도 모른다.

2. 북핵위기와 한반도 평화 프로세스

1) 위기 속의 한반도

2017년 5월 문재인 정부가 출범하기 직전 한반도는 전쟁위기의 상황이었다 해도 과언이 아니다. 2016년 1월과 9월 연이어 핵실험을 한 북한은 문재인 정부가 출범한 직후인 2017년 7월 대륙간 탄도미사일을, 8월에는 중거리 탄도미사일을, 9월에는 6차 핵실험을 실시하였다. 11월에는 미국 본토를 위협할 수 있는 대륙간 탄도미사일을 실험한 후 '핵무력 완성'을 선언하였다.

2017년 1월 출범한 미국의 트럼프 행정부는 같은 해 4월 "최고의 압박과 관여"를 대북정책의 기조로 설정하는 등 북한에 대한 긴장 상태를 유지했다. 한반도의 위기가 정점에 달하였다.

2) 평창 동계올림픽과 남북 정상회담을 통한 한반도의 긴장완화

고조된 한반도의 위기 속에서 문재인 대통령은 2017년 7월 6일 신 베를린 선언을 통해 평창 올림픽에 북한이 참가할 것과 평창올림픽을 '평화 올림픽'으로 만들자고 제안하였다. 또한 김정은 북한 노동당위원장에게 남북정상회담을 제안하였다.

"대한민국의 보다 주도적인 역할을 통해 한반도에 평화체제를 구축하는 담대한 여정을 시작하고자 합니다. … 북한은 핵과 미사일 도발을 계속하며 한반도와 동북아, 나아가 세계의 평화를 위협하고 있습니다. … 첫째, 우리가 추구하는 것은 오직 평화입니다. 평화로운 한반도는 핵과 전쟁의 위험이 없는 한반도입니다. 남과 북이 서로를 인정하고 존중하며, 함께 잘 사는 한반도입니다. … 둘째, 북한 체제의 안전을 보장하는 한반도 비핵화를 추구하겠습니다. … 셋째, 항구적인 평화체제를 구축해 나가겠습니다."(독일 쾨르버 재단 초청연설, 2017. 7. 6)

〈표 3-1〉 신베를린 선언: 5대 정책방향, 4대 제안

5대 정책방향	• 핵과 전쟁 위협이 없는 평화의 한반도 • 북한체제의 안전 보장과 한반도 비핵화 • 항구적 평화체제 구축 위한 한반도 평화협정 체결 • 남북한이 함께 번영하는 경제협력과 경제공동체 • 비정치적 교류와 협력사업의 확대
4대 제안	• 이산가족 상봉·재개로 인도주의 실천 • 평창올림픽 북한 참가로 평화올림픽 실현 • 군사적 적대행위의 상호 중단 • 남북대화 재개 통한 한반도 긴장의 완화

문재인 대통령은 이후에도 지속적으로 광복절 경축사, 유엔총회 연설 등을 통해 북한에게 평창 동계올림픽을 평화올림픽으로 만들자고 제안했다. 남북한 간 고위급 회담 등 준비과정을 거쳐 2018년 2월 9일 평창 동계올림픽에 남북한이 공동입장하였다. 평창 올림픽 기간 중 북한의 김여정 대표는 문재인 대통령에게 문 대통령을 초청하는 김정은 위원장의 친서를 전달하였다. 이후 정상회담 준비를 위한 남북한 고위급 회담, 남북한 합동 예술공연, 직통전화 개설 등이 이루어졌다.

2018년 4월 27일 판문점 남측지역의 평화의 집에서 제1차 「2018 남북정상회담」이 개최되었다. 남북정상회담 결과 「한반도의 평화와

번영, 통일을 위한 판문점 선언」이 채택되었다. 판문점 선언에는 남북 공동연락사무소의 설치를 포함하는 남북관계의 진화, 상호 적대행위의 중단과 비무장지대의 비무장화를 담은 군사적 긴장상태 완화, 남북한의 불가침과 군축, 종전선언과 정전협정의 평화협정으로 대체와 항구적 평화체제의 구축, 한반도의 완전한 비핵화 등의 내용이 포함되었다.

2018년 5월 25일 오후, 김정은 국무위원장은 일체의 형식 없이 문재인 대통령을 만나고 싶다는 뜻을 전해왔고, 문 대통령은 이를 흔쾌히 수락하였다. 남북의 대립과 갈등을 극복하기 위한 방법으로 정상 간 정례적 만남과 직접 소통이 중요한 만큼, 빠르게 전격적으로 열린 두 번째 정상회담은 앞서 4월의 역사적인 정상회담 못지않게 매우 큰 의미가 있다. 제2차 남북정상회담에서 문재인 대통령은 5월 22일 한미 정상회담 결과를 설명하고, 김정은 위원장이 완전한 비핵화를 결단하고 실천한다면 북한과의 적대관계를 종식하고 경제협력을 해나가겠다는 미국의 의지를 전달하였다.

제3차 남북한정상회담은 9월 18일부터 20일까지 평양에서 개최되었다. 문재인 대통령은 평양 5.1 경기장에서 한반도 비핵화와 평화, 남북관계 발전의 비전을 선언하였다. 9월 19일 남북 정상은 「판문점 선언」의 이행성과를 평가하고, 남북관계를 지속 발전시켜 나가기 위해 「평양공동선언」에 합의하였으며, 「판문점선언 이행을 위한 군사분야 합의서」를 부속합의서로 채택하여 '전쟁 없는 한반도' 비전을 현실화하였다. 이것은 남북한이 최초로 군사력 통제를 통한 우발적 충돌방지와 군사적 신뢰 구축을 실천하기 위한 합의이다. 그리고 9월 20일 남북 정상은 백두산 천지에 함께 올랐다.

남북 간 정상회담은 북미 간 정상회담으로 연결되는 성과도 만들었다. 정부의 적극적 중재 노력으로 최초의 북미정상회담이 2018년 6월 싱가포르에서 열렸다. 그러나 2019년 2월 베트남 하노이에서 열린 제2차 북미정상회담이 결렬되고 북미 대화가 교착상태에 접어들기도 했다. 이를 타개하기 위해 정부는 2019년 6월 판문점 남북미 정상회동을 성사시켰고, 도널드 트럼프 대통령은 군사분계선을 넘은 최초의 미국 대통령이 됐다.

연이은 남북정상회담은 한반도에서의 긴장 완화를 위한 실질적조치로 연결되었다. 1953년 정전협정 이후 오랫동안 비무장지대(DMZ)와 북방한계선(NLL) 일대에서 크고 작은 도발과 충돌이 끊이지 않았다. 「9·19 남북 군사합의」를 통해 육상과 해상, 공중에서 남북 간 적대행위를 중단하기로 했다. 지상에서는 군사분계선(MDL) 기준, 남북으로 각각 10km 폭의 완충지대를 형성해 MDL로부터 각각 5km 안에서 포병 사격훈련 및 연대급 이상 야외 기동훈련을 전면 중지했다. 해상에서는 동·서해상 NLL 일대(속초~통천, 덕적도~초도)의 일정 구역을 완충구역으로 설정하고, 포사격 및 해상기동훈련을 중지했다. 공중에서도 MDL을 중심으로 기종별 비행금지구역을 설정해 우발적 충돌 가능성을 차단했다.

DMZ 내에는 한국전쟁 당시 격전지가 많다. 전사자의 유해를 가족품으로 돌려보내기 위해 군사합의를 통해 DMZ 내 발굴 작업을 시행했다. 북측의 불참으로 남북 공동 유해 발굴은 성사되지 못했지만, 우리 군은 우선 DMZ 내 우리 측 지역에서 유해 발굴(2019년 4월 1일~2021년 6월 24일)을 실시하였다. 그동안 우리 측 유해 3,092점과 유품 10만 1,816점을 발굴했고, 이 중 고 박재권 이등중사 등 9명의 신원을 확인했다. 또, 발굴과정에서 중국군으로 확인된 201구의 유해를 중국 측에 송환(2020년 9월 27일, 2021년 9월 2일)하였다.판문점 공동경비구역(JSA) 내 초소와 병력·화기를 철수하는 JSA 비무장화가 2018년 말 폐쇄회로(CCTV) 재배치와 공동 근무초소 통신선로 설치 작업을 끝으로 완료됐다. 이에 따라 국민들의 판문점 견학 기회도 확대됐다. 2021년 7월까지 3만 1,000여 명의 내외국인이 판문점을 둘러봤다.

〈표 3-2〉 평양공동선언 주요 내용

전쟁 없는 한반도의 시작	교류협력 증대 및 민족경제 균형발전	이산가족 문제 근본적 해결을 위한 인도적 협력 강화
1. 평양공동선언의 부속 합의서로 '판문점선언 군사 분야 이행합의서' 채택 2. 남북군사공동위원회를 조속히 가동, 무력충돌 방지를 위한 상시 소통체계 마련	1. 동·서해선 철도 및 도로 연결 착공식 2. 여건조성 시 개성공단과 금강산관광사업 정상화, 서해경제공동특수 및 동해관광공동특구 조성 협의 3. 남북 환경협력 적극 추진 4. 보건 의료 분야 협력 강화	1. 금강산 이산가족 상설면회소 빠른 시일 내 개소 2. 이산가족 화상상봉, 영상 편지 교환문제 해결
문화·예술·체육 교류 활성화	한반도 비핵화 및 평화구축 노력	김정은 위원장 가까운 시일 내 서울 방문
1. 10월 중 평양예술단 서울 공연 2. 2020년 하계올림픽 경기 등 국제경기 공동 진출 3. 2032년 하계올림픽 남북 공동개최 유치 협력 4. 10·4선언 11주년 공동기념행사 개최 5. 3·1운동 100주년, 남북이 함께 기념	1. 북, 동창리 엔진시험장 미사일 발사대 유관국 전문가들의 참관 하에 영구적 폐기 2. 북, 미국이 6·12북미공동성명에 따라 상응조치를 취할 시, 영변 핵시설 영구적 폐기와 같은 추가 조치 용의 표명 3. 남과 북, 완전한 비핵화를 위해 긴밀히 협력	1. 북측 최고지도자의 최초 서울 방문 2. 남북관계의 획기적 전기 마련 기대

남북은 2018년 12월 비무장지대의 모든 GP를 완전히 철수하기로 하고, 서로 가까이 붙어 있는 남북한 11개 GP를 시범적으로 철수했다.

역사적 상징성, 안보 관광지 등으로의 활용성을 고려해 남북이 각각 1개 GP를 보존하기로 합의했으며, DMZ 평화의 길과 연계해 국민에게 평화체험의 장으로 제공하고 있다.

남북 간 교류협력을 토대로 평화경제 기반을 구축하기 위한 노력도 지속했다. 먼저 남북 간 철도·도로 현대화를 위해 북측 구간에 대한 공동조사와 착공식을 진행하고 관련 자료를 교환했으며, 우리 자체적으로 추진할 수 있는 동해북부선 단절 구간(강릉~제진) 복원 사업도 진행했다.

남북정상회담 시 산림협력 논의에 따라, 2차례의 분과회담을 통해 산림병해충 공동방제, 양묘장 현대화 추진, 생태계 보호·복원 등 구체적 사업을 합의하였고, 금강산지역 병해충 공동조사, 개성 소나무 재선충병 공동방제 등을 실시하였다.

3) 국방력 강화 통한 안정적 평화기반의 구축

한반도의 평화는 강한 안보에 바탕을 두어야 한다는 점에서 문재인 정부는 국방력 강화를 위하여 많은 노력을 기울였다. 2020년 국방예산은 사상 처음 50조 원을 넘어섰다. 문재인 정부는 '힘을 통한 평화'라는 기조하에 첨단무기 등 핵심전력을 조기 확보하기 위한 국방예산을 꾸준히 늘려왔다. 정부가 출범한 2017년 40조 3,000억 원이었던 국방예산은 4년간 연평균 7.0%(2018~2021년)씩 증액됐다. 이는 지난 정부 9년간 연평균 증가율(4.7%)보다 약 1.5배 상승한 것이다.

문재인 정부는 증가된 국방예산을 기반으로 강력한 국방력과 전방위 위협에 효과적으로 대응할 수 있는 능력을 갖춰왔다. 독자적 억제 및 대응태세 발전을 위해 전략 표적 타격 능력과 한국형 미사일 방어

능력, 압도적 대응능력을 구축하였다. 이를 위해서 신속한 표적 탐지 및 타격을 위해 백두체계(신호정보수집체계) 능력을 보강하였고, 고고도 정찰용무인항공기(HUAV)와 F-35A 스텔스전투기, 장거리공대지순항미사일(TAURUS) 등 첨단 무기체계를 도입했다. 또 미사일 방어능력 향상을 위해 패트리어트와 철매-II의 성능 개량, 탄도탄 조기경보 레이더-II 도입 등을 추진했다. 압도적 대응능력을 갖추고자 첨단 미사일 체계 전력을 지속적으로 증강했고, 특수전 부대에 특수작전용무인기·무전기 등을 전력화했다.

2021년 4월에는 국내 기술로 만든 최초의 전투기인 KF-21 시제 1호기를 출고했다. KF-21 전투기가 2026년까지 지상 및 비행시험을 무사히 통과하게 되면 대한민국은 세계에서 13번째로 전투기 자체 개발(첨단 초음속 전투기로는 8번째)에 성공한 국가가 된다. 2021년 9월에는 국내 개발 중인 KF-21용 장거리 공대지 미사일의 발사 시험을 성공하였다.

2021년 8월에는 우리 기술로 독자설계·건조한 해군의 첫 번째 3,000톤급 잠수함인 도산안창호함이 취역했다. 이로써 우리나라는 3,000톤급 이상 잠수함을 독자 개발한 8번째 국가가 돼 조선 및 방산강국으로 당당히 올라섰다. 2021년 9월 15일에는 국방과학연구소(ADD) 종합시험장에서 문재인 대통령이 참석한 가운데 국내 최초로 잠수함에서 SLBM 발사시험을 성공적으로 실시했다. SLBM은 도산안창호함에 탑재되어 수중에서 발사되었으며, 목표지점에 정확히 명중했다. 실제 잠수함 발사시험에 성공함으로써 우리나라는 세계에서 7번째로 SLBM 잠수함 발사에 성공한 국가가 됐다.

문재인 정부는 출범부터 한·미 미사일 지침에 의해 제한된 기술개발을 극복하기 위해 노력했다. 그 결과 2017년 사거리 800km 범위에서 탄두 중량과 관계없이 탄도미사일을 개발할 수 있게 되었고, 2020년에는 우주발사체의 고체연료 사용 제한을 폐지했다. 2021년 5월 워싱턴DC에서 개최된 한미정상회담에서 미사일 지침의 종료를 발표함으로써 한국은 미사일 주권을 회복했다. 한국의 미사일 주권 환수는 새로운 차원에서 한반도 평화 프로세스의 재개를 가능하게 하는 원천이라 할 수 있다.

문재인 정부는 '대한민국의 국력과 군사력에 걸맞은 책임국방 실현'이라는 국민적 요구에 부응하기 위해 굳건한 한미동맹을 기반으로 '조건에 기초한 전시작전통제권(전작권) 전환'을 추진해왔다. 현재 전작권은 한반도 유사시 지정된 한국군 작전부대에 대해 일정 기간 한미연합사령관(미군)이 작전통제할 수 있도록 부여돼 있다.

2017년 6월 한미 정상은 '조건에 기초한 전작권 전환의 조속한 추진'을 합의한 이후 양국 공동의 노력을 지속해왔다. ▲ 2018년 '조건에 기초한 전작권 전환계획' 수정안 및 '전작권 전환 이후 연합방위지침' 합의 ▲ 2019년 미래연합사의 기본운용능력(IOC) 검증평가 시행 ▲ 2020년 완전운용능력(FOC) 검증평가를 위한 전략문서 공동초안 합의 ▲ 2021년 미래연합사의 완전운용능력(FOC) 검증평가 예행연습 시행 등이 대표적이다.

나라를 위해 헌신하는 병역이행자에 대해 합리적 보상을 위해 노력하였다. 문재인 정부는 2022년까지 병장 월급 67만 원(2017년 최저임금의 50% 수준)을 목표로 병 봉급의 연차적 인상을 추진해왔다. 2021년 현재 병장 월급은 60만 8,000원으로 2017년 최저임금 기준의 약 45% 수준까지 끌어올렸다. 22년 정부예산에 병장 월급이 67,6000원으로 확정 반영되어 국회를 통과했다. 이로써 정부의 병장 월급 목표가 당초대로 달성될 수 있게 되었다.

병사의 복무 중 자기개발 기회도 확대하였다. 2019년부터 시행 중인 '군복무경험 학점 인정' 제도는 군 복무기간 동안의 사회봉사, 인성교육, 리더십 등을 대학의 자율적 판단에 따라 학점으로 인정하는 제도로, 2021년 1학기 현재 61개 대학이 참여하고 있다. 장병들이 강좌, 독서, 자격증 취득 등 필요한 분야에서 자기개발을 할 수 있는 '병 자기개발 비용지원' 제도도 2018년부터 운용하고 있다. 2020년까지 약 16만 5,000여 명이 비용지원 혜택을 받았다. 2020년 80억 원이던 비용지원 예산은 2021년 235억 원으로 증가되었다.

3. 한일 통상위기와 아무도 흔들 수 없는 나라

1) 일본의 수출규제와 위기에 직면한 한국의 소부장 산업

2019년 7월 1일, 일본 경제산업성은 대한민국에 대한 수출규제 강화 조치를 전격적으로 발표하였다. 핵심은 3개 품목(불화수소, 포토레지스트, 불화폴리이미드)의 수출을 규제하는 것으로, 규제 조치는 8월 28일부터 시행되었다.

소재·부품·장비는 우리 산업을 떠받치는 허리산업이다. 우리나라의 소부장 산업은 외형적으로 크게 성장하였지만 특정 국가에 대한 높은 의존도, 낮은 기술자립도, 수요-공급기업 간 협력 부족으로 인한 자체 공급망 형성의 미흡 등 구조적 약점이 있었다. 이러한 구조적 약점으로 우리 산업은 특히 일본에 크게 의존하고 있었다. 특히 소부장 산업이 심각하여, 2018년 기준 대일 무역적자 241억 달러 중 224억 달러가 소부장으로 인한 적자였다.

2) 위기 타개를 위한 민관의 적극적 대응과 협력

정부는 일본 수출규제로 직접적 피해에 노출된 우리 기업에 대한 지원을 가장 우선적으로 고려하였다. 대통령이 선두에 나서, 제조업 경쟁력의 핵심으로 소부장 산업의 중요성과 새로운 시작을 강조하였다. 문 대통령은 산업부를 비롯한 9개 정부부처와 대한무역투자진흥공사 등 10개 유관기관, 대한상의 등 관련 단체들이 설립한 '소재부품 수급 대응센터'를 방문하여 지원방안을 협의하고, 일본이 독점하던 로봇용 감속기를 국산화한 SBB테크, 실리콘 웨이퍼를 생산하는 MEMC 코리아를 방문하여 소부장 현장과 적극 소통하였다.

정부는 수출규제 이후 1달여 만인 2019년 8월 5일, 단기적 미봉책을 넘어 우리 소부장 산업이 대외 의존형 산업구조를 탈피하고 체질을 개선하는 것을 목적으로 하는 「소재부품장비산업 경쟁력 강화대책」을 발표하였다. 특히 정부는 산·학·연 전문가와 함께 전략적·안보적 중요성, 대체 가능성, 국내기술 수준, 특정국 의존도 등의 분석을 토대로 반도체, 디스플레이, 자동차 등 6대 분야 100대 핵심 품목을 선정했다.

이와 함께 소부장 산업의 전반적인 경쟁력을 높이기 위한 과감한 정책도 추진하였다. 수요-공급 기업 간 협력 기회를 확대하기 위해 '소부장 기업 간 협력모델'을 최초로 도입하여, 다양한 기업 간 협력 프로젝트에 대해 R&D·사업화·자금·입지·세제·규제특례 등을 패키지로 지원하도록 했다.

2019년 10월, 일관되고 지속적인 정책추진을 위해 컨트롤타워인 민·관 합동 '소재부품장비 경쟁력강화위원회'를 출범시켰다. 2020년부터는 2.1조 원 규모의 특별회계를 신규 설치하여 소부장 산업을 위한 안정적인 투자재원을 확보하였고, 「소재부품특별법」을 20년만에 전면 개정해 「소재부품장비산업 육성을 위한 특별법」으로 상시법화하였다. 단기 대책이 아닌 소부장 산업의 확실한 변화를 위한 체계적이고 장기적인 기반을 완비하였다.

산업생산에 필수적인 품목의 '공급 안정성과 기술력 강화'가 미래 성장의 핵심 관건이라는 점에서 글로벌 공급망 재편에 대한 선제적·공세적 대응이 매우 중요하였다. 이에 따라 정부는 대통령 임석 하에 2020년 7월 9일, 소부장 산업현장인 SK하이닉스 이천공장에서 「대한민국 소재부품장비 산업현장 방문」 행사를 갖고, 「소재부품장비 2.0 전략」을 발표하였다.

3) 위기를 넘어 강한 소부장, 강한 제조업,
강한 대한민국을 위한 기반 구축

소부장 경쟁력 강화를 위한 우리 국민과 기업, 정부의 노력은 가장 먼저 일본 수출규제 3대 품목을 비롯하여 100대 핵심 품목을 중심으로, 공급 안정화와 일본에 대한 수입의존도 하락으로 나타났다. 일본의 직접적인 수출규제 대상인 3대 품목은 국내 생산 확대, 미국·중국 등으로 수입처 다변화, 해외투자 유치 등 다각적 방법을 총동원한 결과, 한 건의 수급 차질도 없이 빠른 시간 내에 공급 안정화를 이루어낼 수 있었다.

2019~2021년 동안 소부장 산업 전체 수입금액은 증가하였으나 대일 의존도가 2019년 17.1%에서 2021년 15.9%로 1.2%p 하락하였고, 중국에 대한 수입비중도 0.4%p, 미국에 대한 수입의존도 1.1%p 감소

하여 수입의존도가 높은 상위 3개국에 대한 수입이 다른 국가로 이동하는 공급망의 다변화가 이루어졌다.

[그림 3-1] 100대 핵심품목 대일 수입의존도(%)

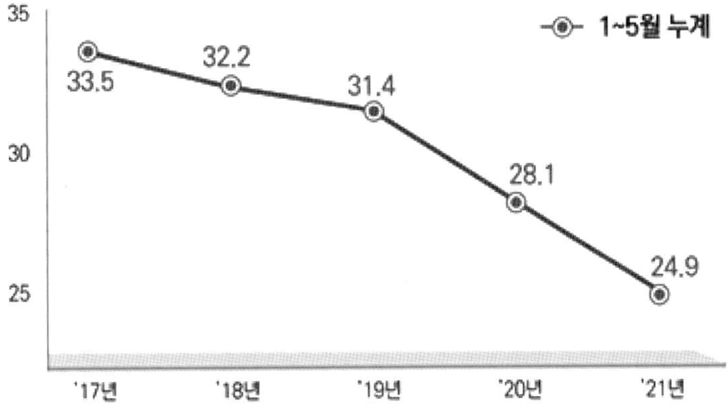

〈표 3-3〉 소부장 산업 수입다변화 국가

(단위: 백만 달러, %)

구 분	2019년		2021년	
	금액	비중	금액	비중
對세계	192,587		248,301	
주요국 소계	134,081	69.6	168,413	67.8
對중국	55,356	28.7	70,158	28.3
對일본	32,875	17.1	39,450	15.9
對미국	23,274	12.1	27,413	11.0
對대만	13,019	6.8	20,338	8.2
對독일	9,558	5.0	11,054	4.5

또한 정부는 소부장 산업의 경쟁력 강화와 안정화를 위하여 국내에 진출해있던 일본 기업과는 소통을 강화하고, 해외기업의 투자유치를 위한 활동도 적극적으로 전개하였다. 이에 따라 일본 기업의 한국 투자가 확대되었고, 독일 기업의 신투자도 이루어졌다. 2021년 외국인 투자는 사상 최대인 295억달러를 기록하였다. 이는 코로나19 이전 최대치인 2018년 269억달러를 초과한 것이다.

일본의 수출규제는 핵심 특허기술이 국가 간에 전략적 무기가 될 수 있다는 사실을 증명한 사건이었다. 일본 수출규제 3대 품목 중 하나인 포토레지스트 분야의 경우 일본의 우리나라 특허출원 점유율이 65%(2019. 7월 기준)에 달할 정도였다. 위기 상황을 극복하고 기술자립에 성공하기 위해서는 특허기술을 강화하지 않을 수 없었다. 정부는 소부장 핵심 품목과 관련된 506개의 R&D 과제에 특허기반 연구개발 전략을 적용하여, 핵심 품목의 대체기술을 발굴함으로써 소부장 기술 자립과 공급선 다변화를 지원하였다. 그 결과 국내 534건, 해외 96건 등 핵심특허 630건이 확보되어 소부장 국산화의 교두보를 마련할 수 있었다. 이에 따라 소부장 분야 대일 특허 무역수지 적자가 2019년 5억 9천만 달러에서 2020년 1억 7천만 달러로 71%나 감소하는 성과를 거두었다.

일본 수출규제는 분명 위기였지만 우리 소부장 기업은 범정부 차원의 전폭적인 지원과 기업 간 협력을 통해 이를 기회로 전환시키며 한 단계 더 성장하였다. 매출액과 시장가치 증가율 등의 측면에서 괄목할 만한 성과를 거두었다. 소부장 상장기업의 총 매출액은 2021년 1/4분기에 2019년 동기 대비 20.1% 증가하였으며, 이는 상장기업 전체 평균 매출액 증가율인 12.7%를 크게 상회하는 수준이다.

오랫동안 일본은 우리가 넘을 수 없는 벽으로 인식되었다. 그러나 소부장 경쟁력 강화를 위한 노력 등을 통해 우리는 일본의 벽을 넘어섰다. 특히 국가경쟁력과 신용등급에서 일본을 추월하였다. 2020년 기준으로 우리의 국가경쟁력은 23위로 34위의 일본을 추월하였다. 우리나라의 국가 신용등급은(2021년 기준) AA로, 일본(A+)보다 두 단계 높은 평가를 받았다.

4. 코로나19 팬데믹과 위기에 강한 나라

1) 급격하게 전 세계적으로 확산된 코로나19

2019년 12월 중국 우한시에서 코로나19 첫 환자가 발생한 후 2020년 1월 20일 국내에 코로나19 첫 환자가 발생하였다. 그리고 1월 30일 세계보건기구는 코로나19 비상사태를 선포하였다. 코로나19는 순식간에 전 세계로 퍼져나갔다. 전 세계적인 팬데믹이 코로나19가 발생한 지 약 한 달 만에 시작될 정도로 심각한 상황이었다.

정부는 2020년 1월 3일 신속하게 질병관리본부에 대책반을 가동했다. 1월 13일 질병관리본부는 코로나바이러스 분석검사법 개발에 착수하였고, 보건복지부에는 '신종 코로나바이러스 감염증 중앙사고수습본부'가 설치되어 본격적 대응에 나섰다. 특히 1월 30일부터 중국 우한시에 전세기를 4편 투입하여 우리 국민 700명을 국내로 수송하는 등 국민안전 확보를 위한 선제적 조치를 취하였다.

코로나19의 1차 대유행으로 2월 말 하루 확진자가 909명으로 정점을 찍는 등 기하급수적으로 확진자가 증가하면서 우리나라 의료체계의 대응력이 약화되었다. 이에 정부는 경증환자 '생활치료센터 입소'

치료, 국민안심병원 운영 및 전화 처방 허용, 드라이브스루 선별진료소 운영, 마스크 수급 안정화 대책 마련 및 시행, '사회적 거리두기' 시행 등 이전과는 다른 혁신적 대응방안을 시행함으로써 감염 확산을 차단하고 의료체계 대응력을 높이기 위해 노력하였다.

또한 1차 추경을 통하여 신속하게 음압병실 확충과 같은 방역체계 보강 및 고도화에 2.1조 원을 지원하는 등 코로나19로 인한 공중보건 위기 상황에 적극적으로 대응하였다.

2020년 1월 31일 중국 우한 현지에 체류하던 우리 교민 368명이 전세기를 타고 김포공항을 통해 안전한 고국으로 돌아왔다. 현지 교민의 국내 이송에 대하여 수용시설 지역주민들의 걱정과 우려의 목소리도 없지 않았다. 하지만 특별 버스에 몸을 실은 교민들이 임시생활 시설인 아산 경찰인재개발원과 진천 국가공무원인재개발원에 들어서는 순간 "재외국민 오신 것을 환영합니다"라는 현수막과 함께 주민들의 따뜻한 환영 인사를 받았다. 위기 속에서 더욱 빛난 대한민국 국민들의 공동체 정신이었다.

2) 과학적이고 혁신적인 방역활동

1차 유행이 진행되면서 마스크 수요가 폭증함에 따른 수급 불안정에 대응하기 위하여 정부는 긴급수급조정조치를 시행하였다. 이를 통해 2020년 3월부터 마스크 생산업자로 하여금 당일 생산량의 80% 이상을 정부가 지정한 판매처에 의무적으로 출고하도록 하는 공적 판매처 제도를 도입하였다. 국민들에게 필요한 마스크가 국내에 체계적으로 공급될 수 있도록 하였다.

〈표 3-4〉 마스크 품목허가 및 업체 현황

구분	~2020. 2. 3.	2020. 7. 11.* (증가율 %)	2020. 12. 31. (증가율 %)
품목수(개)	1,200	2,030 (169.2)	4,047 (337.2)
업체수(개)	196	332 (169.4)	1,134 (578.6)

전국 단위의 대규모 진단검사 체계를 선제적으로 구축하기 위해서는 진단시약의 신속한 도입이 필요하였다. 코로나19를 기존 제품으로 진단하는 것이 불가능하여 새로운 제품을 개발하여 신규 허가를 받아야 했다. 최소 80일이 소요되는 통상적인 허가 절차를 단축하기 위해 식약처는 질병관리본부와 협의('20. 1. 28)를 거쳐 긴급사용승인 절차의 적용을 추진하였다.

긴급사용 승인 제도	감염병 대유행 등으로 긴급히 진단시약이 필요하나 국내에 허가 제품이 없는 경우에 관계 행정기관 장의 요청에 따라 식품의약품 안전처장이 한시적으로 허가 없이도 진단시약을 제조, 판매, 사용할 수 있도록 허용해주는 제도 * 근거: (舊)「의료기기법」(~'21. 3. 8.), (新)「공중보건 위기대응 의료제품의 개발 촉진 및 긴급 공급을 위한 특별법」('21. 3. 9. ~)

유전자 증폭방식(PCR)을 적용하여 코로나19 확진검사에 사용하는 진단시약의 긴급사용승인 신청 공고 이후 한 달 동안 총 64개 제품이 접수되었다. 접수되는 제품마다 즉시 식약처의 자료심사와 질병관리본부의 성능평가를 동시에 실시함으로써 행정적 절차를 간소화한 결과, 공고 후 7일 만에 첫 번째 제품을 긴급사용승인('20. 2. 4)하여 방역

현장에서 활용할 수 있게 되었다.

코로나19 확진검사용 진단시약 외에도 응급환자를 대상으로 감염 여부를 빠르게 선별 배제하여 신속히 의료처치를 받을 수 있도록 검사 시간이 1시간 이내로 단축된 응급용 진단시약 9개 제품도 추가적으로 긴급사용 승인하였다('20. 6월~7월).

진단시약이 빠르게 방역현장에 도입되어 우수한 정확도와 대량 검사 능력으로 코로나19 확산세를 통제하는 데 큰 도움이 되었으며, 한국이 세계적인 방역 모범국가로 인식되는 데도 중요한 역할을 했다.

3T(Testing-Tracing-Treatment) 전략을 통한 선제적 방역 조치는 전세계가 부러워한 우리나라의 혁신적 방역대응 활동이었다. 정부는 K-방역모델의 우수성을 널리 알리기 위하여 'K-방역 3T(Test-Trace-Treat)'의 국제표준화를 추진하였으며, 그 첫 번째로 2020년 12월 2일에 우리나라에서 제안한 코로나19 등 감염병 진단검사기법이 국제표준화기구(ISO)에 국제표준으로 등록되었다.

특히 세계 최초로 자동차 이동형 선별진료소(드라이브스루, Drive Thru)를 운영하여 독립 공간인 차 안에서 체온 측정 및 검체 채취 등이 가능하게 되어 감염 위험과 검사 소요시간을 크게 줄일 수 있었고 이는 곧 전 세계로 퍼져나갔다.

유전자 증폭방식의 체외진단검사를 수행하는 검사실 운영 절차 및 방법은 2020년 12월 2일 국제표준화기구(ISO)에 국제표준으로 등록되면서 그 성과를 국제적으로 인정받은 K-방역의 대표 성공사례라 할 수 있다.

적극적이고 선제적인 검사를 지원하기 위해 전국에 선별진료소, 임시선별검사소, 익명검사 등을 통해 검사 접근성을 높이고, 누구나 무료로 검사를 받을 수 있도록 하고, 요양병원, 교정시설 등 감염 취약 시설에는 주기적 선제 검사를 도입하였다. 대규모 검사역량을 바탕으로 원하는 이는 누구나 무료로 검사를 받을 수 있도록 조치할 수 있었으며, 전국에 선별진료소, 임시선별검사소를 설치하여 검사접근성 또한 제고하였다. 1일 검사 역량은 2020년 2월 약 2만 건에서 2021년 8월에는 50만 건, 2022년 1월에는 75만 건까지 확대되었다.

[그림 3-2] 검사역량 및 검사기관 수 변화

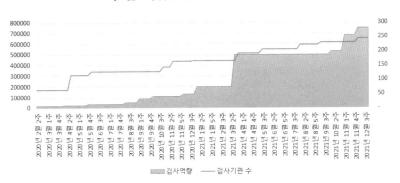

중앙 및 지자체 역학조사관을 지속 확충하였다. ICT 기반으로 설계된 역학조사지원시스템(EISS)과 전자출입명부(QR코드) 등을 활용하여 신속, 정확한 감염경로 분석 및 접촉자 관리를 통해 역학조사 분석기간을 대폭 단축하였으며, 자가격리 앱, 자가진단 앱 등을 활용하여 접촉자 자가격리를 철저하게 관리하여 지역사회로의 추가 전파를 효과적으로 억제하였다.

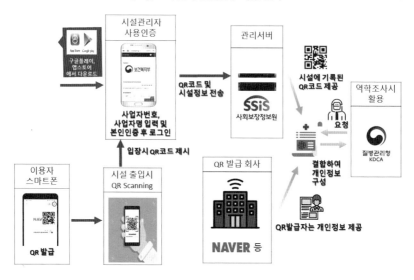

[그림 3-3] 전자 출입명부 사용 절차

2020년 3월 대구·경북 지역을 중심으로 확진자가 급속히 증가하여 기존 병상으로 대응하는 데 한계에 봉착하였다. 입원 치료는 중증 환자를 중심으로 하고, 경증 환자는 관리 가능한 시설에 격리하여 사망자 및 위중증 환자 등 피해를 최소화하는 방향으로 의료자원을 재분배하기 위해 생활치료센터를 2020년 3월부터 운영하였다. 이후 코로나19 확산기마다 신속하게 생활치료센터를 확충하여 병상 부족 상황에 대응함으로써 의료체계를 든든히 뒷받침하였다.

문재인 대통령은 취임 3주년 특별연설에서 질병관리본부를 질병관리청으로 승격해 전문성과 독립성을 강화하겠다고 밝혔다. 2020년 9월 12일 '건강한 국민, 안전한 사회'라는 비전 아래 중앙행정기관으로서 질병관리청이 정식으로 출범하였다. 질병관리청은 감염병 감시와 조사·분석, 위기대응 및 예방까지 감염병 대응을 전담하게 되었다. 질병관리청은 코로나19 위기 극복이라는 당면 과제를 현재까지 묵묵히 수행하고 있으며, 국민들로부터 가장 신뢰받는 기관이 되었다.

코로나19 백신의 국내 첫 접종은 2021년 2월 26일 이뤄졌다. 요양병원과 요양시설의 입소자와 종사자, 감염병 전담병원 등 코로나19 환자 치료병원, 119 구급대·역학조사·검역 등 코로나19 1차 대응요원을 중심으로 우선접종이 이뤄졌다. 이와 같은 접종으로 2월 중 요양병원과 요양시설에서의 확진자 발생 비율이 9.7%에서 5.6%, 2%로 급격하게 낮아졌다. 환자 치료를 위한 의료체계 부담과 코로나19 확산 방지를 위한 방역정책에 큰 도움이 되었다.

[그림 3-4] 접종 시행 이후 위중증 환자 비율 및 치명률

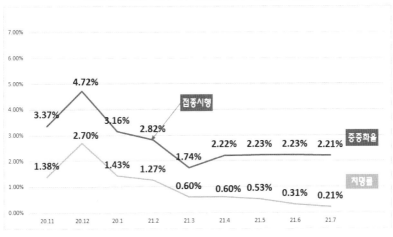

백신 접종과정에서 K-방역 신화의 하나인 최소잔여형(LDS) 주사기가 개발되어 활용되었다. 이 주사기는 백신 투약 후 남아 버리는 백신의 양을 아낄 수 있도록 설계된 것으로서, 국내 업체들이 개발해 '한국형 주사기(K-주사기)'로도 불린다. 이를 통해 백신 사용량을 20% 확대하는 효과를 거둘 수 있게 되었다.

2021년 2월 26일 코로나19 예방접종을 시작한 이후 국민들의 높은 관심과 적극적 참여 덕분에 단기간에 세계적으로 높은 수준의 접종률을 달성했다. 22년 1월 1일 0시 기준, 1회 이상 접종자는 4,427만 명으로, 인구 대비 접종률은 1차 86.2%, 2차 83.0%, 3차 35.9%이다. 1·2차 접종 모두 전체 인구 대비 80% 이상 접종률을 기록하였으며, OECD 회원국(38개국) 중 포르투갈, 칠레, 아이슬란드, 스페인 등과 함께 가장 높은 수준으로 나타났다.

[그림 3-5] 주요 국가별 코로나19 예방접종 완료 현황

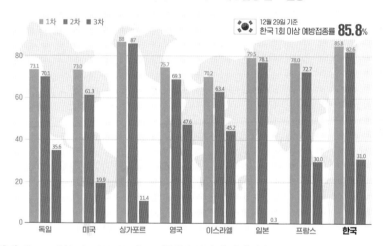

출처: Our world in data(12. 29. 자료, 기준일은 국가 간 차이 있음(12. 1.~27.)

18세 이상 성인 대상으로 코로나19 1차, 2차 접종을 마친 미국, 독일, 영국, 프랑스 등은 대부분 3차 접종을 추진하였다. 우리나라도 돌파감염 발생 등에 백신 예방효과 제고를 통한 고위험군 보호 및 단계적 일상회복으로의 이행을 준비하기 위해 3차 접종 세부 계획을 수립

하였다. 3차 접종은 각 대상군의 돌파감염 위험, 중증, 사망 위험, 1차, 2차 접종시기를 고려하여 단계적으로 시행하였다. 1단계로 면역 저하자, 60세 이상 고령층, 병원급 이상 의료기관 종사자 등 고위험군부터 접종을 10월 12일부터 시행하였다.

3) 민주주의에 기반한 국민들의 적극적 참여와 협력에 기반한 성과

많은 국가가 코로나19에 대응하기 위하여 통행 및 출입제한, 경제 활동 봉쇄 등 비상조치들을 취하였다. 이러한 통제 중심의 정부 대응은 시민의 자유와 기본권을 제약할 수밖에 없었다. 이에 반해 우리나라는 코로나19 진단, 추적, 치료에 있어서 효율적인 정부 대처와 투명한 정보 공개, 의료기관과 의료인들의 헌신, 시민사회의 적극적 참여로 우수한 방역 성과를 창출하는 등 어느 국가에서도 찾을 수 없는 민주방역, 시민참여 방역을 성공적으로 추진하였다.

감염병 재난 상황에서 방역당국의 불투명한 정보공개, 국민과 교감 없는 일방향 정보 제공 등 위기소통의 실패는 정책·정부 불신으로 이어져 재난 대응의 어려움을 초래하고 사회적 피해를 키운다. 이에 따라 질병관리청은 위기소통 5대 기본원칙(신속, 정확, 투명, 신뢰, 공감)에 따라 전문·과학적 근거를 바탕으로 한 보도자료 배포 및 정례브리핑을 통해 투명하게 관련 정보를 공개하였다. 질병관리청은 디지털 직접소통, 국민 동참캠페인, 열린 브리핑 개최 등 다양한 방식으로 소통과 홍보를 더욱 강화하고, 전 국민 방역 동참을 촉구하는 '동행', 백신 접종 독려를 위한 '고마워 백신' 등 다양한 디지털 접점을 활용한 캠페인을 통하여 국민적 관심과 메시지 수용성을 높이고자 노력하였다. 또한 코로나19 유행 기간에 발생한 허위·조작정보·악성루머에 따른 2차 피해를 막기 위해 범정부 대응체계인 '허위·조작정보 대응 실무협의회'를 구축('21. 2.~), 운영하였다.

코로나19의 확산을 억제하기 위한 효과적 조치의 하나로 사회적 거리두기가 활용되었다. 사회적 거리두기로 인하여 ① 생산활동 및 소비지출의 둔화에 따른 경제적 부작용, ② 고립감, 스트레스, 우울감, 사회적 불신 증가와 같은 정신적 부작용 ③ 신체리듬 및 신체활동 저하 등 신체적 부작용, ④ 사회복지기능의 일시적 정지로 인한 취약계층 문제 등의 다양한 부작용이 발생할 수밖에 없다. 국민들의 참여와 공동체정신이 없다면 실현되기 어려운 조치이다. 코로나19의 1차 대유행으로 전국적으로 종교시설·사업장 등에서 집단 감염이 확산되고 확진자가 기하급수적으로 증가하자 정부는 2020년 2월 29일 사회적 거리두기를 선언하고, 3월 21일 사회적 거리두기 강화 방안을 발표하였다.

2021년 11월부터는 전 국민 백신접종률 70% 달성, 일상 회복에 대한 국민적 기대감, 경제민생 피해 및 사회적 격차 해소 등을 고려하여 방역체계를 단계적 일상 회복으로 전환함에 따라 사회적 거리두기도 개편하였다. 개편의 방향은 접종완료자 중심으로 점진적으로 방역조치 완화·해제, 생업시설·대규모 행사·사적 모임 순으로 방역조치 단계적 완화 및 접종완료자로 구성된 시설·모임은 최대한 방역수칙 완화 등이었다.

유엔이 권고한 "불가피한 경우에만, 위험이 비례하는 수준에서, 비차별적으로" 기본권 제한이 이루어지도록 하는 정책을 추진하였다는 점에서 우리나라의 방역관리체계는 세계의 모범적인 표준으로 평가되고 있다. 코로나19라는 위기 속에서도 우리는 개방, 투명, 민주의 원칙과 창의적 방식에 기반한 K-방역 모델을 정립하였다. 이 모든 것들은 위기 속에서도 빛난 우리나라 국민들의 인내와 절제, 협력과 창의성에 기반한 성과라 할 수 있다.

제4장 문재인 정부 미래비전과 미래대응 전략

1. 대한민국 거대 전환과 한국판 뉴딜

1) 코로나19 위기의 극복과 포스트코로나 시대의 대응 : 한국판 뉴딜

전례 없는 코로나19 확산으로 세계는 그동안 경험하지 못했던 큰 위기를 겪고 있다. 각국의 강력한 봉쇄조치(lock-down)는 공급망 교란, 소비 위축, 일자리 감소 등 경제 모든 영역에 큰 충격을 미쳤다. 일자리 안정성도 위협받고 있다.

'20년 9월 G20 고용노동장관회의 공동선언문(모두를 위한 21세기 기회 실현)에서 코로나19 충격으로 '20년 2분기 근로시간이 약 14% 감소하였고, 이는 4억 개 전일제 일자리 상실과 맞먹는 수준이라고 발표했다. 우리 경제도 심각한 어려움에 처했다. 코로나19에 따른 사회적 거리두기로 인한 내수 감소와 주요 교역 상대국의 강도 높은 봉쇄조치로 인한 글로벌 공급체인의 붕괴 등으로 우리 경제의 성장률은 하락하였다. 전기 대비 성장률은 코로나19 발생 이후 '20년 1분기에 △1.3%, 2분기에는 △3.2%로 하락하였다. 지금까지 경험하지 못한 위기에 적극적으로 대응하고 선도국가로의 진입을 위한 지속가능한 발전 동력을 확보하기 위한 과감한 국가전략 수립이 시급한 상황이었다.

이에 정부는 '20년 7월 14일 코로나 위기를 극복하고 포스트코로나 시대의 경제·사회구조 변화에 선제적으로 대응하기 위해 「한국판 뉴딜 종합계획」을 마련하여 발표하였다. 한국판 뉴딜은 우리나라가 '선도국가로 도약하기 위한 대한민국 대전환' 전략이다.

[그림 4-1] 한국판 뉴딜의 구조(2020. 7. 14)

'20년 7월 발표된 한국판 뉴딜은 '안전망 강화'라는 디딤돌 위에 디지털 뉴딜과 그린 뉴딜의 두 축으로 구성된다. 한국판 뉴딜은 디지털 뉴딜을 통해 추격형 경제에서 선도형 경제로, 그린 뉴딜을 통해 탄소

의존 경제에서 저탄소 경제로, 안전망 강화를 통해 불평등사회에서 포용사회로 도약을 지향한다. '25년까지 디지털 뉴딜에 58.2조 원, 그린 뉴딜에 73.4조 원, 안전망 강화에 28.4조 원 등 총 160조 원을 투자하며, 이를 통해 총 190만 개의 일자리 창출을 목표로 한다.

디지털 뉴딜은 우리나라가 세계적 경쟁력을 가진 정보통신기술(ICT)을 기반으로 데이터 경제를 촉진하고, 경제 전반에 혁신과 역동성을 확산하는 전략이다. 데이터 댐, 데이터 고속도로(5G) 등 기초 인프라를 튼튼히 하고, 전 산업의 5G·인공지능(AI) 융합·확산, 국토와 정부의 디지털화를 가속화하고자 한다.

그린 뉴딜은 인프라·에너지의 녹색 전환과 녹색산업의 혁신을 통해 저탄소 경제로 전환하기 위한 전략이다. 노후 건축물 그린 리모델링 등 녹색 인프라를 본격 추진하고, 신재생에너지 및 친환경 미래 모빌리티 보급 확대, 스마트 그린산단 지정 및 녹색 선도 기업을 육성하고자 한다.

안전망 강화는 경제적·사회적으로 어려움에 처한 이들을 품어주고, 새로운 기술을 익혀 전환적인 경제구조에 효율적으로 적응할 수 있도록 하는 전략이다. 전 국민 대상 고용안전망을 구축하여 취약계층을 보호하고, 유망 분야인 디지털·그린분야 인재양성 등 사람 투자를 확대한다.

지역균형 뉴딜은 한국판 뉴딜을 지역으로 확산하는 것이다. 지역특성이 반영된 신산업 육성, 생태계 조성을 통해 지역 차원의 새로운 변화와 질서를 만들어가는 지역발전전략이다. 한국판 뉴딜은 지역균형 뉴딜을 통하여 지역에서 실현된다고 할 수 있다.

한국판 뉴딜의 추동력을 확보하기 위해 정부-당-민간이 참여하는 강력한 범국가적 추진체계가 마련되었다. 대통령 주재 한국판 뉴딜 전략회의를 비롯하여, 당정 협의기구인 당정 추진본부, 법제도 개혁을 위한 정부-당-민간 합동의 법제도 개혁 TF, 부처 협업체계 구축을 위한 뉴딜 관계장관회의 등을 설치·운영하고 있다. 또한 범부처 합동조직인 한국판 뉴딜 실무지원단을 설치하여, 한국판 뉴딜 추진체계가 원활히 작동할 수 있도록 전방위적 지원 역할을 수행하고 있다. 범국가적 추진체계 구축으로 신속한 의사결정과 빠르고 강한 추동력을 확보하여 한국판 뉴딜을 빠르게 현장에 안착시킬 수 있었다.

[그림 4-2] 한국판 뉴딜의 추진체계

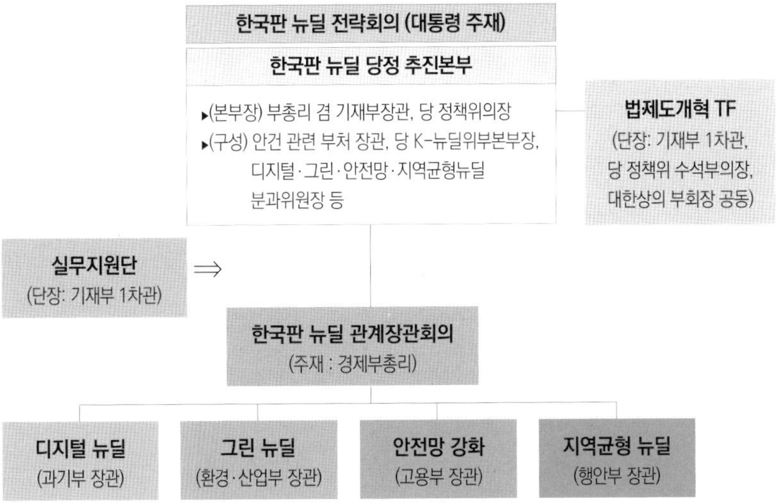

국정 최고책임자인 대통령부터 한국판 뉴딜 현장을 방문하여 기업·국민과 적극적으로 소통하며, 정책추진력을 강화해나갔다. 대통령의 한국판 뉴딜 현장방문은 '20년 6월 춘천지역의 데이터·인공지능 기

업 현장방문을 시작으로 다음 달인 7월에는 전북 부안의 해상풍력 실증단지 방문으로 이어졌다. 이후에도 서울 창덕여중 그린 스마트스쿨, 경남 창원 스마트그린 산단, 인천 송도 스마트시티, 세계 최대 규모의 부유식 해상 풍력단지인 울산 방문 등 12차례에 걸쳐 한국판 뉴딜 현장을 둘러보며, 성공적인 사업 추진이 이루어질 수 있도록 격려하고 지원하였다.

또한 '20년 9월 제1차 한국판 뉴딜 전략회의를 시작으로 4차례의 대통령 주재 전략회의가 개최되었다. 이를 통해 뉴딜금융 활성화, 지역균형 뉴딜 발표 등 한국판 뉴딜이 민간분야와 지역으로 확산시키기 위한 다양한 정책들이 발굴·추진되었다.

2) 한국판 뉴딜의 주요 내용

(1) 디지털 뉴딜로 경제사회 전반에 걸쳐 디지털 전환 촉진

기존 SW·SI 기업들이 데이터 댐 사업에 본격적으로 참여하여 인공지능 공급기업은 350%(220개사→991개사), 데이터 공급기업은 186%(393개사→1,126개사) 증가하였으며, 바우처 사업을 통해 비(非)ICT 기업들의 인공지능·데이터·클라우드 활용사업 참여 또한 2019년 대비 85%(2,024건→3,751건) 증가하였다. 이에 힘입어, '20년 국내 데이터 산업 시장규모는 19.3조 원으로 전년 대비 14.3% 확대되는 등 대규모 데이터 구축과 유통·활용 지원을 통해 데이터 선순환 생태계를 조성하고, 데이터·인공지능 경제로 전환을 가속화하였다.

교육·의료·근무 등 생활 속 밀접 분야에서도 디지털 전환이 본격적으로 이루어지고 있다. 전국 초·중·고 38만 교실에 고성능 Wi-Fi를 구

[그림 4-3] 디지털 전환 추진에 따른 변화

축(~'22. 2월)하고, 2022년까지 전체 학교의 약 10%인 1,200개교에 태블릿PC를 최대 24만대 보급하는 사업이 착수되었으며, 병원 간 협진이 가능한 스마트 병원 선도모델이 도입되었다. 이 외에도 토종 인공지능 주치의 닥터앤서 1.0을 개발하여 국내 38개 의료기관 임상검증 과정에서 진단 정확도 개선(74→92%), 진단시간 단축(5년→15분) 등 큰 성과를 거두었다.

중소기업·소상공인의 비대면·디지털화를 위해 중소기업 12.7만 곳에 비대면 서비스 바우처를 지원하여 중소기업 재직자 약 58만 명이 재택·원격근무를 활용할 수 있게 되고, 4천 개 상점이 모바일 주문·결제, 키오스크, IoT 등을 활용한 스마트 상점으로 바뀌었으며, 7.1만 명의 소상공인에게 온라인 판로를 제공하였다.

전국 108개 지자체에 도시 안전을 책임지는 스마트시티 통합 플랫폼을 보급하여, 전 국민의 60%가 스마트시티 서비스의 혜택을 받을 수 있고, 안전하고 편리한 국민 생활을 위해 국가 핵심기반 시설에 대한 디지털화도 본격 시행돼 실시간 모니터링, 자동·원격 개폐가 가능한 스마트 홍수관리 시스템이 '20년까지 121개소에 설치 완료되었고, 2021년까지 2,020개소에 대한 공사를 마무리하여 구축될 예정이며, 실시간으로 발생되는 위험정보를 알려주는 스마트 조기경보시스템이

재해 고위험지구 170곳에 설치되었다.

(2) 그린 뉴딜로 기후위기에의 적극적, 선제적 대응

정부는 무공해차 보급 확대를 위해 노력하고 있다. '20년 전기·수소차 보급과 충전 인프라 구축 사업을 그린뉴딜에 포함하고 1,105억 원을 추경 증액하였으며, '21년에는 전년 대비 23% 이상 증가한 1조 5,597억 원을 배정하였다. 정부의 무공해차 확대에 대한 적극적 지원으로 우리나라 기업들이 글로벌 시장에서 점점 두각을 나타내고 있다. 수소연료 전지차는 판매량, 국내 보급량에서 전 세계 1위를 달성('20년 말 기준)하였고, 전기차는 '20년 수출 10만 대를 돌파하는 등 신산업 성장을 견인하고 있다.

[그림 4-4] 전기·수소차 보급 및 충전인프라 구축 현황

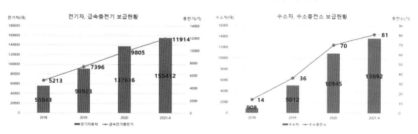

탄소중립 실현을 위한 핵심적 지표인 재생에너지 설비용량은 그린 뉴딜이 본격 추진된 '20년에 23.6GW(잠정)까지 큰 폭으로 증가하였다. 또한 수소에너지 부문은 국내 연료전지 발전량이 세계 보급량의 43%를 차지하는 등 세계 최대 발전시장으로 성장하였다. 정부는 '25년 재생에너지 설비목표를 기존 29.9GW에서 42.9GW로 상향하고, 이를 9차 전력수급기본계획('20. 12)에 반영하여 법정 계획으로 확정하였다.

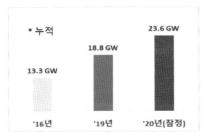

[그림 4-5] 재생에너지 설비용량

* 누적

13.3 GW '16년
18.8 GW '19년
23.6 GW '20년(잠정)

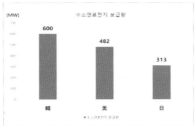

[그림 4-6] 수소연료전지 주요국가 보급량

수소연료전지 보급량

600 韓
482 美
313 日

공공임대주택 10,300여 호, 어린이집 800여 동 등 공공건축물 '그린 리모델링' 사업으로 탄소중립 구현에 기여했으며, '21년에 '그린 리모델링' 사업으로 0.7조 원의 재정을 투자하고, 향후 공공건축물 2,170동을 비롯하여 '25년까지 공공임대주택 22.5만 호로 사업범위를 확대할 계획이다.

'21년부터 전국 25개 지자체에서 '스마트 그린도시' 사업으로 'AI 홍수예보 시스템', '스마트 하수도' 사업 등 지속가능한 녹색 인프라 개선 사업을 추진하여 지역 및 도시 기후위기로부터 안전한 국민 생활환경을 조성하고 있다.

'21년에 여수, 광주, 대구 등 전국 7개 지역의 산업단지를 에너지효율 개선 및 오염물질 배출 저감을 지향하는 '스마트 그린산단'으로 지정하여 0.7조 원의 재정을 투자하는 등 산업단지 인프라를 개선하고 있으며, 향후에도 지속적으로 대상 산업단지를 확대하여 산업경쟁력를 강화하고자 한다.

'22년까지 100개 기업을 '스마트 생태공장'으로 선정하여 환경오염물질 배출을 근본적으로 저감할 수 있는 토탈 솔루션 제공·지원 사업을 추진할 계획이다. 또한 20년~22년까지 '그린뉴딜 유망기업 100'

사업을 통해 중소 녹색산업 유망 기업 100개 사를 체계적으로 지원하여 녹색 선도 유망 중소기업을 육성하고 있다.

청정대기, 탈플라스틱, 전기차 폐배터리 재활용, 수열에너지, 생물소재산업을 5대 선도 녹색산업 분야로 선정하고, 집중적으로 육성하는 산업클러스터를 조성하여 새로운 국가 성장동력을 확보하고 일자리를 창출하고 있다.

생활형 수소 시범도시(안산, 전주·완주, 울산), 산업형 수소 클러스터(인천, 전북, 경북), 아이템형 수소 규제자유특구(울산, 충남, 강원) 등 수소사업을 추진중이다.

(3) 안전망 강화로 다 함께 잘 사는 포용적 사회 조성

일하는 모든 국민을 실업급여로 보호할 수 있도록 고용보험 단계적 적용 확대 방안을 담은 「전 국민 고용보험 로드맵」을 마련('20. 12월)하여 위기 발생 시 더 큰 어려움을 겪는 취약계층을 보호하고 사각지대를 해소하기 위해 탄탄하고 촘촘한 고용·사회 안전망 구축을 추진하였다. 이에 따라 '20년 12월 10일부터 예술인에 대해 고용보험을 적용하여 가입자가 5.7만 명을 넘어섰고('21. 7. 22 기준), 특수형태근로종사자도 '21년 7월 1일부터 직종별로 고용보험이 단계적으로 적용된다. 기존 고용보험의 사각지대에 있는 저소득 구직자, 경력단절 여성, 미취업 청년, 폐업한 영세 자영업자, 특수형태근로종사자 등을 대상으로 생계안정을 위한 소득지원과 취업지원서비스를 함께 제공하는 국민취업지원제도를 '21년부터 도입하였다. 우리나라도 대부분의 OECD 국가처럼 '고용보험'과 '실업부조'를 양대 축으로 하는 중층적 고용안전망을 갖추게 되었다.

〈특수형태근로종사자 고용보험 적용 대상〉

- (2021. 7 적용) 보험설계사, 신용카드 회원모집인, 대출모집인, 학습지 방문강사, 교육교구 방문강사, 택배기사, 대여제품 방문점검원, 가전제품 배송·설치기사, 방문판매원, 화물차주, 건설기계조종사, 방과후학교 강사(초·중등)
- (2022. 1 적용) 퀵서비스, 대리운전

〈표 4-1〉 취업취약계층의 고용보험 Ⅰ Ⅱ 유형

ㅇ (제도 개요) 취업취약계층(저소득층·청년 등)에게 연령·소득·재산·취업경험 요건 충족
  여부에 따라 Ⅰ·Ⅱ 유형으로 구분하여 맞춤형 취업지원서비스와 소득지원을 함께 지원

필요요건		연령	소득	재산	취업경험	지원규모
Ⅰ 유형	요건 심사형	15~69세 (청년은 18~34세)	중위소득 50% 이하	3억 원 이하 (청년 4억 원 이하)	최근 2년 이내 100일 (또는 800시간) 이상	25만 명
	선발형		중위소득 50% 이하 (청년특례: 120%)		최근 2년 이내 100일 (또는 800시간) 미만	20만 명 (추경 5만 명 포함)
Ⅱ 유형 (기존 취성패)			중위소득 100% 이하 (청년: 소득제한 없음)	무관	무관	19만 명

ㅇ (지원 성과) 7. 25 기준 362,987명 신청 → 285,692명의 수급자격 인정 〈'21년 지원
  목표 64만 명〉

생계의 어려움을 겪는 저소득층의 기초생활보장 사각지대 해소를 위해 '17년부터 부양의무자 기준의 단계적 폐지를 추진 중이다('20년까지 생계급여 17.6만 명, 의료급여 7.4만 명, 주거급여 73.5만 명 추가 지원). '21년에는 노인·한부모 수급자 가구('21. 1월)와 그 외 가구 대상('21. 10월)에 대한 생계급여 부양의무자 기준을 폐지하여 약 20.6만 가구를 신규로 지원하고, 기존 수급자 약 3만 가구에 대해 추가로 지원하게 된다. 또한 1·2인 가구의 보장성이 강화되도록 기준중위소득 산정방식을 개편하였다.

〈표 4-2〉기초생활보장 수급자 수 및 수급률 추이

구 분	2015년	2016년	2017년	2018년	2019년	2020년
수급자 수	165만 명	163만 명	158만 명	174만 명	188만 명	213만 명
수급률 (수급자 수/전국민)	3.2%	3.2%	3.1%	3.4%	3.7%	4.1%

노인빈곤을 해소하고, 기초연금이 어르신에게 실질적인 도움이 될 수 있도록 대상과 금액을 단계적으로 확대해 나가고 있다. 기초연금 선정 기준액을 단독가구 기준으로 '20년 148만 원에서 '21년 169만 원으로 14.2% 인상하였다(부부가구 '20년 236.8만 원 → '21년 270.4만 원 (33.6만 원, 14.2% 인상). 또한 '20년에 소득 하위 40%까지 적용되었던 기초연금 월 최대 30만 원 지급대상을 '21년 1월부터 기초연금 수급자 전체(598만 명)로 확대하여 적용하고 있다. 이에 따라 256만 명이 추가로 월 최대 30만 원 지급대상에 포함되어 기초연금이 어르신들의 생활 안정에 더욱 기여할 것으로 기대된다.

〈표 4-3〉기초연금 연도별 선정기준액

연도	2017년	2018년	2019년	2020년	2021년
단독가구	119만 원	131만 원	137만 원	148만 원	169만 원
부부가구	190.4만 원	209.6만 원	219.2만 원	236.8만 원	270.4만 원

(4) 지역균형 뉴딜로 지역의 미래 성장역량 강화

'20년 10월 제2차 한국판 뉴딜 전략회의에서 「지역과 함께하는 지역균형 뉴딜 추진방안」을 발표한 이후, '21년 2월 말까지 17개 시도에서 자체 뉴딜계획이 수립되었고 정부의 지원방안이 발표('21. 1월)되면서 지역균형 뉴딜은 본격적 궤도에 올랐다.

지자체별로 지역특성이 반영된 창의적 지역사업을 발굴하여 추진 중이며, 중앙정부에서도 지자체 뉴딜사업의 성공적 추진을 위해 지방 재정투자 심사 및 지방채 초과발행 절차 간소화, 우수사업 재정인센티브(공모, 특별교부세 300억 원 지원) 등 다양한 행정적·재정적 방안을 마련하여 지원하고 있다. 그동안 걸림돌로 작용하던 현장규제에 대해서는 지자체 협업을 통해 '21년 6월 말 기준으로 총 84건을 발굴하여 24건을 개선 중이다.

지역균형 뉴딜 확산을 주도할 지역혁신 선도기업 육성을 위해 비수도권 14개 시도의 지역 주력산업을 디지털·그린 중심으로 개편('20년 11월)하고, '21년에 총 2,942억 원(국비 2,129억 원, 지방비 813억 원)을 투자하고 있다. 또한 ICT·탄소중립 관련 규제자유특구를 신규로 지정하는 동시에, 지역 혁신성장 거점으로서 지방 대도시에 기업과 인재가 모일 수 있도록 산업·주거·문화가 종합된 고밀도 혁신공간을 갖춘 도심융합특구 3개소(대구, 광주, 대전)를 우선 지정하고 단계적으로 확대할 계획이다.

공공기관의 지역균형 뉴딜 뒷받침을 위해 4개 분야(디지털·스마트화, 신산업 기반마련, 지역기업 지원, 그린뉴딜 투자) 12개 선도사업을 발굴하여 추진 중이며, 지역산업활력 펀드 조성(260억원/'20. 11월), 지역공공기관·지자체·모태펀드 공동 '지역뉴딜 벤처펀드' MOU 체결(부산 '20년 12월, 충청 '21년 3월) 등을 통해 지역기업 지원을 위한 자생적 투자 환경을 하나씩 구축해 나가고 있다.

[그림 4-7] 시도별 주력사업

14개 시·도 지역주력산업

⊡ 디지털 산업   🅥 그린산업   💲 고부가가치화

- ⊡ 바이오헬스 (맞춤형 화장품, 스마트의료플랫폼)
- 💲 지능형IT부품 (스마트안전제어 특구 연계)
- 🅥 수송기계소재부품 (전기차 등 미래차 지원 강화)

충북

- 🅥 천연물바이오소재 (의약품, 기능성화장품)
- ⊡ ICT융합헬스 (디지털 헬스케어 특구 연계)
- 🅥 세라믹복합신소재 (액화수소 저장장치 등)

강원

- ⊡ 스마트휴먼바이오 (건강기능성제품, 헬스케어)
- 🅥 친환경모빌리티 (수소에너지전환 특구 연계)
- 💲 차세대디스플레이 (Flexible OLED/QNED)

충남

- 🅥 지능형디지털기기 (그린모빌리티 전장부품 등)
- ⊡ 첨단신소재부품가공 (AI 응용기반 공정 고도화)
- 🅥 라이프케어뷰티 (산업용 HEMP 특구 연계)
- 💲 친환경융합섬유소재 (산업안전 특수섬유 등)

경북

- ⊡ 스마트시티 (데이터+AI 기반 서비스)
- 🅥 스마트그린융합부품소재 (자율주행실증 특구 연계)

세종

- 🅥 고효율에너지시스템 (에너지 효율화 기술 등)
- ⊡ 디지털의료헬스케어 (스마트헬스 특구 연계)
- 💲 수송기기/기계소재부품 (미래차 부품 고효율화 등)

대구

- ⊡ 차세대 무선통신융합 (5G 기반 비대면서비스)
- 🅥 바이오메디컬 (바이오메디컬 특구 연계)
- ⊡ 지능형로봇 (로봇-데이터 융합 서비스)

대전

- 🅥 저탄소에너지 (온실가스 감축, 해상풍력 등)
- ⊡ 스마트조선 (5G 스마트조선소, 자율운항선박)
- 🅥 그린모빌리티 (수소그린모빌리티 특구 연계)
- 🅥 미래화학신소재 (개솔서비스 특구 연계)

울산

- ⊡ 스마트농생명·식품 (스마트농업시스템 등)
- ⊡ 미래지능형기계 (친환경자동차 특구 연계)
- 💲 탄소·복합소재 (탄소 용·복합 산업 특구 연계)
- 🅥 조선해양·에너지 (친환경선박+그린에너지)

전북

- 🅥 첨단융합기계부품 (데이터기반 스마트제조)
- ⊡ 지능정보서비스 (블록체인 특구 연계)
- 💲 친환경미래에너지 (해양모빌리티 특구 연계)
- 🅥 라이프케어 (첨단의료서비스 및 차세대 재활복지기기등)

부산

- 🅥 지능형가전 (AI 생활가전, 청정가전)
- 🅥 광융합 (무인저속특장차 특구 연계)
- 💲 스마트금형 (금형설계 자동화)
- ⊡ 디지털생체의료 (3D프린팅 활용 서비스)

광주

- ⊡ 첨단항공 (전기추진항공기(UAM, PAV), ICT융복합)
- ⊡ 스마트기계 (무인선박, 5G특구 연계)
- 💲 나노융합스마트부품 (나노기반 기능성필름 실증연계)
- 🅥 항노화메디컬 (빅데이터기반 비대면의료서비스)

경남

- 🅥 저탄소지능형소재부품 (폐플라스틱 자원화)
- 🅥 그린에너지 (에너지신산업 특구 연계)
- ⊡ 첨단운송기기부품 (e-모빌리티 특구 연계)
- 🅥 바이오헬스케어 (백신, 면역세포치료)

전남

- ⊡ 스마트관광 (고객 맞춤 서비스, 체험형 콘텐츠)
- 🅥 그린에너지 (전기차충전서비스 특구 연계)
- 💲 청정바이오 (청정자원 활용 기능성 식품 등)

제주

(5) 법·제도 개선과 뉴딜펀드 등 통한 한국판 뉴딜의 민간분야 확산

한국판 뉴딜이 성공하기 위해서는 뉴딜의 궁극적 주체인 민간의 창의성과 역동성이 발휘되어 능동적으로 참여할 수 있는 뉴딜 생태계를 조성하는 것이 중요하다. 이를 위해 적극적 재정투자, 민간 자본 활용과 함께 규제·제도개혁도 병행 중이다. 정부는 경제계 등과 함께 뉴딜 투자 촉진을 위한 제도정비 과제와 현장중심 규제개혁 과제를 지속 발굴하여 개선하고 있다.

'20년 8월부터 정부와 경제계 등이 참여하는 법·제도개혁 TF 회의를 5차례 개최하여 뉴딜 관련 법·제도개혁 추진방안, 경제계의 건의과제에 대한 제도 개선 방안 등을 논의하였다. 특히 '20년 12월에는 금융사 재택근무 규제개선, 관리감독자 집체교육의무 완화 등 현장 발굴 제도 개선 과제 240개 중 191개 과제에 대한 개선 방안을 마련하였다.

한국판 뉴딜의 법적 기반 구축을 위하여 뉴딜 당정청 워크숍('20. 10. 25)에서 미래전환 뉴딜 10대 입법과제를 선정하였다. 디지털 경제 전환, 기후위기대응 등 10개 분야, 31개 법률을 정하였으며, 관계장관회의('21. 1. 22) 등을 통해 쟁점을 조정하여 법률 제·개정안의 국회 제출을 완료하였다. '21년 7월 현재, 미래전환 뉴딜 10대 입법과제 31개 법률 중 입법 완료는 15개, 국회계류 중은 16개 법률이다. 입법이 완료되지 않은 16개 법안의 조속한 입법을 추진하고 있다.

'정책형 뉴딜펀드'는 한국판 뉴딜의 추진동력을 뒷받침하고, 시중의 풍부한 유동성을 생산적으로 흡수·활용하기 위한 목적으로 조성되고 있다. 정부 3조 원, 정책금융이 4조 원을 출자하여 향후 5년간 20조 원 규모로 조성(민간매칭분 13조 원)될 예정이며, '21년에는 1차년도 예산

5,100억 원을 반영하였다.

'21년 정책형 뉴딜펀드 조성 목표분 4조 원에 대하여 정시모집분 3조 원은 2월 26일 자(子)펀드 위탁운용사 선정을 완료하였으며, 그 결과 420억 원 규모의 정책형 뉴딜펀드 1호 자펀드가 결성되어 스마트 헬스케어 기업을 대상으로 투자를 집행하였다. 수시모집분 잔여 1조 원도 4월 23일 자펀드 위탁운용사 모집공고를 시작하여 6월 말 선정을 완료하였다.

'21년에는 다수의 국민들이 한국판 뉴딜에 동참하고, 그 결실을 함께 공유하기 위한 목적으로 2천억 원 규모의 '국민참여 뉴딜펀드'를 조성하였다. '국민참여 뉴딜펀드'는 사모펀드인 자펀드의 수익증권에 투자하여 수익을 추구하는 '사모 재간접 공모펀드' 방식으로 운영된다. 사모자펀드는 국내상장·비상장 뉴딜 관련 기업에 분산투자하고, 정책자금이 후순위로 함께 투자하여 펀드자산의 20%까지 위험을 우선분담하는 구조로 설계하였다. 투자자들의 높은 관심 속에 은행·증권회사 등 15개 판매사에서 3월 29일 판매를 시작하여 일주일여 만인 4월 5일에 국민참여분 1,500억 원의 판매가 완료되었다.

뉴딜 분야 인프라에 일정 비율 이상 투자하는 공모 인프라펀드 조성을 유도하기 위해 세제혜택을 부여하고자 '20년 12월에 「조세특례제한법」을 개정하였다. 이에 따라 공모 뉴딜 인프라펀드 투자자는 투자금 2억 원 한도 내에서 투자에 따른 배당소득에 대해 9% 저율 분리과세를 적용받을 수 있게 되었다.

(6) 한국판 뉴딜 2.0 수립추진

'21년 7월 14일 「한국판 뉴딜 종합계획」 추진 1주년을 맞이하여 대통령 주재 제4차 한국판 뉴딜 전략회의를 개최하여 「한국판 뉴딜 2.0 추진계획」이 확정·발표되었다. 이는 한국판 뉴딜 추진 이후 1년간 급변하고 있는 대내외적 여건에 효과적으로 대응하기 위하여 새로운 정책과제를 추가하고 기존 정책과제를 보강할 필요성이 높아졌기 때문이다.

국내에서는 코로나19 장기화로 등교일수가 축소되면서 학생들의 다양한 결손이 나타나고, 가정환경·소득수준에 따른 돌봄·문화 격차가 확대되었을 뿐 아니라 미래 인적자산인 청년의 고용·소득·주거 불안이 점차 가중되었다. 또한 전 분야로 디지털화가 급속히 확산되고, 기후변화 대응을 위한 친환경·저탄소 경제로의 전환이 가속화되면서 SW 등 신성장 분야를 중심으로 인력수요가 급증하였다. 이러한 구조전환에 대응하기 위해 선제적인 사업구조 개편 및 효과적인 노동이동을 위한 지원체계 마련이 필요하였다.

대외적으로는 글로벌 디지털 경쟁에서 획득한 선도적 지위를 공고화하고, 탄소중립을 전략적으로 활용할 필요성도 대두되었다. 선제적인 디지털 뉴딜 추진('20.7월)으로 우리나라는 글로벌 디지털 경쟁에서 우위를 선점하였다. 그러나 초고속 통신망 구축, AI 등 신기술 투자, 디지털화 추진 등에 미국, EU 등 주요국들도 대규모 투자계획을 경쟁적으로 발표하고 있다. 이에 대응하여 우리의 선도적 지위를 공고화하기 위해 한국판 뉴딜의 보완·발전이 필요한 상황이 되었다. 또한 주요국의 탄소중립 선언 등 탄소중립이 글로벌 뉴노멀로 정착함에 따라 이를 미래 성장동력으로 육성해야 할 필요성도 제기되었다.

2020년이 뉴딜의 기반을 다지는 단계였다면, 2021년부터는 대내외적 요구를 반영하여 한국판 뉴딜의 성과를 더욱 확산·발전시키고

[그림 4-8] 한국판 뉴딜 2.0(2021. 7. 4)

국민이 체감할 수 있도록 기존 정책을 보다 진화시킨 「한국판 뉴딜 2.0 추진계획」을 수립하여 본격 추진하게 된 것이다.

한국판 뉴딜 2.0에서는 '안전망 강화'를 '휴먼 뉴딜'로 대폭 확대·개편하여 사람 투자 강화, 불평등·격차 해소 등을 본격적으로 추진한다.

디지털전환·탄소중립 등 글로벌 경쟁에 대응하고 체감성과를 확산할 수 있도록 분야별 신규과제를 추가 발굴하고 기존 과제를 확대·개편하였다. 또한 재정투입에 있어서도 '25년까지의 누적 총사업비 규모를 기존 뉴딜 1.0의 160조 원에서 220조 원 수준으로 대폭 확대한다. 이에 따라 한국판 뉴딜로 창출되는 직·간접적 일자리 수는 기존 뉴딜 1.0의 190만 개에 60만 개가 추가되어 250만 개 수준으로 확대될 것으로 추정된다.

디지털 뉴딜 분야에서는 디지털 융·복합 및 뉴딜 1.0의 성과를 경제·사회 전반으로 확산하고, 디지털 신산업 육성을 강화한다. 개방형 메타버스 플랫폼 구축 등 ICT 융합 비즈니스를 지원하고, 클라우드·블록체인 등 디지털 시대 핵심 기반기술을 육성하여 디지털 경쟁력을 제고한다. 또한 국민 모두가 한국판 뉴딜의 성과를 실감할 수 있도록 국민생활·지역사회 전반으로 디지털화를 확산할 예정이다.

그린 뉴딜 분야에서는 탄소중립 전략을 반영하여 그린 뉴딜의 외연을 확대한다. 새로운 과제로 '탄소중립 추진기반 구축'을 신설하여, 2030 NDC(Nationally Determined Contribution, 국가 온실가스 감축 목표) 이행을 위한 온실가스 측정·평가 시스템을 정비하고 산업계 탄소감축 체제를 구축할 예정이다. 아울러 저탄소 경제구조로의 전환을 효율적으로 지원할 수 있도록 그린 뉴딜 사업의 범위·규모를 확대할 계획이다.

안전망 강화는 휴먼 뉴딜로 대폭 확대·개편된다. 인재양성, 격차 해소 등을 통해 사람이 중심이 되는 포용적 경제성장 추진을 강화한다. 코로나19 및 저탄소·디지털 전환에 대응하여 디지털·그린, SW·BIG3 등 핵심 분야 인재를 집중 양성한다. 미래 자산이자 경제·사회구조 전환의 핵심 동력이 될 청년층이 코로나19로 어려움이 가중됨에 따라 청년의 자산 형성·주거안정·교육비 부담 경감 및 고용 확대 등 지원을 강화한다. 학습·정서·사회성 등 종합적인 결손을 해소하고자 4대 교육 향상 패키지(교육회복 종합방안)를 도입하고, 돌봄 격차 해소를 위한 사회서비스원 설립 및 한부모·노인·장애인·아동 등 계층별 돌봄 안전망 강화 등 사회 취약계층에 대한 교육·돌봄·문화활동 지원을 강화하여 계층 간 격차를 완화하고, 급격한 경제구조 전환 과정에서 소외될 수 있는 취약계층 보호를 강화할 계획이다.

지역균형 뉴딜 분야에서는 기존 한국판 뉴딜 지역사업의 성과를 가속화하고 지역적 체감효과가 높은 사업을 뉴딜에 편입하는 등 체감도를 높이는 한편, 우수한 지자체 주도형 사업을 조기에 발굴하여 신속히 추진할 수 있도록 행정·재정 인센티브를 확대할 계획이다.

우선 지자체가 발굴한 지역균형 뉴딜 사업 중 구체화된 우수한 사업의 경우 '22년 정부예산안에 반영하여 국비를 지원받을 수 있도록 추진했으며, 그 결과 한국판 뉴딜 2.0에서는 12조 원 이상 규모의 지역균형 뉴딜 국비 사업이 반영되었다. 한국판 뉴딜 1.0에서 8.0조 원 수준의 국비 규모임을 감안할 때 약 50% 이상 증가한 수준이다. 또한 우수사업 공모에서 선정된 15건의 선도사업에 대해서는 국가지방협력 특별교부세를 지원하였으며, 추가적으로 균특회계 등을 통한 인센티브도 제공할 예정이다.

한국판 뉴딜 전략회의 등 뉴딜 추진체계를 유기적으로 강화하여 뉴딜 2.0의 성과 달성에 만전을 기할 계획이다. 우선, '22년 예산안에 뉴딜사업 30조 원 이상을 반영하고, 추가 과제는 속도감 있게 추진한다는 방침이다. 아울러 한국판 뉴딜에 대한 국민 이해도 제고를 위해 소통과 홍보를 더욱 강화하고, 1,000억 원 규모의 '국민참여뉴딜펀드'

추가 조성 등을 통해 민간 참여 기회도 더욱 확대할 계획이다.

제도 개선 측면에서는 디지털 전환·탄소중립 등 여건 변화에 대응한 선제적 사업구조 개편을 위한 지원체계를 가동하고, 산업구조 변화에 대응한 공정한 노동전환 지원체계를 구축하는 등 구조개편을 지원해 나갈 계획이다.

〈표 4-4〉 한국판 뉴딜 2.0 구조

	디지털 뉴딜	그린 뉴딜	휴먼 뉴딜
추진 과제	1. D.N.A 생태계 강화 2. 비대면 인프라 고도화 3. 메타버스 등 초연결 신산업 육성(신규) 4. SOC 디지털화	1. 탄소중립 추진기반 구축(신규) 2. 도시·공간·생활 인프라 녹색전환 3. 저탄소·분산형 에너지 확산 4. 녹색산업 혁신 생태계 구축	1. 사람투자 2. 고용사회 안전망 3. 청년정책 (신규) 4. 격차해소 (신규)
	지역균형 뉴딜		
	1. 한국판 뉴딜 지역사업, 2. 지자체 주도형 뉴딜, 3. 공공기관 선도형 뉴딜		
	재정 지원	민간 참여	제도 개편
뒷받침	2025년까지 220조 원 수준 확대	국민참여형 뉴딜펀드 등	사업구조개편, 공정한 노동전환

한국판 뉴딜 2.0을 통해 우리 사회는 ① 더 편리하고 안전한 일상을 체감할 수 있게 되고, ② 탄소중립 실현을 통해 글로벌 그린 강국으로 도약하며, ③ 취약계층을 보호하고 불평등과 격차를 해소하여 건강하고 포용적인 사회를 만들어나갈 수 있을 것으로 기대된다. 아울러 한국판 뉴딜 2.0 추진을 통해 우리는 코로나19 위기를 극복하고, 경제사회 전반에 걸친 대한민국 대전환을 가속화하여 포용적이고 지속가능한 미래, 선도국가를 향해 앞으로 나아가게 될 것이다.

2. 문명전환과 탄소중립시대

1) 기후위기의 증대

전 세계 공급망의 교란, 소비 위축, 일자리 감소 및 각국의 봉쇄조치(lock-down)를 가져온 코로나19의 근본 원인으로 인간 활동으로 인한 기후변화 악화와 지구생태계의 훼손이 지적되고 있다. 인류가 겪고 있는 감염병의 60%는 인수(人獸) 공통 바이러스에서 비롯된 것이며, 기후변화로 인한 생물다양성 감소와 새로운 전염병 출현의 위험 증가는 앞으로 더 빈발할 가능성이 있다.

지난 106년간(1912~2017) 한반도의 평균기온은 1.8℃ 상승하여 전 지구 평균기온 상승(0.85℃) 대비 2배 이상 빠른 속도로 온난화가 진행 중이다. 기후변화로 인한 경제적 손실은 최근 10년('09~'18)간 3조 4천억 원에 이르는 것으로 조사되었고, 전 세계적인 기상이변으로 인한 경제적 손실은 연간('85~'17) 약 140억~1,440억 달러(한화 약 160조) 수준에 달하는 것으로 추정되었다. 기후변화의 영향은 먼 미래의 일이 아닌 눈앞에 닥친 현실의 위기로 나타나고 있다.

'18년 미국·캐나다에서 100년만의 최강 한파와 폭설 발생, '19년 호주와 아마존에서 대규모 산불 발생 및 관측기록 사상 2번째로 높은 전 지구 연평균 기온(산업화 이전 대비 약 1.1℃ 상승) 기록, '20 동아시아 지역의 기록적인 폭우로 인한 대규모 홍수와 이재민(중국 7,000만 명) 발생 등 지구온난화로 인한 피해가 점차 확대되고 있다. 우리나라에서도 호우, 태풍, 대설 등 기후변화('09~'18)로 인해 194명의 인명 피해와 약 20만 명의 이재민이 발생하였고, 그중 태풍과 호우로 인한 피해액이 전체 피해 규모의 87.7%로 기상 재해 중 가장 큰 비중을 차지했다.

<표 4-5> 최근 10년간 자연재해 현황

구 분	피해 규모
사망·실종(명)	194
이재민(명)	202,467
재산피해액(백만 원)	3,440,961
피해복구액(백만 원)	7,709,456

'18년 송도에서 열린 IPCC 48차 총회에서 만장일치로 채택된 〈지구 온난화 1.5도 특별보고서〉는 산업화 이후 지구 온도가 1.5도 이상 상승하면 해수면 상승과 이상기후 등으로 수많은 인류의 삶이 위기에 처할 것이라고 경고하였다. IPCC 특별보고서는 지구의 온도 상승을 1.5℃로 제한하기 위해서는 전 세계가 2050년까지 탄소 중립(Net-zero)을, 2030년까지 2010년 대비 평균 45%의 온실가스 감축이 필요할 것이라고 권고하였다.

<표 4-6> 지구온난화 1.5℃ 및 2℃ 상승 주요 영향 비교

구 분	중위도 폭염일 온도	고위도 극한일 온도	기후영향·빈곤 취약 인구	물부족 인구	해수면 상승
1.5℃	3℃ 상승	4.5℃ 상승	2℃에서 2050년까지 수억명 증가	2℃에서 최대 50% 증가	0.26~0.77m
2℃	4℃ 상승	6℃ 상승			0.3~0.93m

2) 탄소중립 사회로의 대전환 추진

전 세계 다수의 국가들은 2050년 탄소중립 목표를 천명하고, 탄소중립 사회로의 전환을 위해 석탄발전 투자 중단 등 탈석탄 노력과 고탄소 제품에 대한 탄소세 부과 준비 등의 노력을 가속화하고 있다. EU에 이어 우리의 주요 수출 경쟁국인 중·일이 탄소중립을 선언하고, 미국이 파리협정에 재가입하는 등 우리나라('20. 12)를 포함하여 총 25개국이 탄소중립을 공식 선언('21. 5 기준)하였다. 아울러 세계 온실가스 배출량의 73%를 차지하는 131개국이 탄소중립에 동참 의지를 밝히면서('21. 4, 세계기후정상회의) 이제 '탄소중립'은 글로벌 공동체에서 피할 수 없는 새로운 패러다임으로 대두하고 있다.

우리나라 경제는 산업 성장을 기반으로 1990년대 대비 약 4배 규모로 성장하였고, 산업 분야의 에너지원 중 70% 이상은 석유 및 석탄 소비에 의존하고 있다. 또한 높은 제조업 비중(GDP 대비 29.1%, '18)으로 인해 탄소 다(多)배출 산업구조를 가지고 있다.

[그림 4-9] 우리나라 산업구조의 변화

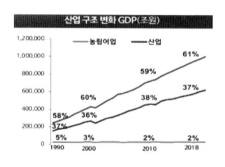 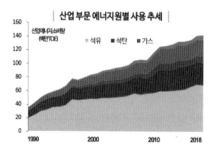

특히 무역의존도가 높은 경제구조의 특수성을 고려할 때 온실가스 감축과 탄소중립 사회로의 전환이라는 새로운 글로벌 경제질서 흐름에 대응하여 신산업, 저탄소, 친환경 시장에서 우리 경제의 경쟁력 강화와 지속가능한 성장동력을 확보해야 할 시점이다. 대한민국은 그동안의 '추격자' 전략을 탈피하고 '선도자'가 되어 친환경으로 변화하는 전 세계 산업생태계 및 시장을 선점해야 할 것이다.

급변하는 글로벌 경제질서에 선제적으로 대응하기 위해 2019년 3월 민-관 합동의 '2050 저탄소사회 비전 포럼'을 출범시켜 수송, 산업,

에너지 등 각 분야별 전문가 논의 및 사회적 공론화를 거쳐 2050년 탄소중립을 위한 국가 비전을 제시하였다. 이를 기반으로 2020년 10월 문 대통령은 대한민국의 '2050 탄소중립'을 최초 선언하였고, 2020년 12월 관계부처는 합동으로 '2050 탄소중립 추진전략'을 수립·발표하였다.

⟨표 4-7⟩ 탄소중립 3대 전략, 10대 중점과제('20. 12)

경제 구조 저탄소화	新저탄소산업 생태계 조성	탄소중립 사회로의 전환	탄소중립 제도적 기반 강화
1. 에너지 전환 가속화 2. 고탄소산업구조혁신 3. 미래모빌리티 전환 4. 도시·국토 저탄소화	5. 新유망산업 육성 6. 혁신생태계 기반구축 7. 순환경제 활성화	8. 취약산업·계층 보호 9. 지역 중심 탄소중립 실현 10. 국민인식 제고	• 재정제도 개선 • 녹색금융 활성화 • 기술개발 확충 • 국제협력

2020년 12월 31일에는 파리협정에 따라 ⟨2050 장기 저탄소 발전전략(LEDS)⟩과 ⟨2030 국가 온실가스 감축목표(NDC)⟩를 유엔에 제출하여 우리나라의 기후변화 대응을 위한 탄소중립 사회의 구현 의지를 국제사회에 표명하였다. 향후 30년에 걸친 탄소중립 사회로의 원활한 이행을 위해서는 장기적인 나침반 역할을 할 목표와 전환 과정에 대한 시나리오가 필요하다. 현재 대통령 직속의 민-관 거버넌스 의사결정기구인 탄소중립위원회('21. 5. 29 발족)를 중심으로 2050년 탄소중립 미래상과 부문별 감축 수단이 포함된 복수의 '탄소중립 시나리오'를 논의하고 있다.

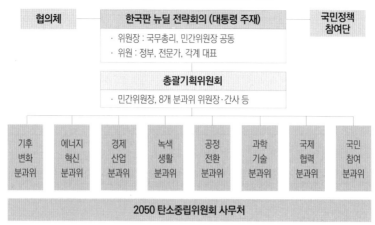

[그림 4-10] 탄소중립위원회 구조

협의체 — 한국판 뉴딜 전략회의 (대통령 주재) — 국민정책 참여단
· 위원장 : 국무총리, 민간위원장 공동
· 위원 : 정부, 전문가, 각계 대표

총괄기획위원회
· 민간위원장, 8개 분과위 위원장·간사 등

| 기후 변화 분과위 | 에너지 혁신 분과위 | 경제 산업 분과위 | 녹색 생활 분과위 | 공정 전환 분과위 | 과학 기술 분과위 | 국제 협력 분과위 | 국민 참여 분과위 |

2050 탄소중립위원회 사무처

2050 탄소중립 시나리오는 산업 수송, 건물 등 10개 부문별 전문가 82명으로 구성된 '기술작업반'에서 기술적 분석과 해외 사례 비교검토를 통해 초안을 제시하고, 탄소중립위원회 중심으로 정부부처, 산업계, 시민사회 및 일반 국민들의 의견 수렴과 협의를 거쳐 부문별·시기별 감축 경로가 포함된 복수 시나리오를 수립할 예정이다.

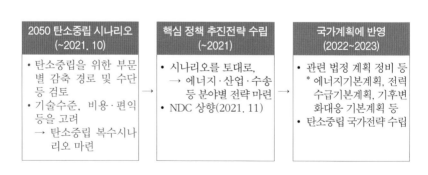

2050 탄소중립 시나리오 (~2021. 10)	핵심 정책 추진전략 수립 (~2021)	국가계획에 반영 (2022~2023)
· 탄소중립을 위한 부문별 감축 경로 및 수단 등 검토 · 기술수준, 비용·편익 등을 고려 → 탄소중립 복수시나리오 마련	· 시나리오를 토대로, → 에너지·산업·수송 등 분야별 전략 마련 · NDC 상향(2021. 11)	· 관련 법정 계획 정비 등 * 에너지기본계획, 전력수급기본계획, 기후변화대응 기본계획 등 · 탄소중립 국가전략 수립

탄소중립 사회로의 이행을 제도적으로 뒷받침하기 위해 (가칭)탄소중립기본법을 제정하고, 주요 부문별 탄소중립 로드맵을 수립할 예정이다. (가칭)탄소중립기본법이 제정되면 탄소중립 및 온실가스 감축목표 설정, 이행과정 점검체계 구축, 중점 추진전략과 계획의 수립 및 이행점검, 지자체 중심의 저탄소사회 전환 지원, 공정한 전환 지원, 법적 거버넌스 기구로서 탄소중립위원회 법적 근거 마련, 기후 대응기금 신설 등 향후 30년 이상 탄소중립을 향한 지속적이고 일관된 정책을 뒷받침하는 법·제도적 기반이 구축될 것이다.

또한 2050년 탄소중립을 향한 중간경로 목표로서 2030년까지 온실가스 감축목표(NDC) 상향에 대한 논의도 전 세계적으로 활발히 이뤄지고 있다. '21년 4월 미국 주도로 개최된 세계기후정상회의에서 영국, 일본 등 주요 국가들은 '2030 온실가스 감축목표(NDC)'를 상향하여 발표하였다. 우리나라도 '21년 5월 서울에서 개최된 '2021 P4G 서울 녹색미래 정상회의'에서 상향된 NDC를 제26차 유엔 기후변화협약 당사국총회(COP26, '21년 11월)에서 발표하겠다고 국제사회에 천명하였다.

아울러 P4G 정상회의 시 우리나라가 국제사회에 공언한 2023년 제28차 기후변화협약 당사국총회(COP28) 한국 유치 노력과 선진국과 개도국을 잇는 우리의 가교 역할 수행 등도 성실히 이행함으로써 국제사회에서 대한민국이 탄소중립을 선도하는 리더로서 자리매김할 수 있도록 노력할 것이다.

탄소중립 경제사회로의 전환과정에서 과도기적 전환비용이 소요되지만, 미래 친환경 시장, IT기술, 녹색기술 등의 분야 강점을 갖고 있는 우리나라 경제는 탄소중립에 부합하는 글로벌 신산업의 다양한 분야에서 입지를 넓혀가고 있다. 특히 에너지 분야의 ESS(Energy Storage System)와 전기차 배터리는 세계시장 점유율 1위(34.5%, '20)이며, 세계 연료전지 발전량의 40%를 우리나라가 점유 중이다(한 408MW, 미 382MW 등, '19). 문재인 정부 출범 이후 과감한 정부지원과 보급정책을 펴온 친환경 자동차는 2020년 전세계 수소차 보급 1위 달성, 그리고 미국, 벨기에, 독일에 이어 전기차 수출 세계 4위를 달성하는 성과를 거두었다.

이러한 경쟁력 있는 산업을 기반으로 정부의 선제적이고 과감한 투자, 그리고 능동적인 정책적 대응과 지자체, 산업계, 시민사회 등의 사회 각계가 함께 할 때 탄소중립을 향한 전환과정에서 발생할 수 있는 비용과 부작용은 최소화하고, 글로벌 시장에서 친환경 중심 국내 산업 경쟁력 강화, 새로운 일자리 창출을 통한 '2050 탄소중립' 사회를 실현할 수 있을 것이다.

〈표 4-8〉 국내·외 수소차 보급 실적(대)

구분	2017년		2020년	
1	미국	2,331	한국	5,827
2	일본	1,142	미국	937
3	한국	61	일본	717
4	독일	61	독일	212

〈표 4-9〉 친환경차 누적 보급

구분	2016년	2020년	2021년(3월)
친환경차	25만 대	84만 대	91만 대
전기차	1.2만 대	14만 대	15만 대
수소차	94 대	1.1만 대	1.2만 대
하이브리드	24만 대	69만 대	75만 대

3. 신문명시대와 세계 선도국가[1]

1) 포용적 회복과 도약

문재인 정부가 겪은 가장 크고 광범한 위기는 코로나19로 인한 방역과 경제의 위기였다. 코로나19 바이러스는 세계 각국이 현재의 백신과 치료약으로는 감당하기 어렵게 새로운 변종으로 거듭 확산되었다. 코로나19 바이러스에 대응해 국민의 생명을 지키고, 단절된 일상을 회복함으로써 경제를 다시 살리고 새로운 도약을 이루는 일이 문재인 정부 최대의 국정과제가 되었다. 2021년을 전후로 방역과 경제 회복에 대한 열망이 높아지면서 '회복과 도약'은 포스트코로나 시대의 절체절명한 시대적 과제가 되었다. 여기에 회복과 도약은 포스트코로나 시대의 디지털 전환과 탄소중립시대의 산업전환 과정에서 낙오자 없는 정의로운 전환의 과제가 추가됨으로써 '포용적 회복과 도약'의 비전으로 강조되었다. 문재인 정부 국가비전 '국민의 나라, 정의로운 대한민국'이 구체적으로 진화된 또 하나의 비전이라 말할 수 있다.

회복과 도약에는 코로나19에 대한 적극적 대응능력과 위기 극복에 대한 강한 의지와 자신감이 반영되어 있다. 2020년 초 느닷없이 닥친 코로나19 위기 탓에 세계경제는 극심한 침체와 구조적 대변혁을 마주했다. 우리 경제도 어려움을 피해갈 수 없었다. 팬데믹 위기 전까지만 해도 글로벌 경기·교역 회복으로 성장세가 개선돼 '사람 중심 경제'로의 패러다임 전환이 빨라질 것으로 기대했는데, 대공황 이후 최악의

---

1 이 절은 "조대엽·정상호·윤태범(2022), 『촛불시민혁명과 문재인 정부』, 대통령직속 정책기획위원회." 중 pp. 95~101. 내용을 발췌·편집하였음

글로벌 경제위기가 닥친 것이다. 정부는 신속히 움직였고 모든 국민이 적극적으로 협조하였다.[2]

정부는 '3T 전략'(진단검사-역학조사-신속한 치료)과 사회적 거리두기 정책을 시행하였고, 여기에 시민들의 적극적 협조와 희생이 더해지면서 효과적으로 유행 확산을 억제할 수 있었다. 또한 정부-의료진-국민의 삼각 협력 덕분에 세계 어느 나라보다 빠른 접종 속도를 기록하였다.[3] 이 과정에서 문재인 대통령은 비상경제회의를 8차례나 직접 주재하였고, 정부는 6차례에 걸친 추경예산을 편성·집행하였다.

포용적 회복과 도약은 코로나19 이전 상황으로의 복귀나 회귀를 의미하는 것이 아니라는 점이 중요하다. 문재인 대통령은 코로나19에 맞선 'K-방역'성과를 설명하면서, 우리의 가장 중요한 목표인 '회복'은 단순히 과거로의 복귀가 아니라 미래로의 도약을 준비하는 회복임을 강조했다.[4] 회복과 도약을 위한 보다 웅대한 설계도가 바로 한국판 뉴딜이다. 2020년 코로나19의 확산은 세계 경제를 멈춰 세웠고, 그동안 당연했던 일상도 사라지게 되었다. 세계 각국은 현재의 경기침체를 극복하고, 포스트코로나 이후 달라질 미래에 대비해야 하는 두 가지 과제를 갖게 되었다. 우리 정부가 꺼내든 해답은 디지털과 그린(친환경) 분야에 집중 투자하고 안전망을 강화하는 '한국판 뉴딜'이었다.

---

2 대한민국정부. 『대한민국 대전환과 도약의 길: 문재인 정부 50대 정책 핵심 보고서』.

3 국내 코로나19 백신 1차 접종률이 50%에서 70%로 오르기까지 걸린 시간은 28일(8월 21일~9월 17일)이다. 일본(44일), 프랑스(54일), 영국(118일) 등에 비해 속도도 빠를뿐더러 누적 1차 접종률을 비교해도 이들 국가를 모두 앞섰다. (경향, '21. 9. 30.) https://www.khan.co.kr/national/health-welfare/article/202109302103005

4 제5회 국무회의 모두발언(2021. 2. 2).

"정부는 오늘, 새로운 대한민국의 미래를 여는 약속으로 한국판 뉴딜의 담대한 구상과 계획을 발표합니다. 한국판 뉴딜은 선도국가로 도약하는 '대한민국 대전환' 선언입니다. 추격형 경제에서 선도형 경제로, 탄소의존 경제에서 저탄소 경제로, 불평등사회에서 포용 사회로, 대한민국을 근본적으로 바꾸겠다는 정부의 강력한 의지입니다. 한국판 뉴딜은, 대한민국 새로운 100년의 설계입니다."(한국판 뉴딜 국민보고대회 기조연설 2020. 7. 14).

먼저, 문재인 정부는 한국판 뉴딜의 한 축으로 디지털 뉴딜을 제시했다. 코로나19 위기 극복을 넘어 우리가 가진 세계 최고 수준의 디지털 역량을 전 산업 분야에 결합하여 우리 경제를 '추격형 경제'에서 '선도형 경제'로 도약하는 것을 목표로 삼았다. 다른 하나는 코로나19 이후 기후·생태위기 대응이 세계적 이슈로 부상할 것이라는 전망 하에 마련한 그린 뉴딜이었다. 우리 경제를 탄소중립 경제로 전환시키기 위해 선제적 투자를 하고, 이를 통해 국가의 신성장 동력을 마련한다는 것이다. 디지털 뉴딜, 그린뉴딜과 함께 휴먼뉴딜은 사회안전망과 고용안전망을 강화하고, 교육과 돌봄시스템을 혁신함으로써 포용사회의 기반을 넓히는 한국판 뉴딜의 세 번째 축이다.

포스트코로나 시대는 단순히 코로나19라는 감염병을 넘어선 시대를 의미하는 것이 아니다. 코로나19의 출현과 함께 인류는 사회적 거리두기를 비롯한 바이러스 대응양식과 함께 삶의 새로운 양식을 시작한 셈이다. 신문명의 시대이자 뉴노멀의 시대이다. 한국판 뉴딜은 포용적 회복과 도약을 통해 포스트코로나 시대의 새로운 질서를 구축하기 위한 종합적 국가전환 정책이자 국가혁신전략이다.

2) 세계 선도국가[5]

코로나19가 장기화되면서 문재인 정부의 국가비전은 '세계 선도국가'로 진화했다. 코로나19 바이러스가 변종으로 확산되기 전에 대한민국은 방역 모범국가로 세계의 주목을 받았다. 3T 전략과 함께 유전자 증폭방식의 코로나19 진단기법이 ISO 국제표준으로 지정되었을 뿐 아니라 드라이브스루 방식, 생활치료소 등은 새로운 표준이 되었다. 포스트코로나 시대는 새로운 세계를 선도할 수 있는 새로운 표준이 절실한 시대이다. 문재인 정부는 선도방역에 이어 선도경제를 이끌수 있다는 자신감이 있었고 대한민국이 포스트코로나 시대 세계의 모범이자 표준국가로서의 선도국으로 나아가고자 했다.

> "국민 여러분, 저는 남은 임기 동안, 국민과 함께 국난 극복에 매진하면서 위기를 기회로 바꾸는 데 전력을 다하겠습니다. 세계를 선도하는 대한민국의 길을 열어나가겠습니다. 첫째, 선도형 경제로 포스트코로나 시대를 개척하겠습니다. (중략) 넷째, 사람의 생명과 안전을 우선하는 연대와 협력의 국제질서를 선도해 나가겠습니다." (문재인 대통령 취임 3주년 특별연설 2020. 5. 10).

선도국 개념에는 코로나19로 인한 지구적 위기와 성장 중심의 선진국 패러다임에 대한 비판적 성찰이 있었다. 코로나19는 집중화한 성장경제 체계의 실패, 시장주의에 물든 의료·생명·안전 체제의 실패, 그리고 고도로 개인화된 정치·사회 질서의 실패를 여실히 보여주었다.

---

5   대통령직속정책기획위원회. 〈한국판 뉴딜 : 비전과 전략〉.

또한 기존의 서열구조의 정점에 있는 선진국들조차 이러한 위기 극복에 무력하다는 사실을 확인시켜 주었다. 게다가 자국이기주의로 인한 교역질서의 위기, 생태파괴가 드러내는 기후와 보건 위기, 그리고 핵무기와 원전의 위협을 포함한 핵위기 등 일국의 수준을 넘은 지구적 위기는 날로 심화되고 있었다. 결국 문재인 정부는 기존의 선진국 패러다임으로는 지구적 위기와 불확실한 세계질서를 이끌 수 없으며, 이제 세계사회를 선도할 수 있는 새로운 표준, 즉 세계 선도국가의 필요성을 제시한 셈이다.

〈표 4-10〉 선진국 패러다임과 선도국 패러다임의 비교

구 분	선진국 패러다임	선도국 패러다임
시기	코로나 팬데믹 이전	포스트코로나 시대
세계질서	수직적 구조 (강대국 중심의 국제분업구조/GVC)	수평적 구조 (GVC의 재편)
발전가치	효율주의/성장주의/경쟁우위	사람과 생명가치/지구정의
선진/선도 지표	경제지표의 우위적 지위	다양한 영역의 새로운 표준
리더십	경제지원과 군사동맹의 서열	지구적 협력과 연대

문재인 정부 정책기획위원회는 기존의 세계질서를 지배했던 선진국 패러다임과 선도국 패러다임을 〈표 4-10〉와 같이 비교하고 있다. 세계 선도국가는 추격국가에서 선도국가(First Mover)로의 도약을 그리는 대한민국의 달라진 위상을 반영하고 있다. 또한 양적·서열 상의 우위를 점하는 선진국과는 다른 가치와 내용, 그리고 방식을 지향하고 있다. 즉 세계 선도국가는 "세계사회의 공공성을 추구하는 세계시민가치로서의 사람과 생명가치를 존중하고, 방역과 경제와 공동체의 다양한 영역에서 선도방역, 선도경제, 선도시민의 새로운 표준을 제시하며

대내외적인 연대와 협력으로 불확실한 인류의 미래를 개척하는 나라"
로 정의하고 있다.

〈표 4-11〉 세계 선도국가의 3대 국정 방향

방향		우리의 미래와 다음 세대에게 희망을 주는 세계선도**안전**·세계선도**경제**·세계선도**시민**
개념	세계선도안전 (생명과 안전)	세계표준 K-방역
		그린환경을 실현하고 점검할 수 있는 목표치 설정
		생활 공간에서 쾌적한 환경을 누릴 수 있는 환경
		미래 안전 에너지 생산을 세계적으로 선도
	세계선도경제 (혁신과 도약)	디지털·그린 경제 영역에서 새로운 세계표준 제시
		세계 우위 분야 집중투자를 통해 미래선도 일자리 창출
		경제 성장과 자원 배분의 형평을 함께 고려하는 선도모델의 창안
	세계선도시민 (균형과 협력)	지구적 불확실성을 극복할 수 있는 정의로운 세계시민 육성
		신구(新舊), 흥망(興亡)의 지역과 일자리 배분 주체로서 정의로운 전환 실현
		뉴딜 전환에 따른 갈등 해소와 협력과 합의를 위한 중층적 사회적 대화
		디지털 전환과 그린 전환의 다양한 피해계층에 대한 두터운 사회보장 마련

이러한 정의와 함께 세계 선도국가의 핵심적 국정 방향을 세 가지
로 요약하고 있다. 첫째는 생명과 안전 가치를 추구하는 '세계선도안
전'이다. 세계표준의 K방역뿐 아니라 탄소중립의 산업환경 구축, 안
전하고 쾌적한 생활공간, 생명안전을 보장하는 미래에너지 등의 실천
과제가 구체화되어야 한다. 둘째는 혁신과 도약의 '세계선도경제'이
다. 디지털 경제와 탄소중립경제 영역에서 새로운 세계표준을 제시하
고 세계적 우위 분야에서 미래선도 일자리를 창출할 뿐 아니라 경제성
장과 자원배분의 형평성을 함께 고려하는 혁신의 실천과제가 있다. 셋

째는 균형과 협력의 '세계선도시민'이다. 지구적 불확실성을 극복하기 위한 글로벌 정의를 공유하는 정의로운 세계시민, 지역과 다음 세대를 고려하는 정의로운 배분의 주체 구축, 협력과 합의의 대화시스템, 두터운 돌봄, 교육, 안전망의 구축 등의 과제가 있다. 세계선도안전과 세계선도경제와 세계선도시민으로 구성되는 세계선도국 질서는 포스트 코로나 시대 새로운 문명을 만들어야 하는 인류의 당면한 과제이기도 하다.

제5장 국정 분야별 비전과 성과[1]

1. 국민이 주인인 정부

1) 권력기관 개혁

(1)국민 중심의 권력기관 개혁

> "모든 공권력은 오직 국민을 위해 사용되어야 합니다. 이것은 우리 정부가 한시도 잊어
> 서는 안 될 국민이 부여한 준엄한 명령입니다."
> 〈문재인 대통령, 국정원 검찰·경찰개혁 전략회의〉('19. 2. 15.)

문재인 대통령은 2019년 2월 15일 국정원 검찰·경찰개혁 전략회의에서 이렇게 강조했다. 국가권력이 가진 힘의 원천은 국민이며, 모든 공권력은 국민에 봉사해야 한다는 뜻이다. 하지만, 현실에서는 종종 그렇지 못한 모습을 보여왔다.

이에 문재인 정부는 3대 권력기관(국정원·검찰·경찰)을 국민 품에 돌

---

1 이 글은 대한민국 정부(2021), 대한민국, 위기를 넘어 선진국으로, 대한민국 정부 (2021), 대한민국 대전환과 도약의 길, 대한민국 정부(2021), 문재인 정부 4년, 100대 국정과제 실적 등의 자료를 정리한 것임.

려주기 위한 민주적 개혁 작업을 강도 높게 추진해왔다. 2018년 1월 14일 청와대가 권력기관 개혁방안을 발표한 이래 대통령 주재로 두 차례 전략회의(2019년 2월 15일, 2020년 9월 21일)를 열어 권력기관 개혁 의지를 강하게 피력하고, 입법을 통한 견제와 균형의 원리 실현을 강조하였다.

2019년 12월 30일 「고위공직자범죄수사처법」을 시작으로 「형사소송법」, 「검찰청법」, 「경찰법」, 「국가정보원법」 등 권력기관 개혁법이 모두 국회를 통과했고, 2021년 1월 1일 국정원·검찰·경찰 개혁법령이 전면 시행되면서 마침내 권력기관 개혁을 완수했다.

(2) 국정원 개혁

정치개입·민간인 사찰 등의 문제로 "국가정보원을 개혁해야 한다"는 시대적 요구가 있어왔다. 문재인 정부는 출범 직후부터 ▲ 국내담당 정보관(I/O) 폐지 ▲ '국정원 개혁발전위원회' 출범 및 22개 의혹 사건 조사·조직쇄신안 도출 ▲ 국내정보 수집·분석부서 해편 등 꾸준한 국정원 개혁을 추진해왔다.

특히 국정원 직무 범위에서 국내 보안정보 등을 삭제하고, 대공수사권을 경찰에 이관하는 것을 주요 내용으로 하는 개정 「국가정보원법」과 하위 법령이 2021년 1월 1일부터 시행(대공수사권 이관은 2024년 1월 1일)되면서 국정원 개혁의 불가역적 토대가 마련됐다.

이로써 국정원의 국내정치 개입 소지를 원천적으로 없애고, 관련 조직을 설치할 수 없게 됐다. 또 대북·해외 전문 정보기관으로 탈바꿈할 수 있도록 제도가 정비됐고, 국회에 의한 민주적 통제도 강화했다. 정보기관이 국가안보와 국익수호를 위한 정보활동에만 매진하도록 제도를 만들어 일탈이나 국민 인권 침해행위를 할 수 없도록 하였다.

(3) 국민을 위한 수사권개혁

2020년 1월 13일, 검경 수사권을 조정하는 내용을 담은 법안(형사소송법·검찰청법 개정안)이 국회를 통과했다. 이 법은 이듬해 1월 1일부터 시행됐다. 법무부와 행정안전부 장관이 서명한 검·경 수사권조정 정부합의문이 발표(2018년 6월 21일)된 지 약 2년여 만에 수사권개혁을 위한 입법이 일단락됐다.

검경 수사권 조정은 검찰과 경찰, 두 수사기관에 권한을 분산하고, 견제할 수 있도록 하여 정부수립 후 70년간 검찰이 형사사법 권한을 사실상 독점해 생겼던 수사권 남용과 인권침해 문제를 방지할 제도적 기초를 마련했다는 점에서 의미가 크다.

검찰이 경찰을 지휘하는 기존의 수직적 관계가 상호협력하는 수평적 관계로 전환되는 만큼 그 과정에 진통도 적지 않았다. 하지만 권력기관 개혁은 문재인 대통령이 약속한 최우선 공약이었기에 정부는 흔들림 없는 의지로 검찰개혁을 추진해왔다.

개정법은 ▲ 검사의 수사지휘권을 폐지하고 ▲ 검·경 관계를 협력관계로 전환하며 ▲ 경찰에 1차 수사종결권을 부여하되 ▲ 검찰에 보완수사와 시정조치, 재수사를 요구·요청할 수 있는 권한을 주었다.

검사의 직접수사 범위도 축소했다. 부패범죄·경제범죄·공직자범죄·선거범죄·방위사업범죄·대형참사 등 대통령령으로 정하는 중요 범죄 등으로 한정했다. 이로써 검사 직접수사는 약 84%(2019년 기준 5만여 건→8,000여 건) 이상 줄어들 것으로 예상된다.

문재인 정부는 「형사소송법」·「검찰청법」의 국회 통과 후인 2020년

2월 대통령 소속 '국민을 위한 수사권개혁 후속추진단'을 발족했다. 후속추진단에서는 수사권개혁의 구체적 실현을 위해 검·경의 실질적 상호협력 관계를 구축하고, 수사과정에서 발생할 수 있는 인권침해를 최소화하기 위한 「검사와 사법경찰관의 상호협력과 일반적 수사준칙에 관한 규정」등 관련 후속 법령(대통령령 3개, 부령 6개)의 제·개정 작업을 했다.

검찰과 경찰이 별도로 규정했던 인권 및 적법절차 보장도 수사준칙에 통일적으로 규정하고, 이를 검사와 사법경찰관 모두 준수하도록 했다. 이처럼 문재인 정부의 권력기관 개혁의 전 과정은 국민의 인권 존중을 최우선가치로 일관되게 지향해왔다.

이렇게 마련한 법령을 2021년 1월 1일 일괄 시행해 국민을 위한 수사권 개혁의 제도 정비를 마무리했다.

(4) 경찰개혁

문재인 정부는 경찰권을 분산하고 민주적 통제를 강화하는 개혁도 동시에 추진했다. 경찰사무를 국가경찰사무, 자치경찰사무, 수사사무로 나눠 각각 경찰청장과 시·도자치경찰위원회, 국가수사본부장이 지휘·감독하도록 하여 경찰권을 분산시킨 것이다. 이 내용을 담은 「경찰법」 전면개정안은 2020년 12월 9일 국회를 통과해 2021년 1월 1일부터 시행됐다.

우선, 수사는 2021년 1월 출범한 '국가수사본부'가 컨트롤타워 역할을 맡았다. 국가수사본부는 전국 시·도경찰청과 경찰서 등의 수사경찰 3만 3,000여 명을 지휘·감독하는데, '인권과 현장을 최우선으로, 국민중심 책임수사 실현'을 기본 운영방향으로 ▲ 인권·피해자 중심 수사 ▲ 시·도경찰청 중심의 직접수사 기능 강화 ▲ 수사종결 역량 확보 ▲ 자격관리제도 등 세부 과제를 속도감 있게 추진하고 있다.

광복 이후 70여 년간 꾸준히 논의돼온 자치경찰제도 도입했다. 문재인 정부가 광역 단위 자치경찰제를 도입한 것은 경찰권을 분산하고, 민주적 통제를 강화하는 한편 자치분권을 확대하기 위해서다. 시·도지사 소속 시·도자치경찰위원회가 주민생활과 밀접한 생활안전·여성청소년·지역교통 등의 자치경찰사무를 지휘·감독함으로써 각 지역 상황에 맞는 차별화된 치안서비스를 제공할 수 있게 됐다. 자치경찰제는 강원을 시작으로 일부 시·도에서 시범 운영하다가 2021년 7월 1일 전국에서 전면 시행했다.

(5) 고위공직자범죄수사처 출범

고위공직자범죄수사처(공수처)가 출범했다. 공수처는 입법·행정·사법 어디에도 속하지 않는 독립적인 반부패 수사기구인 동시에 검찰의 기소독점 권한을 분산(고위공직자 중 판사·검사·경무관 이상 경찰공무원과 그 가족의 고위공직자범죄에 대해 공소제기·유지 권한)한 권력기관 개혁기구이다.

공수처 도입은 1954년 「형사소송법」 제정 이후 유지돼온 검찰의 기소독점 권한으로 인한 병폐를 타파하고자 1996년부터 검찰개혁의 일환으로 논의되기 시작한 것으로 문재인 정부는 이를 핵심 국정과제로 추진해왔다.

2020년 1월 14일 「고위공직자범죄수사처 설치 및 운영에 관한 법률」이 제정된 후 정부는 국무총리 산하 '고위공직자범죄수사처 설립 준비단'을 발족(2020년 2월)하여 운영위원회와 자문위원회, 유관기관 간 협의 등을 통해 공수처의 물적·인적 토대를 마련하고 동년 7월 15

일 법시행에 대비하였다. 그러나 공수처장 임명이 지연되어 공수처는 법시행일에 맞춰 출범하지 못하였고 한 차례의 법개정 과정 등을 거쳐 2021년 1월 21일 초대 공수처장이 임명되면서 공식적으로 출범하였다.

[그림 5-1] 문재인 정부 국정원·검찰·경찰개혁 체계도(2021. 1. 1)

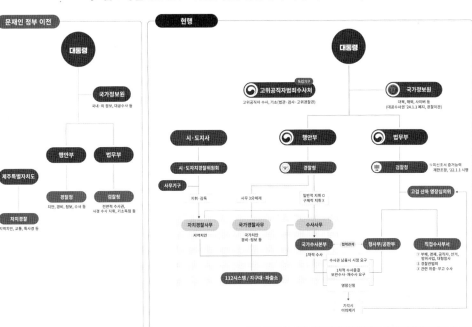

2) 더 많은, 더 큰, 더 다양한 민주주의

(1) 선거 연령 만 18세까지 인하

만 18세가 되면 결혼은 물론 군 입대, 운전면허 취득, 공무원 시험(8급 이하) 응시가 가능하다. 「민법」 제807조에 따라 결혼할 수 있고, 「병역법」제8조는 "대한민국 국민인 남자는 18세부터 제1국민역에 편입된다."라고 적시하고 있다. 「도로교통법」제82조에 따라 운전면허도 취득할 수 있으며, 만 18세 이상이면 「공무원임용시험령」제16조제1항에 따라 8급 이하 공무원채용시험에 응시할 수 있다.

〈표 5-1〉주요 법령의 연령 기준

구 분	법령	연령기준(만)
혼인	민법	18세 이상
입대	병역법	18세 이상
운전면허 취득	도로교통법	18세 이상
8급 이하 공무원시험 응시	공무원임용시험령	18세 이상
투표권	공직선거법	19세 이상 (2019년 공직선거법 개정 이전)

많은 법령에서 '만 18세 이상'인 사람은 국민의 권리와 의무를 책임질 수 있는 독자적인 판단력과 인지능력이 있다고 인정하고 있다. 그런데 투표는 만 19세가 돼야 가능했다. 병역의무를 지면서도 투표권은 행사하지 못하는, 이른바 '의무만 있고 권리는 없는' 불합리한 상태가 계속됐다.

이 같은 불합리한 상황은 국제사회와 비교할 경우 뚜렷이 드러난다. 2019년을 기준으로 경제협력개발기구(OECD)에서 선거 연령을 만 19세 이상으로 규정한 나라는 대한민국밖에 없다.

우리나라는 제헌국회 때 '만 21세 이상'이었던 선거 연령을 두 차례에 걸쳐 낮춰 '만 19세 이상'으로 투표권을 확대했지만 국제기준에는 미치지 못했던 것이 사실이다.

<표 5-2> 공직선거법 개정 전 경제협력개발기구(OECD) 회원국의 선거권 연령

연령(만)	국가수	국 가
16세	1개국	오스트리아
17세	1개국	그리스
18세	33개국	뉴질랜드, 네덜란드, 노르웨이, 독일, 덴마크, 라트비아, 룩셈부르크, 리투아니아, 미국, 멕시코, 벨기에, 스웨덴, 스위스, 스페인, 슬로바키아, 슬로베니아, 아이슬란드, 아일랜드, 영국, 에스토니아, 이스라엘, 이탈리아, 일본, 체코, 칠레, 캐나다, 터키, 핀란드, 포르투갈, 폴란드, 프랑스, 호주, 헝가리
19세	1개국	한국

출처: 중앙선거관리위원회(2019), 「2019 각국의 선거제도 비교연구」.

문재인 대통령은 대선 과정에서 선거 연령을 만 18세로 낮춰 국민의 정치 참여를 확대하겠다는 공약을 제시했다. 이후 국회 정치개혁특별위원회(2018년 7월 ~ 2019년 8월)의 논의를 거쳐 선거 연령을 낮추는 「공직선거법 개정안」이 2019년 12월 27일 국회 본회의를 통과했다.

2020년 4월 15일 치러진 제21대 국회의원 선거는 법 개정 이후 최초의 선거였고, 전체 유권자의 1.2%에 해당하는 54만 8,986명의 18세 유권자에게 투표할 수 있는 권리가 생겼다. 2021년 4월 7일 재·보궐선거에서는 11만 9,349명의 만 18세 유권자가 투표권을 얻었다. 만 18세 유권자의 투표는 미래세대들이 대한민국 국민으로서 의견을 내고 그들의 목소리에 권위를 부여한 국민참정권 확대의 역사로 기록될 것이다.

(2) 언론자유의 확대

'국경없는기자회'가 매년 발표하는 언론자유지수가 2016년 180개 국가 중 70위에 머물렀으나, 점차 순위가 상승하며 2021년에는 42위를 기록하며 3년 연속 아시아권에서 1위를 유지하고 있다. 국경없는 기자회는 한국을 언론인의 자유로운 활동이 보장되며 뉴질랜드, 호주 등과 함께 아시아태평양 지역 언론 자유의 모델이라 평가하고 있다.

(3) 반부패 개혁과 국가청렴도 제고

국제사회는 문재인 정부 출범 초기부터 대통령 주재의 공정사회 반부패정책협의회를 주축으로 일관되게 추진해 온 반부패 개혁 성과를 높이 평가하고 있다. 국제투명성기구가 발표한 2021년 국가청렴도(Corruption Perception Index: CPI)'에서 우리나라는 180개국 중 32위를 차지했다. 국제투명성기구가 1995년부터 국가청렴도를 조사·발표하기 시작한 이래로 역대 최고 수준이다.

(4) ILO 핵심협약 노동기본권 보장 등 기본권 확대

우리나라는 1991년 ILO 가입 이후 세계 10위의 경제대국으로 성장하였으나 ILO 회원국 대부분의 나라가 비준한 핵심협약 중 일부를 비준하지 못하고 있었다. 이에 정부는 2017년 ILO 핵심협약 비준을 노동존중사회 실현을 위한 핵심 국정과제로 선정하고, 사회적 대화와 전문가 및 관계부처 검토를 진행해 왔다.

이를 토대로 핵심협약 비준을 위한 4개 법률(노조법, 공무원노조법, 교원노조법, 병역법)을 개정(2020년 12월 ~ 2021년 3월)하였으며, 3개 ILO핵심협약(제29호 강제노동 협약, 제87호 결사의 자유 및 단결권 보호 협약, 제98호 단결권 및 단체교섭 협약)을 2021년 4월 비준 완료하였다.

(5) 대체복무제 도입

정부는 국가적 측면에서 소수자에 대한 다양성을 인정하고 인권선진국으로 한 걸음 더 나아가기 위해 2019년 12월 「대체역의 편입 및 복무 등에 관한 법률」을 제정하여 2020년 1월 1일부터 시행하고 있다. 법률 제정에 따라 '대체역 심사위원회'를 구성하였고, 그동안 540여 명이 병역기피로 고발되었으나 제도 도입 이후 당당하게 국가와 사회에 기여하면서 자신의 양심을 보호할 수 있게 되었다.

(6) 국민 인권을 우선하는 민주주의 강화

현행 국선변호제도 아래에서는 법원의 심사단계에 이르러서야 국선변호인의 조력을 받을 수 있고, 경찰 피의자신문 절차에서 변호인 참여 비율은 약 1%에 그칠 정도로 수사단계에서의 변호인 조력을 통한 인권보호가 미흡한 상황이다.

이에 정부는 국선변호인 제도를 수사기관으로부터 출석요구받은 피의자에게까지 확대하여 수사단계에서의 변호인 조력권이 보장될 수 있도록 형사공공변호인 제도 도입을 추진하고 있으며, 2021년 7월 「형사소송법」 및 「법률구조법」 일부개정법률안을 입법예고하였다.

[그림 5-2] 형사공공변호인 제도 도입 효과

정부는 과거 공포와 억압의 장소였던 '남영동 대공분실'을 민주인권기념관으로 재탄생시켜 희생자 추모와 민주·인권의 기념공간으로 조성할 계획이다. 문재인 대통령은 권위주의 시대에 인권탄압의 상징적 공간이었던 옛 남영동 대공분실에서 열린 제33주년 6·10민주항쟁 기념식에 참석하여 민주주의 발전 유공자 총 19명에게 정부포상을 수여한 바 있다.

민주인권기념관은 6,657m² 규모로 사업비 310억 원을 투입하여 2019년 설계공모를 거쳐 2021년 상반기 착공을 시작으로 옛 남영동 대공분실의 재정비와 증축공사를 마무리한 후 2023년 상반기 민주주의의 전당으로 새롭게 선보일 예정이다.

(7) 진실과 국민통합에 한 발 더 다가선 과거사 문제 해결

2010년 '진실·화해를 위한 과거사정리 위원회(이하 진실화해위원회)'의 활동이 종료되었음에도 형제복지원·한국전쟁 전후 민간인 집단 희생 사건 등 풀지 못한 과거사 사건에 대한 국가 차원의 해결 요구는 계속됐다.

이 같은 요구를 수용해 2020년 5월 20일, 진실화해위원회 활동 재개를 주요 내용으로 하는 「진실·화해를 위한 과거사정리 기본법」을 개정했다. 이에 따라 2기 진실화해위원회가 2020년 12월 10일 형제복지원 사건 접수를 시작으로 출범하였으며, 2021년 3월 말 기준 접수된 사건은 2,881건(5,554명 신청)이다. 진실화해위원회가 활동을 재개함으로써 지난 10년간 답보 상태에 있던 과거사 문제 해결의 전기가 마련됐다.

2021년 4월 3일 제주에서는 「4·3특별법」이 전부개정('21. 3. 23)되어 그 어느 때보다 뜻깊은 4·3 희생자 추념식이 봉행됐다. 법률 개정으로 1948년·1949년 군법회의 판결로 억울한 옥살이를 한 수형인 2,530여 명의 직권재심 청구를 위원회가 법무부 장관에게 권고할 수 있게 됐다.

1980년 이후 9차례에 걸쳐 진상규명 조사활동이 있었고, 2018년 2월 국방부 5·18특별조사위원회의 5·18 당시 헬기사격과 전투기 출격 대기 확인 발표가 있었으나 발포명령 책임자 등을 밝혀내지는 못했다.

이에 5·18 당시의 미해결 핵심 사안을 둘러싼 진실규명을 위해 여야 합의로 「5·18진상규명특별법」을 제정('18. 3. 13)하고 5·18민주화운동 진상규명조사위원회가 2019년 12월 출범했다. 위원회는 민간인 사망사건 등 7개 사건에 대한 조사 개시 결정을 내림으로써 2020년 5월 11일 조사활동을 본격 착수했다. 특히 5개 종교단체와 함께 한 범국민 '고백과 증언' 캠페인 등에 힘입어 진상규명 신청과 시민 제보가 계속 이어졌고, 2021년 3월에는 5·18 당시 계엄군 출신 A씨가 직접 사죄하고 피해 유족이 용서하는 국민화합의 성과를 거두었다.

3) 국민과 소통하는 열린 청와대

(1) 국민에게 다가가는 열린 청와대 구현

국민이 접근하기 힘든 권위적 공간으로 인식되던 청와대의 문턱이 낮아졌다. 1968년 1·21사태 이후 통제되었던 청와대 앞길(2017년)과 인왕산(2018년), 북악산(2020년)이 개방되어 국민에게 열린 공간으로 재탄생했다.

청와대 앞길은 반세기 만에 24시간 개방('17. 6. 26)되어 차량 이동이 완전히 보장됐고, 국민들은 경복궁 주변 산책길을 자유롭게 거닐 수 있게 됐다. 그 결과 주·야간 통행량이 기존보다 약 29% 증가하는 등 국민 편익이 증대됐고, 야간에 단절되었던 삼청동과 효자동이 연결되어 주변 상권 활성화에 기여했다.

1·21사태 이후 통제되었던 인왕산과 북악산이 반세기 만에 국민의 품으로 돌아왔다. 2017년 문재인 대통령이 대선 후보 당시 밝힌 "북악산, 인왕산을 전면 개방해 시민에게 돌려드리겠다"는 국민과의 약속을 지킨 것이다. 2020년 개방된 북악산 북측 면에 이어 2022년 상반기에는 북악산 남측 면까지 완전 개방될 예정이다.

청와대 경호와 군사 목적 시설물로 인해 일반인 접근이 부분 통제되었던 인왕산은 불필요한 경계시설을 철거하고, 시민편의시설 확충, 성곽붕괴지역 복원, 인왕산 옛길 및 탐방로 복원 등의 재정비를 거쳐 2018년 국민에게 개방됐다.

북악산은 2020년 11월에 1단계 구간(북악스카이웨이~한양도성 북측 숲)을 개방했고 2022년 상반기 2단계 추가 개방(삼청공원~한양도성 남측 숲)을 앞두고 있다. 이로써 서대문구 안산에서 출발해 인왕산-북악산-북한산으로 이어지는 구간을 중단없이 이용 가능하게 됐고, 도심 녹지 공간이 크게 확대됐다.

경남 거제 저도는 일제강점기인 1920년대부터 군기지로 활용되다가 1972년 대통령 별장으로 공식 지정되어 일반인의 거주 또는 방문이 자유롭지 못했다. 저도를 국민에게 돌려드리기 위해 상생협의체(국방부, 행정안전부, 경상남도, 해군, 거제시 참여)를 구성하고, 논의를 통해 2019년 9월부터 1년간 시범 개방했다. 이후 개방시간·인원 등을 확대하여 2020년 9월부터 본격적으로 개방하였다.

(2) 국민이 세상을 바꿔온 국민청원

국민 이야기를 직접 듣고 소통하는 공간이 필요하지 않을까? 국민 청원은 '국민이 주인인 정부'라는 대통령의 국정철학을 국정운영에 구현하고자 도입했다. 국민 누구나 청원을 게시하고 30일 동안 20만 명 이상 동의를 얻으면 정부 및 청와대 책임자가 답변한다.

국민청원은 국민들의 높은 참여 덕분에 남녀노소 누구나 일상적으로 참여하는 공론장이자, 국민의 뜻을 알 수 있는 직접소통의 공간으로 성장했다. 4년간 국민청원은 누적 게시 청원수는 104만 건, 누적 청원 동의수는 2억 932만 명, 누적방문자 수는 4억 7,594만 명에 이르는 등 폭발적인 국민의 관심과 참여가 이어졌다.

104만 국민청원 중 등록이 많이 된 분야는 정치개혁(16.6%), 보건복지(9.1%), 인권·성평등(8.4%), 안전·환경(7.4%)순이었다. 동의를 가장 많이 받은 분야는 인권·성평등(18.4%)으로 게시 대비 동의비율이 2배 이상 나타나는 등 국민의 높은 관심을 받았다.

20만 명 이상 동의를 받은 257건의 청원 중 사건 사고의 피해자 보호와 가해자 처벌 등 대책을 요구하는 청원이 121건(47%)에 달했으며, 아동 관련 사건(25건), 성범죄 고발(23건), 청소년 관련 사건(17건) 등이었다.

아동학대 방지시스템 구축, 어린이 교통안전 확보, 음주운전 처벌 강화, 심신미약자 감형 의무조항 삭제, 디지털·아동 대상 성범죄 처벌 강화, 소방공무원 국가직 전환, 노동환경 개선 법제도 마련, 동물보호법 강화, 권역외상센터 확충 등 국민청원을 통해 드러난 국민동의를 기반으로 다양한 분야에서 제도 개선이 이뤄졌다.

국민청원 제도는 기존 전통 언론과 미디어가 의제를 선점해왔던 관

[그림 5-3] 20만 명 이상 동의 국민청원 분석(2017년 8월 19일~ 2021년 7월 31일)

사건사고 고발 및 대책 요구 청원 121건 현황 (간)

동물보호 요구 10건
방송·언론관련 15건
기타 8건
정치관련 40건
20만이상 동의청원현황
121건 사건사고 고발 및 대책 요구 관련
63건 정부정책 및 사회제도 관련

아동관련 사건 25
성범죄 23
디지털성범죄 19
청소년 관련 사건 17
강력범죄 11
교통사고 9
군대 등 기타 7
폭행 6
의료사고 4

[그림 5-4] 국민청원에 대한 국민인식도

소외계층의 목소리를 대변했다
61%

국정에 대한 시민들의 관심을 상승시켰다
62%

시민들의 정치 참여를 높였다
59%

행을 깨고, 개개인의 '게시'나 '동의'로 개인의 의제를 사회적 의제로 발전시키는 데 기여했다고 평가받고 있다. 국민인식조사 결과 국민들은 "국민청원이 소외계층의 목소리를 대변(61%)하고, 국정에 대한 시민들의 관심(62%)과 시민의 정치참여(59%)를 높였다"고 평가했다.

(3) 청와대 브리핑, 국정운영 메시지의 신속하고 투명한 전달

문재인 대통령은 대통령 당선 직후 '국민께 드리는 말씀'에서 "국민과 수시로 소통하는 대통령이 되겠습니다"라고 밝혔다. '공보'에서 '국민소통'으로 그 중심이 이동했다. 이러한 대통령의 국정철학인 '국민

소통', '열린 청와대'를 실현하기 위해 브리핑 횟수를 획기적으로 늘리고, 투명하고, 개방적이며 신속하게 대통령의 메시지를 국민에게 제공하고자 노력했다.

대통령의 일정 및 국정철학을 언론에 브리핑하는 횟수를 획기적으로 늘렸다. 대통령의 국정운영 메시지를 국민께 적극적으로 발신했으며 정부 출범 이후 2021년 9월 말까지 브리핑 횟수는 대변인 1,522건, 부대변인 503건 등 2,486건으로 이전 정부와 비교하여 훨씬 월등한 수준을 보인다.

[그림 5-5] 정부 브리핑 건수 비교

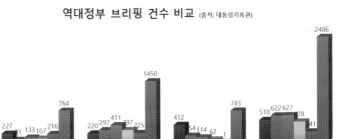

특히 임기 1년 차에는 참여정부 227회, 이명박 정부 220회, 박근혜 정부 412회에 비해 많은 518회의 브리핑을 실시하며 새 정부의 대한민국이 많이 바뀌었으면 좋겠다는 국민의 바람에 부응하기 위해 노력했다.

남북정상회담과 북미정상회담 등 한반도 완전한 비핵화와 평화체제 구축을 위한 외교적 노력이 가속화되던 임기 2년 차와 3년 차에는

622회, 627회의 브리핑을 내놓으며 남북화해와 평화를 위한 국민적 기대를 위해 최선을 다했다.

2. 더불어 잘 사는 경제

1) 함께하는 성장, 공정경제

(1) '빨리' 대신 '지속적으로 멀리' 가는 우리 경제

공정경제는 소득주도 성장, 혁신성장과 함께 문재인 정부의 3대 경제 정책 방향이다. 모든 경제 주체가 일한 만큼 정당한 보상을 받을 수 있고, 대등한 위치에서 경쟁할 수 있는 경제 구조를 만드는 게 핵심 목표다. 대기업 중심 전략의 한계를 뛰어넘어 지속가능한 경제성장의 기반을 만들려면 꼭 필요한 정책이다. 문재인 정부는 공정경제 달성을 위해 ▲ 기업 지배구조 개선 ▲ 대·중소기업 간 상생협력 촉진 ▲ 갑을 문제 해소 ▲ 소비자 권익보호 등 4가지 전략으로 국정과제를 추진해왔다.

(2)감사위원 '3%룰' 소액주주 권한 강화

공정경제 3법(개정 상법·공정거래법, 금융복합기업집단감독법)을 2020년 12월 공포했고, 기업의 순환출자가 사실상 해소되는 등 약속을 이행하고 있다. 특히 감사위원 분리 선출과 다중대표소송제를 도입하는 내용의 「상법」은 개정(2020년 12월 29일) 즉시 시행돼 2021년 주주총회에서 그 효과를 실감할 수 있었다.

개정 「상법」에서 핵심은 감사위원 분리 선출제다. 상장사가 감사위원 중 최소 1명을 이사와 별도로 선출하도록 한 것이다. 감사(1962년 도입) 및 감사위원(2000년 도입) 선출 시 의결권은 제도 도입 당시부터 3%로 제한되어 1주 1표의 예외를 두었다. 이는 특정 주주의 이해관계에 맞는 감사 및 감사위원이 선출되는 것을 사전에 방지하기 위한 것이었다.

「상법」시행 이후인 2021년 코스피 상장사 가운데 206곳이 감사위원을 선임했는데 감사위원 분리선출로 대주주의 의결권이 제한되면서 소액주주들의 지지를 받은 감사위원이 선임된 사례가 일부 확인됐다. 반면, 일각의 우려와 달리 3%룰로 인해 감사위원 선임이 부결되거나 해외 투기자본이 경영권을 위협하는 혼란스러운 상황은 발생하지 않았다.

[그림 5-6] 순환출자기업집단 수   [그림 5-7] 순환출자 고리수

또 기업들의 노력으로 전자투표가 활성화하면서 소액주주의 주주권 행사가 한결 쉬워졌다. 한국예탁결제원을 통한 전자투표 실시 현황을 보면 전자투표를 한 회사는 2020년 659개 사에서 2021년 843개 사로 27.9% 증가했으며 전자투표에 참여한 전체 주주 수는 약 15만 8,000명, 주식 수는 약 22억 4,000만 주로 2020년 대비 각각 8만 3,000명(110.3%↑), 4억 3,000만 주(23.7%↑) 늘었다.

(3)소상공인을 위한 거래제도 개선

문재인 정부는 '갑을 문제' 해소를 위해 하도급, 가맹, 유통 등 취약 분야에서 갑에 대한 감시·감독을 강화*했다. 또 을의 권리를 보호하기 위해 제도 개선도 했다.

그 결과 2020년 〈거래 관행 만족도 조사〉(하도급, 가맹, 유통)에서 "하도급·가맹·유통분야 거래 관행이 전반적으로 개선되고 있다"고 응답한 하도급업체, 가맹점주, 납품업체의 비율이 각각 96.7%(2017년 대비 9.8%p↑), 87.6%(2017년 대비 14.2%p↑), 93.0%(8.9%p↑)였다.

중소기업의 가장 큰 어려움 중 하나인 대금 미지급 문제도 해결해 갔다. 대금 체불 방지를 위한 하도급 직불제를 확대했고, 원사업자가 거래 상대방인 협력사뿐 아니라 그 하위 협력사들에게도 현금을 직접 지급하는 상생결제를 확대했다. 사후적으로 불가피하게 발생한 대금 미지급 문제에 대해서는 불공정하도급신고센터, 공정거래조정원의 조정 등을 통해 하도급 업체들이 2017년부터 2020년까지 총 7,968억 원의 미지급 대금을 받을 수 있도록 했다.

[그림 5-8] 결제 금액의 변화

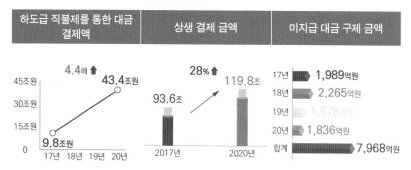

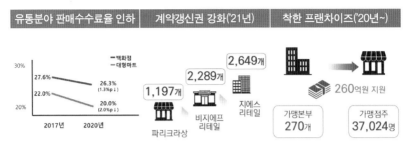

[그림 5-9] 소상공인 제도 개선의 효과

대형 유통업체에 대한 판매장려금·반품금액 등 주요 거래정보를 공개해 판매수수료율 인하를 유도했고, 10년 이상 장기운영 중인 가맹점의 계약갱신권을 강화하고, 착한프랜차이즈 운동을 확산시켰다.

공정거래 협약 참여 기업도 늘고 있다. 이 협약은 대기업이 중소기업에 자금·기술 등을 지원하거나 법이 정한 수준보다 높은 거래 조건을 적용하기로 사전에 약정하고 이행하면 공정거래위원회가 이를 평가하여 우수 기업에게 인센티브를 주는 제도다. 공정거래협약 참여 기업은 2017년 229개에서 2020년 343개로, 수혜 기업은 2017년 4만 1,653개에서 2020년 8만 311개로 2배 가까이 증가했다. 또 대기업이 무상 자금제공·저리대여 등으로 중소협력사에 지원한 금액은 2017년부터 2020년까지 총 28조 9,938억 원에 이르는 등 대·중소기업 간 자율적 상생문화가 확산하고 있다.

[그림 5-10] 공정거래 제도 개선 효과

| 공정거래협약참여기업 수 | 수혜기업 수 | 미지급 대금 구제 금액 |

공정거래협약참여기업 수
229개 (2017년) → 343개 (2020년)

수혜기업 수
41,653개 (2017년) → 80,311개 (2020년)

미지급 대금 구제 금액
17년 6조 1063억원
18년 7조 4955억원
19년 7조 5905억원
20년 7조 7215억원
합계 28조 9938억원

(4) 불공정행위 개선

소비자들을 기만하는 불공정행위도 바로잡았다. '뒷광고' 문제가 대표적인데, 제품·브랜드 홍보 목적으로 콘텐츠를 만들어 소셜미디어(SNS)에 올리면서도 기업 등에서 대가를 받은 사실은 알리지 않은 행위를 뜻한다.

정부는 뒷광고 해결을 위해 SNS의 경제적 이해관계 공개방법을 매체별로 구분해(유튜브의 경우 영상 시작 부분에 '유료광고 포함'을 표시) 규정했고(추천보증심사지침 개정), 각종 홍보, 안내 등을 통해 심사지침을 자율적으로 준수하는 문화가 인플루언서·광고주들 사이에 조성되도록 유도했다.

또 어렵고, 복잡한 보험약관에 소비자들이 기만당하지 않도록 보험약관의 작성·검증·평가 체계를 개편해 불합리한 내용을 수정·개선했다. 소비자들이 한결 정확한 정보를 얻을 수 있게 돼 합리적 구매 선택이 쉬워졌다.

2) 혁신조달

국내 공공조달 규모는 매년 증가해 2020년 기준 146조 원 규모에 달했는데, 그만큼 "공공조달이 정책을 뒷받침하는 역할을 해야 한다"는 기대도 커졌다. 공공조달이 혁신 기업의 성장을 위한 선순환 고리를 만들어내는 게 중요했다. 공공기관이 일부 예산으로 혁신적 신제품을 선제적으로 구입하면 혁신 기업은 이를 통해 실증 경험과 추가 기술 개발의 아이디어를 얻고, 공공기관은 대국민 서비스의 품질을 높일 수 있게 된다. 이것이 문재인 정부가 역대 정부 중 최초로 시도한 혁신 조달의 기본 패러다임이다.

문재인 대통령은 2018년 5월 혁신성장 보고대회에서 혁신의 초기 시장 조성을 위해 공공부문 수요를 확대해야 한다고 강조하고, 정부의 적극적 역할을 주문했다. 이에 정부는 2019년 2월 혁신조달을 정부 혁신 역점 과제로 선정하고, 혁신제품 시범구매 및 수의계약 근거를 마련하였으며, 2020년에는 혁신조달을 위한 법령을 개정하고 지원 예산도 반영하였다.

특히 공공부문 물품구매액의 1%를 혁신제품에 할당하는 혁신구매 목표제를 도입하고, 기관 평가지표에도 반영했다. 이러한 제도 개선을 통해 혁신조달의 지속적 추진을 위한 기반이 마련되었다.

〈표 5-3〉 기존 공공조달 방식과 혁신 조달의 차이점 비교

구 분	기존 공공조달	혁신 조달
목 적	• 공정·투명·효율적인 구매 • 중소기업 판로지원	• 혁신기술 개발, 기업 혁신성장 • 공공서비스 개선
대 상	• 시장에서 검증된 기성제품	• 기존에 없던 신제품
방 식	• 경쟁입찰 위주 • 공급(업체 제시물품) 중심	• 수의계약 • 수요(공공기관) 적극 고려
추진체계	• 관련 제도·부처 산재	• 조달정책심의회(경제부총리)를 중심으로 통합 추진

혁신조달은 검증된 제품을 빠르고 저렴하게 공급하는 데 초점을 맞춘 기존 공공조달 방식과 상충되는 점이 많았다. 이러한 한계 속에 관계부처들의 협업을 통해 혁신조달의 추진 근거를 명확히 마련했다. 또 혁신성 평가 기준을 통과한 제품을 구매했다가 이후 예상치 못한 손실 등이 발생하더라도 조달 시점에 고의·중과실이 없었다면 징계를 면책해주는 제도도 도입했다. 적극 행정을 유도한 결과 2020년 혁신 구매실적은 4,690억 원으로 목표치 4,173억 원을 한참 초과하는 성과를 달성할 수 있었다.

혁신조달은 코로나19 대응 등 공공서비스를 개선하는 데도 기여하였다. C업체의 음압캐리어는 2020년 초까지만 해도 모두 외국산 제품이던 감염환자 전문수송장비를 국산으로 대체해냈다. 외국산과 비교해 조립시간은 1/10, 제품 무게는 1/4로 줄어들어 현장에서 호평받았다. 덕분에 전국 의료기관에 보급돼 수많은 환자와 의료진의 안전을 확보하는 데 기여하고 있다.

2020년까지 345개의 혁신제품을 지정했다. 2020년 12월에는 KBS 다큐멘터리 '혁신조달 1%의 기적'이 방영돼 국민의 주목을 받았으며, 2021년 3월 경제협력개발기구(OECD)가 공공부문 혁신사례로 우리나라의 혁신조달을 선정하기도 했다.

3) 규제 샌드박스

문재인 대통령은 2018년 1월 규제혁신토론회에서 "신제품과 신기술의 시장 출시를 우선 허용하고, 필요시 사후 규제하는 방식으로 규제체계를 전면적으로 전환해야 한다"고 강조했다. 규제 샌드박스는 신기술을 활용한 새 제품·서비스를 일정 조건 하에서 시장에 우선 출시

해 시험·검증할 수 있도록 규제를 면제(유예)해주는 제도다. 기업을 위한 '혁신 놀이터'인 셈이다

[그림 5-11] 규제 샌드박스 운영체계

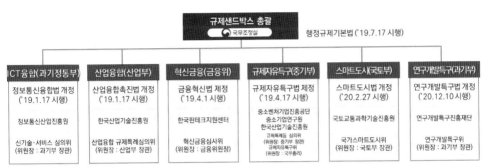

규제 샌드박스는 2016년 영국이 금융 분야에서 처음 도입했다. 우리나라에서는 이를 더 확대해 모든 신산업 분야에 적용했다. 2019년 1월부터 4개 분야에서 도입했고, 2020년에 2개 분야를 추가해 현재 6개 분야(ICT융합, 산업융합, 혁신금융, 규제자유특구, 스마트시티, 연구개발특구)에 규제 샌드박스를 운영하고 있다. 또한 2021년 12월에는 모빌리티, 2022년부터는 바이오·헬스 분야의 규제 샌드박스를 신설한다.

우리나라의 규제 샌드박스는 실증특례를 중심으로 임시허가와 신속확인 제도를 연계하여 운영하고 있다. 먼저, 신기술을 활용한 사업을 하려는 기업 등이 규제 유무가 불분명하다고 판단할 경우 '신속확인'을 신청하면 규제부처가 30일 이내에 규제의 유무를 확인하도록 하여 시장의 불확실성을 최소화하였다.

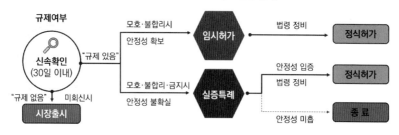

[그림 5-12] 규제샌드박스 운영절차

출처: 규제정보포털.

규제가 있다고 판단될 경우 규제의 면제(유예)가 가능한데, 혁신적이지만 안전성이 불확실한 사업에는 '실증특례'를 부여해 시장에서 테스트하도록 허용하고, 안전성은 확보됐지만 법령 개정이 필요한 사업은 '임시허가'를 내준다.

또 좋은 아이디어가 있지만 자금력이 부족한 스타트업·벤처기업들을 위해 각종 자금과 세제지원책도 마련했다. 실증특례비(최대 5억 원)와 책임보험료(최대 1,500만 원) 지원, 우대금리 융자, 전용펀드(3,000억 원) 조성, 특허출원 우선심사, 조달청 시범구매 지원 등이 있다.

규제 샌드박스는 시행 34개월째인 2021년 11월까지 총 597건이 승인됐다. 기업들도 처음에는 제도를 반신반의했지만 규제 샌드박스를 통해 빛을 보는 혁신사업이 늘자 주목하기 시작했다.

2020년 설문조사 결과 규제 샌드박스 승인기업과 신청기업들의 만족도는 90%에 달한다. 특히 2020년 5월에는 대한상공회의소에 '규제 샌드박스 지원센터'를 설치해 기업들의 접근성과 편의성을 크게 높였다.

기업에게는 규제 샌드박스가 '혁신의 실험장'이 되고 있다. 자율주행 로봇의 배송·순찰 실증사업이 대표적인 예다. 현행 규제상 로봇은 차로 분류돼 보도를 다닐 수 없고, 엘리베이터도 탈 수 없다. 하지만, 규제 유예 덕에 실증테스트를 해 데이터를 확보하고, 로봇산업의 발전을 촉진할 수 있었다.

이밖에도 수소선박 및 수소드론 실증, 일반 콘센트를 이용한 전기차 충전, 달리면서 무선으로 충전하는 전기버스 등 다양한 신기술들이 규제 샌드박스로 세상에 알려졌다. 특히 2020년 5월에는 대한상공회의소에 설치한 '규제 샌드박스 지원센터'는 기업들의 접근성과 편의성을 크게 높였다는 점을 인정받아 규제혁신에서 가장 성공적인 민관협력 사례로 평가받기도 했다.

규제 샌드박스는 새로운 사업모델을 테스트해보고, 그 성공 가능성을 타진해 과학적 데이터를 바탕으로 갈등을 해결하는 돌파구가 되고 있다.

4) '빅3' 신산업 육성

(1) '선택과 집중' : 미래차·바이오·시스템반도체

문재인 대통령은 2019년 4월 29일 청와대 수석보좌관 회의에서 "우리 경제의 3대 미래 먹거리 지원에 정책역량을 집중하겠다"고 밝혔다. 정부 출범 때 '함께 잘 사는 혁신적 포용국가'라는 비전 달성을 위한 핵심 전략 중 하나로 '혁신성장'을 내세우며 8대 선도산업을 중심으로 과제를 꾸준히 실행해왔다.

이 과정에서 산업 규모가 커지고, 규제를 일부 개선도 했지만 한계도 있었다. 특히 바이오산업은 성장잠재력이 컸지만 핵심규제 개선 노력이 미흡했고, 미래차는 보급 댓수는 많아졌지만 충전소 등 인프라가 부족했다. 이에 정부는 '빅3' 신산업에 대한 집중 지원을 계획했다. 정부가 '빅3' 신산업을 국가 전략 산업으로 정부가 직접 정하고, 직접 챙겼다는 점에서 의미가 크다.

(2) 가까워진 충전소, 더 많아진 친환경차 : 미래차 강국

세계 자동차산업은 격변기를 보내고 있다. 석유를 에너지원으로 움직이는 자동차 대신 전기·수소 등 친환경 에너지를 쓰는 미래자동차 중심으로 전환되고 있다. 전기차 기업 테슬라가 창업 12년 만에 전 세계 자동차산업 시가총액 1위 자리를 차지한 것이 시장의 재편을 확인시켜준다.

자동차산업의 부가가치도 인공지능, 반도체, 2차전지 분야로 옮겨가고 있다. 또 각국 정부가 친환경차 판매 의무화 등 제도를 강화하고 있어 이제 친환경차는 선택이 아닌 필수가 됐다. 2020년 글로벌 친환경차 판매량은 약 520만 대 규모로 연평균 20% 이상 성장하고 있다. 2025년에는 2,800만 대 규모로 2020년과 비교해 5배 이상 커질 전망이다.

문재인 정부도 글로벌 자동차산업 변화 흐름에 맞춰 범정부 추진전략을 수립했다. ▲ 미래차 산업 발전전략(2019년 10월) ▲ 미래차 확산 및 시장선점전략(2020년 10월) ▲ 친환경자동차기본계획(2021년 2월) 등에는 미래차 산업을 키우기 위한 각종 지원책을 담았다.

전기·수소 충전소를 크게 늘리는 등 사용자의 편의도 챙겼다. 전기차 충전기를 2016년 약 2,000기에서 2020년 약 6만 4,000기로 확대했고, 수소충전소는 2016년 9기에서 2020년 70기로 확충했다. 마치

휴대전화처럼 쉽게 충전할 수 있는 환경을 만들고 있는 것이다. 이러한 노력 속에 친환경차를 타는 사람들이 늘고 있다. 국내 친환경차는 2016년 24만 대에서 2020년 82만 대(누적보급 기준)로 늘어났고, 수출은 2016년 7만 8,000대에서 2020년 27만 1,000대로 증가했다.

글로벌 시장으로 넓혀 봐도 국내 수소차 보급 규모는 세계 1위이고, 전기차는 수출 10만 대를 돌파해 4위를 기록했다. 전기차와 수소차 모두 세계 5강 기업을 배출해 미래자동차의 경쟁력을 입증해 왔다.

(3) 바이오 산업의 육성

바이오산업의 세계시장 규모가 빠르게 커지고 있다. 다른 산업에 비해 고용 증가율, 정규직 비중도 월등히 높아 청년 고용난의 돌파구 역할도 기대된다. 특히 코로나19 위기를 겪으며 바이오산업의 중요성이 더 부각됐다.

문재인 정부는 2019년 5월 바이오헬스 국가비전을 선포하고, 이듬해 11월 바이오산업 발전전략을 발표하는 등 정부 역량을 모아왔다. 또 「의료기기산업법」, 「첨단재생바이오법」을 만들어 제도적 기반을 마련했다.

2021년 바이오헬스 예산은 1조 9,000억 원으로 전년보다 43%나 늘었다. 바이오의약품 생산능력은 민간의 투자와 함께 지속 성장하고 있다. 바이오산업 수출은 2019년 9월 이후 19개월 연속 플러스를 기록했고, 2020년에는 처음 100억 달러를 돌파(138억 9,000달러)했다.

문재인 정부 들어 바이오 분야 벤처투자는 3배 이상 증가(2017년 3,788억 달러 → 2020년 1만 1,970억 달러)했고, 10대 의약품 기업의 연구개발(R&D) 투자도 24% 늘었다. 특히 코로나19 백신 개발을 위한 국내

기업의 투자가 본격화되었다. SK바이오사이언스는 '24년까지 제조설비 증설에 1,500억 원 투자를 발표했으며, 한미약품·에스티팜·GC녹십자·한국혁신의약품컨소시엄(KIMco)은 차세대 mRNA 백신 플랫폼 기술 컨소시엄을 구성하여 향후 5년간 7천억 원의 투자를 발표했다. 정부도 우수한 바이오의약품 생산역량과 숙련된 인적자원을 바탕으로 2021년 하반기부터 2026년까지 총 2.2조 원을 투자하여 우리나라가 글로벌 백신 허브로 도약하도록 지원하기로 했다.

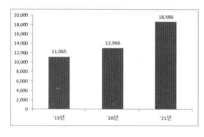

[그림 5-13] 바이오헬스 정부지원 현황

(단위 : 억 원)

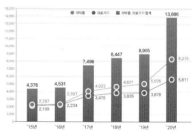

[그림 5-14] 바이오산업 수출 동향

(단위 : 백만 달러)

(4) 시스템반도체, 종합반도체 강국으로 도약

시스템반도체는 4차 산업혁명을 실현하기 위한 핵심부품이다. 시장규모가 메모리보다 크며, 경기변동에 영향이 적은 안정적 산업이다. 우리나라는 기업의 성장기반과 기술·생산역량은 아직 부족하지만 메모리 분야 세계 1위 기술력과 대형 수요기업을 보유하고 있다. 성장 가능성이 풍부하다는 뜻이기도 하다.

2020년에는 코로나19 위기를 기회로 살리며 사상 최초로 수출 300억 달러를 돌파했다. 시스템반도체 분야의 잠재력이 발휘되려면 정부 역할이 필요하다.

문재인 정부는 2019년 4월 시스템반도체 비전·전략을 발표하는 등 반도체 산업에 각별한 관심을 기울여왔다. 특히 최근에는 미국과 유럽연합(EU)을 중심으로 반도체 공급망이 재편되고 차량용 반도체 등이 품귀 현상을 빚기도 했는데, 이에 대응하기 위해 2021년 4월 확대 경제장관회의를 열고 업계 의견을 들었다. 2021년 5월에는 K-반도체 전략을 발표하는 등 속도감 있게 추진했다.

5) 글로벌 4대 제조강국 도약

(1) 제조업 르네상스, 정부 지원으로 '시동'

제조업은 한국 경제성장의 엔진이자 일자리와 혁신의 원천이다. 제조업은 대한민국이 전쟁의 폐허 속에서 '한강의 기적'을 일구는 데 중추적인 역할을 해왔다.

제조업은 2019년 기준 국내총생산(GDP)의 약 28%, 수출의 약 84%, 설비투자의 약 53%, 전체 고용의 17% 안팎을 담당하고 있다. 고용의 질도 상대적으로 좋아 정규직 비중은 84.7%(2020년 8월 기준)로 전체 산업 평균(63.7%)보다 높고, 월 급여도 전체 평균보다 12%가량 많다.

튼튼한 제조업 기반은 우리 경제의 강점이자 자산이다. 제조업을 집중 육성해야 하는 이유이기도 하다. 정부는 2019년 6월 제조업 전반을 지원할 「제조업 르네상스 비전 및 전략」을 발표했다. ▲ 산업구조 혁신 ▲ 3대 핵심 신산업(바이오헬스·비메모리반도체·미래차) 육성 ▲ 산업생태계 확충 등의 전략이 담겼다. 이를 통해 2030년까지 세계 4대 제조강국으로 도약한다는 목표를 세웠다.

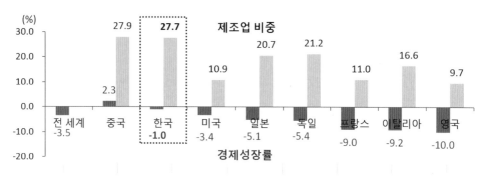

[그림 5-15] 주요국 '20년 경제성장률 및 제조업 비중(%)

출처: World Economic Outlook update('21. 1월, IMF), National Accounts Database
('20년 12월, UN).

조선(2018년 11월·2019년 4월), 자동차부품(2018년 12월·2020년 2월), 섬유·패션(2019년 6월) 등 업종별 대책, 스마트그린산업단지(2020년 9월), 디지털 혁신(2020년 8월), 산업 연대·협력(2020년 9월), 기업활력법 연장(2019년 8월) 등 기능별 대책도 마련해 기술·금융·세제·인프라 등 산업 구조 혁신을 뒷받침했다.

코로나19 위기 속에서 제조업 기반을 지키기 위한 정책적 노력도 꾸준히 추진했다. 8차례의 비상경제회의 등을 통해 310조 원 규모의 범정부 재정·금융지원을 했고, 개별소비세 인하·공공수요 창출 등 업종별 맞춤형 지원책, 기업인·물류 이동 원활화 등 다양한 정책을 추진해왔다. 다방면에서 꼼꼼하게 정책을 마련해 우리 산업의 위기 극복을 지원했다.

(2) 스마트 그린 산업단지

공장으로 가득 찬 산업단지(산단)는 한국 제조업의 요람이다. 국내 제조업 생산과 수출의 2/3를 산단이 책임지고 있으며, 제조업 고용 인력의 절반이 이곳에서 일하고 있다. 국가와 지역 경제의 핵심적 역할을 하는 곳이다.

문재인 정부는 산업단지를 청년이 취업하고 싶은 공간으로 바꿔가고 있다. 산업단지에 한국판 뉴딜의 핵심인 디지털과 그린(녹색) 요소를 적용한 '스마트그린산업단지'로의 전환을 추진하였다. 스마트그린산단은 입주기업과 기반·주거·지원시설 등에 정보기술(IT)을 적용해 생산성을 높이고, 유해물질 배출은 줄이는 산업단지를 말한다. 단순히 노후 인프라 개선 위주였던 과거 정책에서 벗어나 똑똑하고, 친환경적인 시설을 만들어 지역산업의 핵심거점으로 활용하겠다는 것이다.

'제조업 4.0'의 핵심 중 하나인 스마트공장도 기업인이라면 누구나 알 정도로 확산되었다. 스마트공장은 말 그대로 기획·설계부터 생산, 유통·판매까지 제조과정에 사물인터넷(IoT)·인공지능(AI)·빅데이터 등 기술을 적용해 생산성과 제품 품질을 높인 공장이다.

2016년까지 2,800개에 불과했던 스마트공장이 2020년에는 2만 개 가까이 생겼다. 스마트공장 도입으로 효과를 체감한 기업들은 더 많은 공정데이터를 확보하고 연결해 자신들만의 데이터체계를 만들고자 고도화를 추진하고 있다.

이러한 수요에 대응해 2021년부터는 고도화지원 금액을 최대 4억 원(기존 1억 5,000만 원)까지 올리고 여러 개의 스마트공장을 연결하는 디지털 클러스터, 모범사례를 제시하는 등대공장 등을 지원하고 있다.

(3) 반도체와 자동차

우리의 핵심 주력산업은 위기 속에서도 세계를 주도하고 있다. 민간의 노력과 투자, 그리고 산업정책이 더해져서 가능한 일이다.

대표적인 산업이 반도체다. 수출 규모는 2016년에 600억 달러대였다가 2018년 처음 1,000억 달러를 돌파했다. 또 글로벌 교역이 위축된 2020년에도 1,000억 달러에 가까운 수출 실적을 냈다. D램·낸드 등 주요 분야에서 초격차 경쟁력을 유지하며 세계 1위 자리를 지키고 있다.

[그림 5-16] 반도체 수출 추이

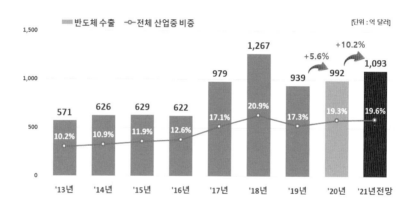

[그림 5-17] 반도체 세계점유율

반도체 시장 점유율 세계 1위

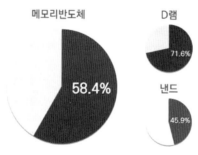

자동차 산업은 위기를 기회로 바꿔 2020년에 글로벌 생산량 5강 국가(2019년 7위)로 도약했다. 특히 개별소비세 인하(30~70%) 등 내수 활성화 정책, 업계의 다양한 신차 출시에 힘입어 미국·일본 등 주요 자동차 생산국 중 2020년 유일하게 내수가 증가했다.

2021년 1분기에는 친환경차를 사상 최대로 수출(분기 기준)한 동시에 내수는 역대 2위를 기록했으며, 2014년 1분기 이후 처음으로 생산·내수·수출 모두 증가하는 '트리플 플러스'를 달성했다.

(4) 조선·해운산업의 활성화

조선 강국 위상도 여전하다. 2021년에는 5월에 이미 전년도 수주 실적인 811만CGT(표준환산톤수)를 넘어섰고, 7월까지 1,285만CGT를 수주했다. 7월까지의 수주량은 조선 호황기였던 2006~2008년 이후 동기 대비 역대 최대 실적이다. 특히 액화천연가스(LNG) 운반선은 선박 발주의 91%, 친환경 추진선박의 64%를 수주하며 압도적 기술경쟁력을 입증했다(2021년 1월~11월).

[그림 5-18] 자동차 생산 순위

[그림 5-19] 조선 점유율(2021. 1분기)

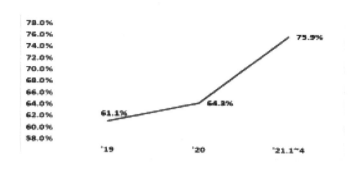

[그림 5-20] 친환경선박 한국수주 비중

우리 조선산업이 반등을 넘어 새로운 호황기를 열려면 해운산업과 상생해야 한다. 최근 해운산업 업황이 한진해운 사태 이전 수준으로 회복되는 상황에서 국내 조선사들은 좋은 배를 만들어주고, 해운사들은 좋은 구매자가 된다면 제조업과 서비스업 간 연대와 협력의 모범사례가 될 것이다.

실제 2018년부터 2021년 10월까지 국내에서 발주한 총 274척(203억 달러)의 선박 중 금액 기준으로 82%(167억 달러)인 208척을 국내 조선소에 맡겨 지역 조선업계의 일감 확보에 기여했다.

정부는 2018년 7월 해운산업 지원기관인 한국해양진흥공사를 설립했다. 또 초대형 컨테이너선을 20척 발주하고, 국적선사의 선박 확보 및 재무구조 개선 등을 지원하기도 했다. 이러한 노력이 더해져 해운매출액(2016년 29조 원 → 2020년 36조 원), 원양 컨테이너 선복량(2016년 46만TEU → 2021: 105만TEU, 신조 발주량 포함) 등의 주요 정량지표가 한진해운 파산 이전 수준을 회복해가고 있다.

[그림 5-21] 해운산업의 성장

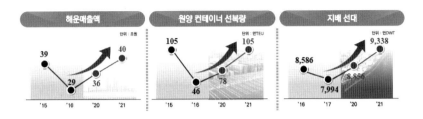

6) 일본 수출규제에의 대응

2019년 7월, 일본 경제산업성은 한국으로 향하는 핵심 소재의 수출을 막았다. 느닷없이 수출규제를 한 것인데, 우리 대법원이 일제 징용 피해자 배상 판결을 내린 것에 대한 부당한 보복성 조치였다.

7월 1일 수출규제 계획을 발표하고, 사흘 뒤에는 3개 품목(불화수소·EUV용 포토레지스트·불화폴리이미드)의 수출절차를 강화하는 조치를 시행했다. 우리나라 수출 주력 품목인 반도체와 디스플레이를 만들 때 꼭 필요한 소재들이었다. 또 일본은 8월 2일, 한국을 백색국가(수출절차 간소화 우대국)에서 제외했다.

[그림 5-22] 일본 수출규제 3대 품목

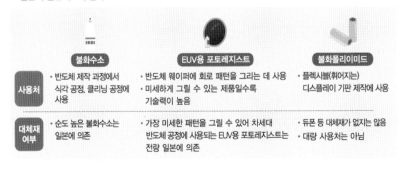

일본의 수출규제 조치에 정부는 'K-소부장' 육성 대책을 내놓아 맞대응했다. 2019년 8월 5일 발표한 〈소재·부품·장비 경쟁력 강화대책〉에는 일본 의존도가 높았던 100대 품목을 중심으로 공급망을 내부화·다변화하고, 기술개발과 투자유치 등을 통해 공급을 조기에 안정화하는 내용이 담겼다. 또 기업 맞춤형 실증·양산 시험장(테스트베드)을 확충하고, 소부장 경쟁력위원회를 운영하며, 「소재·부품·장비 특별조치법」을 전면개정하는 등 강력한 추진체계를 마련하기로 했다.

[그림 5-23] 소재·부품·장비 경쟁력 강화대책 주요 내용

100대 품목 공급 안정	• 20+a → 1년 내 공급 안정화 • 80+a → 5년 내 공급 안정화
산업 전반의 경쟁력 강화	• 수요기업과 공급기업 간 건강한 협력모델 구축 • 기업맞춤형 실증·양산 테스트베드 확충 • 민간의 생산과 투자에 대한 전방위적 지원 • 글로벌 수준의 소재·부품·장비 전문기업 육성
강력한 추진체계	• 소재·부품·장비 경쟁력위원회 설치·운영 • 소재·부품·장비 특별조치법 전면 개편

정부가 선정한 100대 핵심 전략품목(반도체, 디스플레이 등 6대 분야)은 3대 품목처럼 직접 수출규제 대상은 아니었지만, 국가 안보와 산업에 중요한 재료·설비들이었다. 정부는 대체 가능성과 기술 수준, 특정 국가 의존도와 산업 공급망에 미치는 영향 등을 고려해 품목들을 선정했다.

특히 100대 핵심 전략품목 중 수급 위험이 크고 공급 안정이 시급한 20대 품목을 따로 분류했다. 이 품목들에 대해서는 수입국을 다변화하고, 생산시설 확충 관련 인허가를 신속하게 지원하며, 추가경정예산 자금을 투입해 핵심기술 확보를 추진하는 등 빠른 공급 안정을 꾀

했다.

급작스럽게 찾아온 위기는 오히려 자립의 기회가 됐다. 우리 소부장 기업들은 단 한 건의 생산 차질도 없이 제품을 공급했고, 국내 소부장 산업의 일본 의존도는 크게 낮아졌다. 일본이 수출을 막았던 3대 품목은 안정적으로 공급됐다. 공장 신·증설, 인수합병(M&A), 해외투자 유치를 통해 국내 생산을 확대하고 미국·중국·유럽 등으로 수입처를 다변화하는 등 노력한 결과다.

실제 3대 규제 품목 모두 대일 의존도가 크게 낮아졌다. 불화수소는 수출규제 이후 국내 생산량이 늘어 일본을 통한 수입액이 크게 줄었다. EUV포토레지스트는 글로벌 기업 듀폰으로부터 대규모의 생산시설을 유치했고, 불화폴리이미드는 양산설비를 구축해 이제는 해외 기업에 수출하고 있다.

[그림 5-24] 3대 품목 공급 안정화 성과 ('19. 1~5월 → '21. 1~5월)

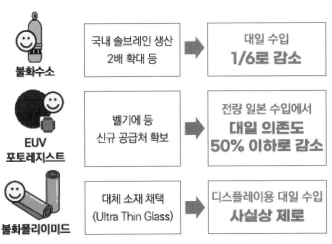

불화수소	국내 솔브레인 생산 2배 확대 등	➡	대일 수입 1/6로 감소
EUV 포토레지스트	벨기에 등 신규 공급처 확보	➡	전량 일본 수입에서 대일 의존도 50% 이하로 감소
불화폴리이미드	대체 소재 채택 (Ultra Thin Glass)	➡	디스플레이용 대일 수입 사실상 제로

* EUV 포토레지스트, 불화폴리이미드 통계는 실제 수입기업 조사를 통해 도출

정부는 변화의 고삐를 놓치지 않았다. 특히 코로나19와 미·중 무역 분쟁 등에 따른 글로벌 공급망 재편에 선제적이고, 공세적으로 대응했다. 우리나라가 첨단산업의 세계 공장이 될 수 있도록 지원한 것이다. 2020년 7월 발표한 '소부장 2.0 전략'에 그 내용이 담겼다.

기존 소부장 1.0 전략은 일본 수출규제에 맞서 100대 품목을 선정했는데, 2.0 전략은 이를 '전 세계 338+α개' 품목으로 확장했다. 협력 모델도 추가 발굴(누적 34건, 2021년 5월)해 지원했으며, 핵심 전략기술 분야에 뛰어난 '소부장 으뜸기업'(22개, 2021년 1월), 성장잠재력을 갖춘 '소부장 강소기업'(누적 100개, 2020년 10월)과 '소부장 스타트업'(누적 40개, 2021년 10월)을 선정해 육성했다. 세계적 첨단 클러스터 도약의 발판인 '소부장 특화단지'를 선정(5개, 2021년 2월)하기도 했다. 모두 소부장 경쟁력을 높이기 위한 정책적 지원이다.

3. 내 삶을 책임지는 국가

1) 아동수당제 도입

"한 아이를 키우려면 온마을이 필요하다"는 말이 있다. 미래 주역인 아동을 잘 성장시키려면 담장 너머에서도 힘을 보태줘야 한다는 뜻이다. 이제는 국가의 책임성이 강조되고 있다.

문재인 정부가 아동수당 도입을 국정과제로 선정, 추진한 이유가 여기에 있다. 아동수당은 대한민국 국적을 가진 만 7세 미만(0~83개월) 모든 아동에게 매월 10만 원씩 지급하는 제도다. 아이를 키울 때 드는 경제적 부담이 저출산의 한 원인으로 지목받는데 이를 직접 줄여주는 효과가 있다.

보육료와 양육수당이 지원되고는 있지만 이는 보편적인 소득보장(현금지원)제도가 아니라 서비스지원(현물지원)이라는 점, 따라서 아동에게 직접 혜택이 주어지는 것이 아니라는 점 등에서 아동수당과는 목적과 성격이 다른 제도다.

우리나라와 미국, 터키, 멕시코 등을 제외한 경제협력개발기구(OECD) 회원국 대부분이 아동수당을 지급했다. 또 한국의 국내총생산(GDP) 대비 가족 관련 지출 규모는 OECD 주요국의 절반 수준에 불과하며 이마저도 보육료 지원, 보육교직원 인건비 지원 등 보육서비스 지출에 집중돼 있고 현금급여 비중은 매우 적었다.

〈표 5-4〉 출산율 및 아동가족 지출 현황 비교

구 분	합계출산율	GDP 대비 아동가족지출	현금급여
한국	0.84 (2020년)	1.10%	0.15%
프랑스	1.83 (2019년)	2.88%	1.42%
OECD 평균	1.61 (2019년)	2.12%	1.16%

주: 1) 합계출산율 : 한 여성이 가임기간에 낳을 것으로 기대되는 평균 출생아 수
　　2) 현금급여:현물(서비스)이 아닌 현금급여 비율.
출처: Social Expenditure Database 2017, OECD.

문재인 정부는 출범 직후 아동수당의 조속한 도입을 추진했다. 연 3조 원의 재원을 마련해 200만 명 넘는 아동에게 지급하는 대규모 신규 사업을 짧은 시간 안에 준비하려면 서둘러야 했다.

국정과제위원회에서 2018년부터 아동수당을 지급하기로 결정했고, 정부는 0~5세 아동 전체에게 월 10만 원을 지급하는 방안을 2018년 7월부터 시행하기로 계획했다. 2017년 8월 국무회의에서 이를 의결했고, 국회에 관련 예산 1조 1,000억 원을 편성한 2018년 예산안과

「아동수당법」 제정안도 제출했다. 정부안은 국회 논의 과정에서 축소됐다. 아동수당을 만 0~5세 아동 모두에게 줄지(보편적 지원) 또는 소득수준을 감안해 일부를 제외하고 줄지(선별적 지원)를 두고 정치 쟁점화한 것이다.

결국, 국가와 지방자치단체의 재정부담 등을 고려해 소득하위 90%에게만 선별 지급하고, 시행 시점은 2018년 9월부터 하는 최종안이 합의됐다. 이에 정부는 「아동수당법」(2018년 3월 27일), 시행령(2018년 5월 15일), 시행규칙·고시(2018년 6월 20일)를 서둘러 제정했다. 지자체 담당자 교육(2018년 5월 1일~5월 31일, 15회, 약 5,000명)과 제도를 홍보하는 등 시행 준비를 거쳐 2018년 6월부터 대상자들의 사전 신청을 받았다.

2018년 11월까지 전체 대상 아동의 96.1%인 240만 명이 신청했으며, 이 중 일부 부적격자를 제외하고 221만 명에게 아동수당을 최초로 지급하였다.

〈표 5-5〉 아동수당 신청·지급현황

구분	대상 아동 수 (A)	신청 아동 수 (B)	신청률 (B/A)	지급 아동 수 (C)	지급률 (C/B)
전국	249만 8,996명	240만 609명	96.1%	221만 401명	92.1%

정부는 아동수당을 받을 수 있는 대상을 꾸준히 확대했다. 제도 시행 다음 해인 2019년에 아동수당을 소득·재산 기준과 상관없이 보편적으로 지급하고, 대상 연령도 만 7세 미만으로 늘렸다. 더 많은 아이가 자신의 권리를 보장받고, 아동 양육가구는 부담을 더 줄일 수 있도록 하기 위해서다.

사각지대에 놓인 아동이 없도록 제도를 정비했다. 보건복지부는

2020년에 관계부처와 협의해 출생신고가 어려운 미혼부 자녀에 대해 출생신고 전이라도 친자녀 증명을 할 수 있는 유전자검사결과와 법원 소장을 제출하면 현장 확인을 거쳐 아동수당을 지급하도록 했다.

코로나19가 대유행한 2020년에는 아동에 대한 지원을 더욱 늘렸다. 위축된 지역경제를 활성화하고, 아동 양육가구의 부담을 줄이기 위함이었다.

2) 온종일 돌봄체계 구축

문재인 정부는 2017년 '온종일 돌봄체계 구축'을 국정과제로 설정하고, 2018년 4월 초등돌봄에 대한 국가책임을 강화하는 기조의 「온종일 돌봄체계 구축·운영 실행계획」을 수립, 발표했다.

정부는 「온종일 돌봄체계 구축·운영 실행계획」에 따라 학교 내 돌봄을 확대해가고 있다. 초등돌봄교실을 2018년부터 2022년까지 3,500실(매년 700실) 확충해 24만 명 수준이던 돌봄인원을 31만 명으로 늘리도록 했다.

실제 2021년에는 초등돌봄교실 1만 4,774실에서 29만 5,480명의 학생들이 돌봄 서비스를 이용할 수 있도록 돌봄교실을 확충했다. 또한 일반 교실 등과 겸용하던 기존 돌봄교실을 전용교실로 전환하고 낡은 돌봄교실을 새 단장하는 등 환경 개선도 추진했다.

지자체와 지역사회 등이 협력해 아이를 돌보는 마을돌봄도 중요하다. 이를 위해 다함께돌봄센터, 지역아동센터, 청소년방과후아카데미를 확충하고 있다.

2020년 마을돌봄 시설 이용자 수는 13만 6,686명으로 목표치(12만 6,000명)를 넘겼다. 특히 다함께돌봄센터는 취약계층 중심으로 돌봄을 제공하던 기존 마을돌봄 시설과는 달리 돌봄이 필요한 모든 아동에게 보편적 서비스를 제공하는 시설이다. 아파트 커뮤니티센터, 도서관, 주민센터 등 집 근처 장소에 설치해 귀갓길 안전에 대한 학부모의 만족도를 높였다.

정부는 교육부, 보건복지부, 여성가족부의 부처별 돌봄서비스(초등돌봄교실, 다함께돌봄센터, 지역아동센터, 청소년방과후아카데미) 신청을 '정부24'(행정서비스 통합포털)와 연계해 「온종일돌봄 원스톱서비스」를 개통했다. 학부모는 이 서비스에서 거주지 인근의 학교돌봄과 마을돌봄 시설을 파악하고, 별도의 증빙서류 제출 없이도 선발 조건에 부합하는지 확인한 후 돌봄서비스를 신청할 수 있다.

믿고 맡길 수 있는 국공립 유치원의 확대는 학부모들이 가장 바라는 정책 중 하나다. 특히 2018년 사립유치원 대상 감사에서 크고 작은 비리가 적발되면서 국공립 유치원에 대한 수요가 더 커졌다. 이에 따라 문재인 정부는 국공립 유치원 확충 목표를 상향 조정했다. 그 결과 2020년 기준으로 당초 목표(600학급)의 1.4배 이상인 총 885개의 학급을 확충해 학부모 수요에 부응했다.

[그림 5-25] 국공립 유치원 확충 학급 수 및 취원율(교육부, 2021년)

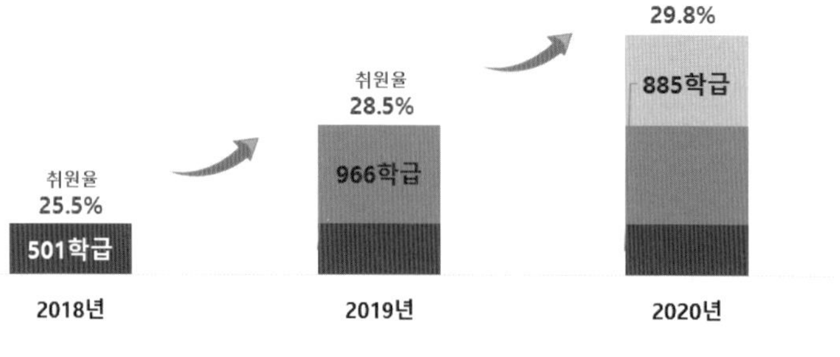

취원율 25.5%
501학급
2018년

취원율 28.5%
966학급
2019년

취원율 29.8%
885학급
2020년

3) 초중고 무상교육 시대 개막

2019년 1학기까지만 해도 고등학교에 다니는 자녀가 1명 있다면 한 해 학비로 약 160만 원(서울 일반고 기준)을 써야 했다. 입학금과 수업료, 학교 운영지원비, 교과서비 등에 드는 돈이다. 우리나라가 경제협력개발기구(OECD) 회원국 중 유일하게 고등학교 무상교육을 하고 있지 않았기 때문이기도 하다. 고교 진학률이 99.7%에 달해 사실상 보편교육이 된 점을 감안하면 의아한 풍경이었다.

이제는 고교 학비 걱정을 덜게 되었다. 문재인 정부는 2019년 2학기부터 3학년을 시작으로 고교 무상교육(수업료 등을 학교장이 정하는 일부 사립학교 제외)을 실시했다. 2020년에는 고2·3학년, 2021년 전 학년으로 단계적 확대했다.

2019년 2학기 고3 학생 44만 명을 대상으로 고교 무상교육이 실시됐다. 국회와의 협력을 통해 「초·중등교육법」과 「지방교육재정법」을 개정해 고교 무상교육을 안정적으로 실시할 기반을 마련했다. 이를 토대로 2020년에는 고교 2·3학년 85만 명, 2021년에는 1·2·3학년 124만 명이 무상교육 혜택을 받았다.

2021년부터 고교 전 학년 무상교육이 실시되면서 초중고 전면 무상교육이 완성됐다. 2004년 참여정부에서 중학교 무상교육을 시행한 이후 17년 만의 일이다.

무상교육 실시로 고교생 자녀가 있는 가구는 1인당 연 160만 원의 학비 부담을 덜게 됐다. 매달 13만 원을 아끼게 돼 그만큼 소비할 수 있는 여력(처분가능소득)이 늘어난 셈이다.

4) 치매국가책임제

국내 노인 인구(65세 이상)는 2017년 기준 708만 명으로 전체 인구의 14%였고, 2030년에는 24.5%, 2050년 38.1%로 증가할 것으로 예상된다. 이에 따라 치매 인구도 크게 늘어 2030년에는 치매 환자가 136만 명에 달할 것으로 전망된다. 전체 노인의 10명 중 1명 꼴(10.5%)인 셈이다.

[그림 5-26] 노인인구와 치매인구 추이 및 전망 (단위: 천 명, %)

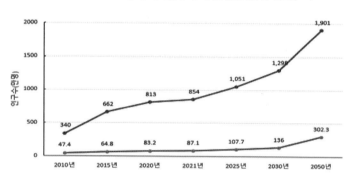

출처: 2016년 전국치매역학조사 등.

치매환자의 고통과 가족의 부담을 줄여주기 위해 정부는 2017년 9월 '치매국가책임제'를 발표했다. 치매 예방부터 돌봄, 치료, 가족지원 등 국가 차원의 전주기적 치매 관리체계를 구축하는 내용을 담았다. 치매를 환자 자신과 가족만이 감당해야 할 문제가 아닌 '국가가 책임져야 할 사회문제'로 인식 전환했다는 점에서 의미를 갖는다.

환자와 가족의 고통을 감안할 때 치매국가책임제는 시급하고, 중요한 정책 과제였다. 다음 해 예산 반영을 기다리지 않고, 문재인 정부 출범 첫해인 2017년 관련 추가경정예산을 확보하기 위해 노력했다.

치매안심센터와 치매안심병원 설치 예산 등이 그해 7월에 편성됐다.

2021년 현재, 모든 시·군·구에 치매안심센터가 설치돼 간호사, 사회복지사, 작업치료사, 임상심리사 등의 전문인력이 서비스를 제공하고 있다. 정부의 긴박한 노력과 지방자치단체의 협조, 국민의 호응이 있어서 가능한 일이었다.

4년간의 정책 추진 결과 치매는 지역사회에서부터 관리되고 있다. 치매관리 지역 허브기관인 치매안심센터 256개소가 전국에 설치됐고 (~2019년), 치매안심병원(2021년 7월 기준 5개소) 및 공립 치매전담형 노인요양기관(2021년 7월 기준 115개소) 등 국가 차원의 치매치료·돌봄 인프라도 꾸준히 구축되고 있다.

또 환자가 쉽게 이용할 수 있도록 기존 보건지소 등을 활용해 치매안심센터 분소도 188개소 운영(2021년 8월 기준)하고 있다. 치매안심센터에서는 간호사, 사회복지사 등의 전문인력이 팀을 이뤄 상담과 진단, 예방 활동, 사례관리 등 통합서비스를 제공하고 있으며, 체계적 관리와 도움을 받으려는 이용자가 꾸준히 늘고 있다.

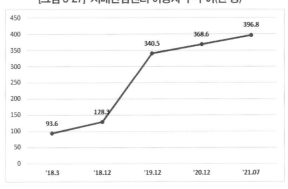

[그림 5-27] 치매안심센터 이용자 수 추이(만 명)

〈표 5-6〉 치매국가책임제 전후 치매검진비 비교

검사단계	목적	치매국가책임제 전	치매국가책임제 후
1. 선별 검사	인지저하 선별	보건소(무료)	치매안심센터(무료)
2. 진단 검사	치매진단	• 병원(CERAD-K - 약 20만 원, SNSB - 약 30만~40만 원)	• 치매안심센터(무료) • 병원(CERAD-K - 6만 5,000원, SNSB - 15만 원)
3. 감별 검사	치매 원인확인	• 병원(MRI검사 - 약 60만 원)	• 병원(MRI검사 - 14만~33만 원)

[그림 5-28] 치매국가책임제 정책 체감도

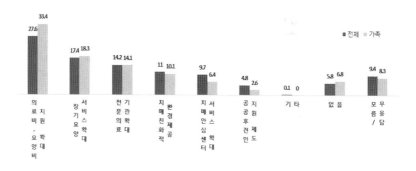

- 조사대상/기간 : 전국 만 19세 성인 1,300명, 환자가족 300명 / '21. 8. 2~8. 10.
- 조사방법/기관 : 전화면접조사 / 리서치앤리서치.
- 나아진 부문: 의료비 및 요양비 지원 확대 〉 장기요양서비스 확대 〉 전문의료기관 확대 등.

5) 건강보험 보장성 강화(문재인 케어)

병원비는 우리 국민의 어깨를 무겁게 하는 큰 부담이었다. 의료비로 연간 500만 원 이상 지출하는 국민이 65만 명(2016년 기준)에 달하는 등 가정 파탄의 한 원인으로 지목받아왔다.

가계직접부담 의료비 비중은 경제협력개발기구(OECD) 평균이 20.3%인 데 비해 우리나라는 33.3%(2016년 기준)였다. 특히 중증질환 치료 시 발생하는 고액 의료비는 가정을 무너뜨릴 만큼 큰 부담이 됐다. 이에 따라 체감도 높은 보장성 확대를 바라는 국민적 요구가 커졌고, 건강보험의 보장 수준을 획기적으로 높여 의료 사각지대를 해소해야 한다는 인식이 대두됐다.

정부는 이런 요구를 반영해 '문재인케어'로 불리는 '건강보험 보장성 강화대책'을 마련했다. 이를 통해 병원비 걱정 없는 든든한 나라를 선포하고, 보장성 강화 정책 패러다임의 변화를 추진했다.

[그림 5-29] 건강보험 보장성 강화대책('문재인케어') 개요

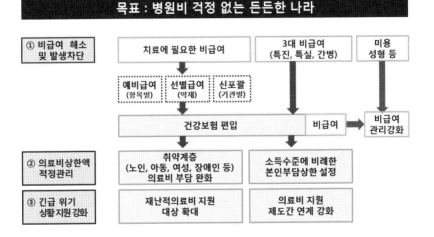

국민이 체감할 수 있는 보장성 강화를 위해 의료비 부담의 큰 부분을 차지하는 3대 비급여(선택진료, 상급병실, 간병)를 실질적으로 개선했다.

먼저, 선택진료 의사에게 진료를 받는 경우(선택진료) 약 15~50%의 추가 비용을 환자가 부담했는데 2018년 선택진료비를 전면 폐지했다. 이를 통해 연간 의료비 부담이 약 5,000억 원이 해소됐다.

또 일반병실(4인실 이하)이 없어 건강보험이 적용되지 않는 고가의 상급병실(1~3인실)을 이용하는 경우가 빈번했는데, 2018년 7월부터

2~3인실에 건강보험을 적용했다. 덕분에 1일 평균 입원료가 2인실은 15만 원에서 8만 원, 3인실은 9만 원에서 5만 원으로 줄었다.

아울러 환자들의 간병비 부담을 보호자가 사적으로 해결해온 점을 개선하기 위해 간호인력이 간병까지 책임지는 간호·간병통합서비스 병상 규모도 확대했다. 간호·간병통합서비스 적용 병상 수는 2018년 3만 7,000개에서 2020년 5만 7,000개로 확대됐고, 이에 투입되는 간호인력·지원인력도 2018년 2만 7,000명에서 2020년 4만 3,000명으로 늘어나게 되었다.

2018년 1월부터 2020년 12월까지 치료에 필요하지만, 환자가 비용을 전액 부담해야 했던 비급여 진료를 적극적으로 건강보험을 적용해 급여화했다. 또한 의료 사각지대에 방치되기 쉬운 취약계층에 대한 보장성을 강화해 가계 의료비 부담을 약 9조 2,000억 원 경감하는 효과를 봤다.

6) 노동시간 단축과 일·생활 균형

일상적 야근과 주말 근무로 상징되는 장시간 근로 문화는 급속한 경제성장 과정이 남긴 우리 사회의 그림자다. 한국은 경제협력개발기구(OECD) 38개 회원국 중에서 가장 오래 일하는 나라 중 한 곳이다. 문재인 대통령이 2018년 신년 기자회견에서 "노동시간 단축은 우리의 삶을 삶답게 만들기 위해 더 이상 미룰 수 없는 과제"라고 강조한 배경에는 이런 현실이 있었다. 정부는 노동시간 단축과 일·생활의 균형을 이루기 위해 다양한 노력을 펼쳐왔다.

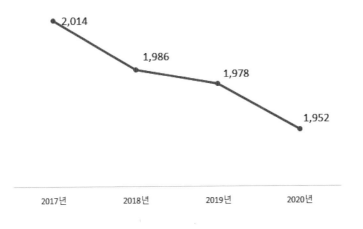

[그림 5-30] 임금근로자(상용 5명 이상) 연간 근로시간(시간)

2,014

1,986

1,978

1,952

2017년   2018년   2019년   2020년

노동시간을 단축하는 내용을 담은 개정 「근로기준법」이 2018년 3월 공포되면서 그해 7월에는 300명 이상 기업과 공공기관부터 주 최대 근무시간을 52시간으로 제한하는 '주 52시간제'가 도입됐다. 이후 법 적용을 받는 기업과 기관을 단계적으로 늘려 2021년 7월에는 5명 이상 사업장까지 포함됐다.

주 52시간제 효과는 통계에서 확인되고 있다. 우리나라 임금근로자의 연간 근로시간(상용 5명 이상 사업장 기준)은 2017년 2,014시간에서 2020년 1,952시간으로 줄었다. 같은 기간 주 53시간 이상 일하는 취업자의 비율도 19.9%에서 12.4%로 감소했다.

2018년 5월 정부가 발표한 「노동시간 단축 현장안착 지원 대책」에는 이러한 우려를 불식시킬 내용이 담겼다. 일하는 시간을 줄여 새 일자리를 만든 기업에는 신규채용 인건비와 재직자 임금 감소분도 일부 지원하기로 했다. 노동시간이 단축되면서 월급까지 줄어 어려움을 겪는 임금근로자를 고려한 대책이다. 또 노동시간을 조기에 단축한 기업에는 공공조달 가점을 부여하는 등의 지원책도 마련했다.

주 52시간제가 산업현장에서 단단히 뿌리내릴 수 있도록 제도를 보완하는 작업도 진행했다. 우선 노동계와 재계, 정부는 경제사회노동위원회에서 대화를 통해 탄력근로제도를 개편하기로 합의했다. 합의 결과 등을 반영한 개정 「근로기준법」은 2021년 4월부터 시행되고 있다.

주 52시간제는 2020년 5월 국회사무처 설문조사 결과 '국민이 뽑은 제20대 국회 좋은 입법' 중 사회문화환경 분야에서 1위로 선정됐다. 그만큼 과로에 지쳐있는 국민이 많다는 뜻이다. 임금근로자의 '근로시간 만족도' 역시 2017년에 비해 2019년에 크게 증가했다.

[그림 5-31] 근로여건 만족도

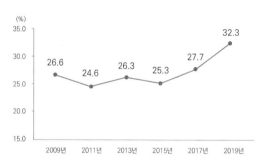

출처: 통계청, 「사회조사」.

〈표 5-7〉 근로여건 만족도(2017~2019년)   (단위: %, %p)

구분	임금	근무환경	근로시간	전반적 근로여건
2017	18.8	30.5	28.0	27.7
2019	23.1	34.2	34.5	32.3
증가폭	4.3	3.7	6.5	4.6

출처: 통계청, 「사회조사」.

정부는 2019년 9월 「남녀고용평등과 일·가정 양립 지원에 관한 법률」을 개정해 '가족돌봄 등 근로시간 단축제도'를 신설함으로써 근로자의 근로시간 단축 청구권을 최초로 도입했다. 2020년 공공기관 및 300명 이상 사업장부터 2022년 30명 미만 사업장까지 기업 규모에 따라 단계적으로 시행하고 있다.

7) 비정규직 정규직화

비정규직 문제는 우리 사회가 해결해야 할 과제로 오랫동안 남아있었다. 우리나라는 1997년 IMF 외환위기와 2008년 글로벌 금융위기를 거치며 산업현장에서 비정규직 근로자가 늘어났다. 증가 원인으로는 근로자 스스로의 선택도 될 수 있지만, 기업 측면에서는 인사·노무 관리비를 절감하고 인력을 탄력적으로 운용하기 위함이었다. 국내 임금근로자 3명 중 1명이 비정규직(2016년 기준)이었다.

비정규직 근로자의 처우는 열악했다. 2016년 8월 기준 비정규직의 월평균 임금은 약 150만 원으로 정규직 근로자의 절반 수준(53.5%)에 불과했고, 평균 근속기간도 정규직의 32%로 고용 안정성도 낮았다.

문재인 대통령이 취임 직후인 2017년 5월 12일 인천국제공항공사를 방문해 "임기 중 비정규직을 중심으로 한 노동시장의 이중구조를 확실하게 바로잡도록 최선을 다하겠다"고 밝힌 것도 이러한 배경 때문이었다.

문재인 정부는 '차별 없는 좋은 일터 만들기'를 국정과제로 선정했다. ▲ 정규직과 비정규직 근로자의 임금 격차를 개선하고 ▲ 비정규직이 겪는 불합리한 차별은 없애며 ▲ 정규직 전환을 통해 노동시장 양극화 문제를 해소하겠다는 목표였다.

특히 "상시·지속적 업무를 수행하는 근로자는 정규직으로 고용한다"는 원칙에 따라 공공부문이 먼저 나서 비정규직의 정규직 전환을 추진했다. 정부는 전문가·노동계 등과 협의해 2017년 7월 관계부처 합동으로 「공공부문 정규직 전환 가이드라인」을 마련했다. 이어 공공부문 개별기관의 정규직 전환 추진계획을 담은 '연차별 전환계획'을 발표하면서 20만 5,000명 전환을 목표로 잡았다.

2021년 6월 말까지 858개 기관에서 비정규직 근로자 20만 1,745명의 정규직 전환이 결정됐고, 채용 절차를 거쳐 19만 5,745명이 정규직이 됐다. 또 공공기관의 정규직 전환 대상에 기간제뿐 아니라 파견·용역 근로자까지 포함됐다. 용역업체 등에 지급하던 관리비·이윤 등 기존 대비 절감할 수 있는 재원을 전환 비용으로 활용해 국민 부담을 최소화했다.

민간의 자율적인 정규직 전환 유도를 위한 지원도 했다. 비정규직을 정규직으로 전환하는 기업에는 임금상승분 등의 일부를 1년간 지

[그림 5-32] 공공부문 정규직 전환 실적 추이(연도별, 누적)

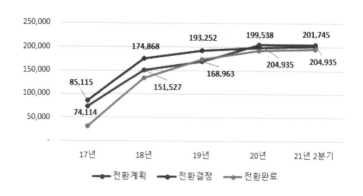

원(정규직 전환 지원금)하고, 중소·중견기업에는 정규직 전환 근로자 1인 당 최대 1,000만 원의 세액공제 혜택을 줬다. 또 조달청의 다수공급자 계약 체결 절차 때 정규직 전환 우수기업에는 가점도 주었다.

한국노동연구원이 2019년 5월 정규직 전환 인원 1,815명을 대상으로 설문·인터뷰 한 결과, 정규직 전환 근로자의 만족도는 높은 편(5점 만점, 3.93점)이며 직장생활 및 삶의 태도에 긍정적 영향을 미친 것으로 확인됐다.

[그림 5-33] 공공부문 정규직 전환자 1,815명 대상, 설문조사('19. 2월)

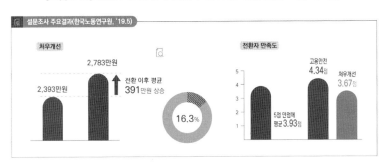

9) 여성과 아동이 안전한 나라

2018년 시작된 미투 운동은 우리 사회에 뿌리내린 권력형 성범죄 등의 심각성을 일깨웠다. 정부도 강력 대응에 나섰다. 공공부문과 문화예술계, 직장 안의 성희롱·성폭력 근절 대책을 발표하는 등 정책을 체계적으로 추진했다.

정부는 '범정부 성희롱·성폭력 근절 추진 점검단'을 운영(2018년 4월 ~2021년 3월)하고 공공, 교육, 민간기업, 문화예술 등 분야별 신고센터(2018년 3월~)를 열어 피해자들을 지원했다.

문제를 근본적으로 해결하기 위한 법과 통계도 만들었다. 여성폭력

방지 정책의 종합적 추진을 위한 「여성폭력방지기본법」을 제정(2018년 12월)하고, 「스토킹범죄의 처벌 등에 관한 법률」(2021년 4월)을 만들어 새로운 유형의 여성폭력에도 대응했다. 이를 통해 그동안 쌓여왔던 성 폭력 문제를 해결할 정책적 기반을 마련하고, 폭력방지와 피해자 지원 이 국가의 책임임을 명확히 해 국민적 신뢰를 만들어갔다.

갈수록 심각해지는 디지털 성범죄도 큰 사회문제다. 불법 촬영 영 상 등은 한번 온라인에 유포되면 피해 회복이 어렵다. 정부는 디지털 범죄의 심각성을 고려해 2017년 9월 〈디지털 성범죄 피해방지 종합 대책〉을 발표했다. 여성가족부와 관계부처가 함께 가해자 수사 및 디 지털 성범죄 피해 확산 방지를 위해 공동 대응했다.

또 「성폭력방지 및 피해자 보호 등에 관한 법률」을 개정(2018년 3월) 해 국가가 피해 영상물을 삭제 지원할 수 있는 법적 근거를 마련했다. '디지털 성범죄 피해자 지원센터'도 설치해 약 9,900명(2018년 4월 ~ 2021년 6월 기준)이 넘는 피해자의 초기 상담을 통해 신속한 삭제지원과 법률·의료지원 연계 등을 했다.

[그림 5-34] 디지털 성범죄 피해자 지원센터 운영 결과

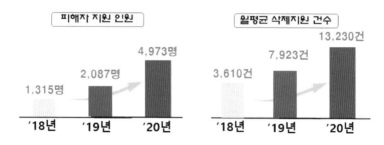

피해자 지원 인원

1,315명 '18년
2,087명 '19년
4,973명 '20년

월평균 삭제지원 건수

3,610건 '18년
7,923건 '19년
13,230건 '20년

정부는 디지털 성범죄에 경종을 울려야 한다는 국민적 요구에 맞춰 2020년 4월 '디지털 성범죄 근절대책'을 수립했다. 디지털 성범죄 처벌의 실효성을 높이고, 범죄 수요를 차단하기 위해 불법촬영물 등을 제작했을 때뿐 아니라 소지·시청했을 때도 처벌하는 규정을 만들었고, 촬영물 등을 이용한 협박·강요죄 및 예비음모죄도 신설했다. 또 아동·청소년 성착취물을 유통, 광고, 구입·시청했을 때 처벌하는 규정을 강화했다.

세상의 모든 폭력이 근절돼야 하지만 아동학대는 스스로 보호할 힘이 없는 아동을 대상으로 한다는 점에서 심각성이 더 크다. 또 아동기에 겪은 학대의 기억은 평생 상처로 남는다. 정부는 2019년 '포용국가 아동정책'을 통해 아동학대 조사 공공화 원칙을 발표하고, 「아동복지법」개정(2020년 10월 시행)으로 모든 지자체에 아동학대전담공무원을 두도록 법적 근거를 마련했다. 2020년에는 118개 선도 시·군·구에 총 290명의 아동학대전담공무원을 배치해 조사 공공화의 첫발을 내디뎠다.

2018년 3월부터 복지 사각지대 정보, 아동특화정보 등 44종의 사회보장 빅데이터를 활용해 잠재적 위기 아동을 예측하는 e아동행복지원시스템을 가동하고 있다. 은폐된 공간에서 가해지는 아동학대 범죄의 특성을 감안한 조치다. 읍면동 공무원은 분기마다 e아동행복지원시스템에서 발굴한 위기 아동 약 2만 5,000명의 가정을 방문해 학대 여부를 확인한다. 2021년 3월까지 약 20만 명의 아동을 점검해 173명을 아동학대로 신고했고 5,618명은 복지서비스에 연계했다.

2021년 3월 30일부터 즉각분리제도를 도입했다. 피해 아동에 대해 재학대가 발생할 우려가 있는 경우에는 아동학대 전담공무원이 학대

의심자로부터 아동을 즉각 분리하여 학대피해아동쉼터 등에서 일시보호할 수 있다.

2016년 53개소에 불과하던 학대피해아동쉼터를 2020년 76개소로 확대했으며 2021년에는 105개소까지 늘릴 계획이다. 2세 이하 피해 아동에 대해서는 200여 개 가정이 전문적으로 보호할 수 있도록 2021년 3월부터 위기아동 가정보호사업을 신설하였으며, 8월부터는 그 대상을 만 6세 미만으로 확대하였다.

4. 고르게 발전하는 지역

1) 국가균형발전 투자 확대

2000년 이후 비수도권의 지역내총생산(GRDP) 증가율이 둔화되고 있다. 지역 경제규모의 성장세가 꺾였다는 뜻이다. 반면 수도권 집중도는 갈수록 심화하면서 "지역에 대한 투자를 늘려 균형발전을 이뤄야 한다"는 요구가 높아졌다.

[그림 5-35] 수도권 인구

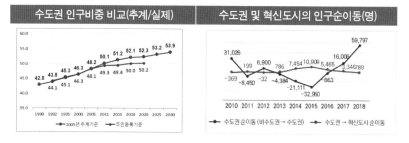

〈표 5-8〉 3대 전략 / 9대 핵심과제

1. (사람) 안정되고 품격있는 삶
① 지역인재·일자리 선순환 교육체계 　② 지역자산을 활용한 특색있는 문화·관광
③ 기본적 삶의 질 보장을 위한
　 보건·복지체계 구축

2. (공간) 방방곡곡 생기도는 공간
① 매력있게 되살아나는 농산어촌 　② 도시재생 뉴딜 및 중소도시 재도약
③ 인구감소지역을 거주강소지역으로

3. (산업) 일자리가 생겨나는 지역혁신
① 혁신도시 시즌2 ② 지역산업 3대 혁신 ③ 지역 유휴자산의 경제적 자산화

2017년 7월 수립한 국정운영 5개년 계획의 5대 국정목표 중 하나로 '고르게 발전하는 지역'을 정하고, 4대 복합 혁신과제 중 하나로 '국가의 고른 발전을 위한 자치분권과 균형발전'을 선정했다. 이후 전문가, 지방자치단체, 지역주민, 중앙부처 등 다양한 주체의 의견을 수렴해 2018년 2월 '국가균형발전 비전과 전략'을 선포했다. 균형발전비전과 전략에서는 '지역이 강한 나라, 균형잡힌 대한민국'이라는 비전과 '지역주도 자립적 성장기반 마련'이라는 목표를 제시했고, 구체적 실현을 위해 3대 전략과 9대 핵심과제를 선정했다.

문재인 정부 지역발전 전략은 지역주민이 체감할 수 있고, 부처 간 협업을 통한 지역 주도의 발전전략이라는 점에서 지금까지의 정책과 다른 특색이 있다. 성과도 가시화하고 있다.

먼저, 균형발전비전과 전략의 9대 핵심과제 중 하나인 도시재생뉴딜은 2021년 9월까지 전국 198개 지자체에서 총 456곳의 사업지가 선정돼 활발히 사업이 진행 중이다. 도시재생뉴딜은 노후 주거지와 쇠퇴한 구도심을 지역 주도로 활성화하여 도시 경쟁력을 높이고 일자리

를 만드는 '뉴딜(New Deal)' 수준의 범정부적 재생정책이다.

이 사업을 통해 쇠퇴한 구도심에는 창업공간 등 혁신거점을 조성해 활력을 입히고, 노후 주거지는 정비해 쾌적함을 더하고 있다. 또 '도시 재생 모태펀드'를 통해 자금력이 부족한 도시재생 지역의 중소·벤처 기업 등을 지원해 지역경제 활성화와 지역일자리 창출 성과를 내고 있다. 2020년 말 도시재생 뉴딜사업 중 처음으로 4곳(경남 하동, 충남 보령, 울산 북구, 전북 군산)에서 전체 사업이 완료됐다.

또한 도시재생사업에 포함된 생활 SOC 등의 마중물 세부 사업도 2021년 6월까지 428개가 완료되는 등 도시재생뉴딜사업의 성과가 점차 나타나고 있다.

생활SOC는 문재인 정부 대표적 정책 브랜드다. 기존 SOC(사회간접자본)가 도로, 항만, 철도 등 공간·개발 중심이었다면 생활SOC는 상하수도·가스 등 기초 인프라와 문화·체육·보육·복지 등 생활 편익을 높여주는 시설을 말한다.

[그림 5-36] 주요 시설 현황 (착수 기준)

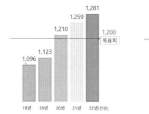
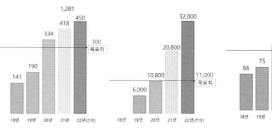

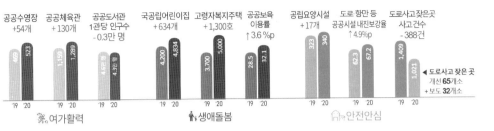

[그림 5-37] 삶의 질 제고 효과

공공수영장 +54개
'19 469 '20 523

공공체육관 +130개
'19 1,159 '20 1,289

공공도서관 1관당 인구수 -0.3만 명
'19 4.6만명 '20 4.3만명

※여가활력

국공립어린이집 +634개
'19 4,200 '20 4,834

고령자복지주택 +1,300호
'19 3,700 '20 5,000

공공보육 이용률 ↑3.6 %p
'19 28.5 '20 32.1

★생애돌봄

공립요양시설 +17개
'19 323 '20 340

도로·항만 등 공공시설 내진보강율 ↑4.9%p
'19 62.3 '20 67.2

도로사고잦은곳 사고건수 -388건
'19 1,409 '20 1,021

◀도로사고 잦은 곳 개신 65개소 +보도 32개소

안전안심

문재인 정부는 2019년 1월 발표한 '국가균형발전 프로젝트'를 통해 국가균형발전 차원에서 지역별 대표 사업 23개(24조 1,000억 원 규모)의 예비타당성조사(예타)를 면제했다. 지역발전의 기틀이 될 수 있으나 경제성 부족 등으로 추진이 힘들었던 사업들을 대상으로 예타 면제 등을 통해 핵심 사업이 조속히 추진될 수 있도록 한 것이다.

2019년 말 기준 수도권 인구가 비수도권을 역전하는 등 수도권 집중이 심화되고 있다. 반면, 지역은 청년층 인구의 유출과 성장률 저하 등으로 소멸 위기에 직면했다. 수도권에 모든 것이 집중된 일극체제를 극복하고, 골고루 잘 사는 대한민국을 위해서는 지금까지와는 다른 새로운 균형발전 전략을 모색할 필요성이 제기되었다. '초광역협력'이란, 광역과 기초지자체의 경계를 뛰어넘어 수도권과 경쟁할 수 있는 단일한 경제·생활권역을 만들어 대한민국을 다극화하자는 전략이다. 지난 정부에서도 광역권 사업을 추진했었다. 다만, 중앙정부가 주도해 하향식으로 진행됐고, 시·도 등 기존 행정구역 위주의 경직적인 사업 권역 설정 등으로 한계가 있었다.

2020년 동남권(부산·울산·경남)을 중심으로 메가시티 구축 논의가 재점화되었다. 3개 시·도는 함께 발전계획을 수립해 2021년 2월 25일 부산에서 「동남권 메가시티 구축 전략 보고」 행사를 열었다. 문재

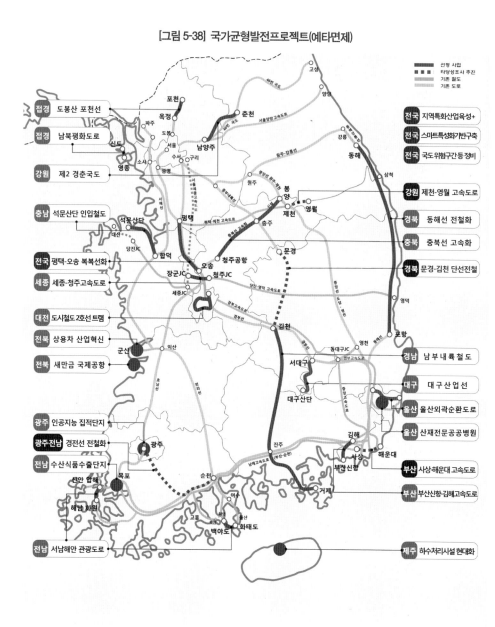

[그림 5-38] 국가균형발전프로젝트(예타면제)

선정 사업
타당성조사 추진
기존 철도
기존 도로

접경	도봉산 포천선
접경	남북평화도로
강원	제2 경춘국도
충남	석문산단 인입철도
전국	평택-오송 복복선화
세종	세종-청주고속도로
대전	도시철도 2호선 트램
전북	상용차 산업혁신
전북	새만금 국제공항
광주	인공지능 집적단지
광주전남	경전선 전철화
전남	수산식품수출단지
전남	서남해안 관광도로

전국	지역특화산업육성+
전국	스마트특성화기반구축
전국	국도 위험구간등 정비
강원	제천-영월 고속도로
경북	동해선 전철화
충북	충북선 고속화
경북	문경-김천 단선전철
경남	남부내륙철도
대구	대구산업선
울산	울산외곽순환도로
울산	산재전문공공병원
부산	사상-해운대 고속도로
부산	부산신항-김해고속도로
제주	하수처리시설 현대화

[그림 5-39] 권역별 초광역협력 추진현황

대전·세종·충북·충남

"글로벌 신성장 엔진의 중심, 충청권 메가시티"

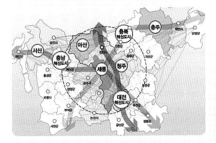

추진 전략	4차산업혁명 특별권역 미래산업 메카, 국가 기능 특화·연계 균형발전 허브
기대 효과	2040년 인구 600만 명, 전 지역 50분 생활권, 국내외 기업 유치 2,000개, 신규일자리 24만개, 온실가스 2억16백만톤CO_2eq 감축(5년간)
향후 계획	특별지자체 설치·운영('24년 내) 후, 충청권 행정통합 추진(중장기)

대구·경북

"2040 글로벌 경제권, 통합대구경북"

추진 전략	(산업혁신) 대한민국 혁신성장의 사다리 (인재혁신) 미래형 혁신인재 1만명 플랫폼 (공간혁신) 공항·항만 연계 환태평양 글로벌 허브
기대 효과	2040년 인구 550만 명, 실질 GRDP 300조, 벤처·중소기업 5,000개, 외국인 관광객 800만 명
향후 계획	특별지자체 설치·운영('22년 하반기) 후, 대구경북 행정통합 추진(중장기)

광주·전남

"동북아 신성장의 시작, 광주전남 메가시티"

추진 전략	(광역+광역) 글로벌 에너지 허브 구현 (광역+기초) 광주·인접 5개 시군 상생발전 전략 수립 (권역+권역) 남해안남부권 연계 신성장축 도약
기대 효과	2040년 인구 500만 명, 실질 GRDP 200조, 기업유치 2,000개 사, 일자리/인력양성 20만 명
향후 계획	'24년 내 특별지자체 설치 후 권역·권역 간, 광역·기초 간 협력 지속 추진

부산·울산·경남

"부울경, 동북아 8대 메가시티"

추진 전략	기후 위기 대응 선도, 혁신 기반 동반 성장, 공간 압축 초광역 인프라
기대 효과	2040년 인구 1,000만 명, 전 지역 1시간 생활권, 실질 GRDP 491조, 외국인 관광객 1,000만 명
향후 계획	'22년 1사분기 내 특별지자체 설치

인 대통령도 참석할 만큼 관심이 컸다. 이는 균형발전을 위해서는 광역 경계를 뛰어넘는 협력과 연계가 필요하다는 점을 알리는 계기가 됐다.

이후 대구-경북, 충청권, 광주-전남 등 광역자치단체를 중심으로 전국적으로 초광역협력 및 행정통합 추진 움직임이 확산되었다. 이러한 지역의 요구에 부응하고, 시대적 과제인 수도권-비수도권 상생발전을 위해 정부는 지역이 주도하는 '초광역협력'을 국가균형발전 정책의 새로운 핵심 전략으로 추진하기로 하고 2021년 4월부터 '메가시티 지원 범정부 TF'(단장: 국가균형발전위원장, 자치분권위원장)를 구성하여 초광역협력 지원전략을 논의하였다.

정부는 2021년 10월 14일 문재인 대통령이 주재하고 17개 시·도지사가 함께하는 '균형발전 성과와 초광역협력 지원전략 보고' 행사를 열어 관계부처 합동으로 '초광역협력 지원전략'을 발표했다.

2) 상생형 지역일자리

한때 많은 인원을 고용하며 우리 경제를 이끌던 주력 제조산업이 침체를 겪으면서 지역경제가 과거 몇 년간 크게 위축돼왔다. 동남권·서남권 조선벨트의 위기, GM대우 군산공장의 폐쇄 등이 뼈아팠다.

빈번한 노사분규와 대기업·중소기업, 정규직·비정규직 등으로 나뉘는 노동시장의 이중구조는 지역의 기업 환경을 더 악화시켰다. 이를 개선하려면 지역이 주도해 여건에 맞는 산업 혁신전략과 안정적인 일자리정책 세워야 했다. 이러한 고민 속에 노·사·민·정 간 사회적 대타협에 기반한 새로운 일자리모델이 제시됐는데, 바로 상생형 지역일자리다.

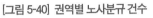

[그림 5-40] 권역별 노사분규 건수
(단위 : 건)

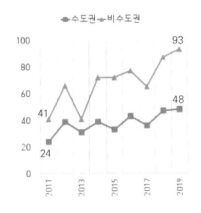

[그림 5-41] 권역별 고용률
(단위 : %)

상생형 지역일자리는 근로자·기업·지역주민·지방자치단체 등 지역 경제 주체가 대화와 타협을 통해 새로운 경쟁력 요소를 발굴하고, 이를 기초로 신규투자와 일자리를 만들어내는 사업이다.

2021년 9월 말 현재까지 상생형 일자리로 선정된 5개 지역에서 약 8,600억 원을 투자하고, 1,140명을 고용하는 등 그 성과가 가시화되고 있다. 상생형 지역일자리의 국내 원조는 '광주형 일자리'다. 지역 일자리를 늘리기 위해 광주시가 2014년 제안한 모델인데 이후 진행이 더디다가 문재인 정부가 국정과제로 선정하면서 본격화했다. 1호 모델인 광주형 일자리에서는 첫 양산차인 '캐스퍼(경형SUV)'가 사전 예약 첫날에 2021년 생산목표인 1.2만 대를 넘어서는 1만 8,940대의 예약이 이뤄지는 등 뜨거운 관심을 받았다.

정부는 상생형 일자리의 전국적 확산을 지원하기 위해 2019년 2월 관계부처 합동으로 종합 지원 대책을 마련했고, 「국가균형발전특별법」을 개정해 상생형 지역일자리 선정·지원을 위한 법적 근거도 만들었다.

또 대통령 직속 일자리위원회에 전담 조직인 '상생형 지역일자리 지원센터'를 신설해 관계부처와 함께 신규 모델 발굴 및 컨설팅을 지원하고 있다.

상생형 지역일자리 사업은 비수도권 지역의 노·사·민·정 간 연대와 협력에 기초해 각 주체의 역할을 명확하게 규정한 상생협약을 체결하면서 시작된다.

광주(경형SUV), 밀양(뿌리산업), 대구(자동차부품), 구미(이차전지), 횡성(전기화물차), 군산(전기차), 부산(전기차부품), 신안(해상풍력) 등 8개 지역에서 협약이 체결됐다. 이후 협약을 맺은 지자체가 사업계획을 구체화해 정부에 신청하면, 정부는 타당성 평가와 심의위원회의 의결을 거쳐 상생형 지역일자리로 선정한다.

3) 자치분권으로의 대전환

(1) 자치분권 강화 위한 법제의 정비 : 지방자치법 전부 개정

문재인 정부는 임기 내 추진할 지방 권한 강화 계획을 정리한 '자치분권 로드맵'을 발표(2017년 10월 26일)했다. 여기에는 5가지 핵심전략이 담겼다. ①중앙권한의 획기적 지방이양, ②강력한 재정분권 추진, ③자치단체의 자치역량 제고, ④풀뿌리 주민자치 강화, ⑤네트워크형 지방행정체계 구축 등이다.

또 정부는 분권형 헌법개정안을 발의하는 등 자치분권의 필요성에 대한 국민적 공감대를 넓혀갔다. 문재인 대통령은 2018년 3월 개헌안을 발의하며 "지방분권과 국가균형발전은 수도권과 지방이 상생과 협

〈표 5-10〉 자치분권 로드맵 5대 핵심전략

① 중앙권한의 획기적 지방이양   ② 강력한 재정분권 추진
③ 자치단체의 자치역량 제고   ④ 풀뿌리 주민자치 강화
⑤ 네트워크형 지방행정체계 구축

[그림 5-42] 「지방자치법」 전부개정 주요내용

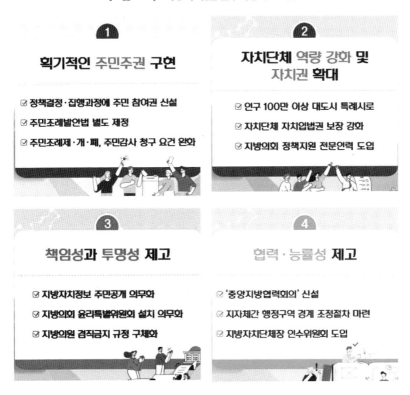

력 속에 지속가능한 발전을 이룰 수 있게 하는 최고의 국가발전 전략"
이라고 강조했다. 개헌안의 취지는 「지방자치법」 전부개정 때 반영돼
자치분권 제도화를 위한 기반이 됐다.

문재인 정부는 자치분권에 있어서 역대 어느 정권보다 획기적 성과를 거뒀다. 1988년 이후 32년 만에 처음으로 「지방자치법」을 전부 개정(2020년 12월)해 자치분권의 제도적 기반을 확고히 했다. 지방자치의 민주성과 책임성을 강화하기 위해 주민 참여권 신설, 「주민조례발안법」 제정, 주민참여예산제도 확대 등 지자체의 정책 과정 전반에 주민들이 실질적으로 참여할 수 있도록 길을 넓혔다.

또 「지방일괄이양법」을 제정(2020년 2월)·시행(2021년 1월)해 중앙부처가 맡았던 400개 사무를 한번에 지자체 소관으로 넘겨줬다. 중앙의 행정권한과 사무 등을 포괄적으로 넘겨받은 지자체는 지역 특성을 반영한 행정과 즉각적인 주민 수요 대응을 할 수 있게 됐다.

(2) 재정분권

자치분권을 실현하려면 돈이 필요하다. 주민이 요구하는 행정서비스를 자치단체가 적극적으로 제공하기 위해서는 재정 확충이 필수적이다. 정부는 '1단계 재정분권'을 통해 연간 약 8조 5,000억 원의 재원을 중앙에서 지방으로 이전해 곳간을 채워주면서도 납세자인 국민의 부담은 증가시키지 않았다. 우선 지방소비세율을 인상(기존 11% → 2019년 15% → 2020년 21%)했다. 1단계 재정분권 결과 국세와 지방세의 비중은 2018년 78 : 22에서 2019년 76 : 24, 2020년에 74 : 26으로 꾸준히 개선되고 있다.

정부는 국회, 자치단체와 지속 협의해 2021년 7월 2단계 재정분권 추진방안을 합의했다. 1단계보다 한걸음 더 나아간 것이다. 이에 따라 연간 총 5조 3,000억 원 규모의 재원이 중앙에서 지방으로 추가 이전될 예정이다. 2단계 재정분권에 따라 지방소비세율은 단계적으로

[그림 5-43] 재정분권의 변화

| 1단계 재정분권에 따른 지방소비세 인상분 | 총 조세 대비 지방세 비율(%) |

8.5조 증가

+4%p +10%p

0.9조 기초단체·교육청 재원보전
3.6조 자치단체 전환사업 재원보전
4.0조 잔여분 (1:2:3 적용 +상생기금 출연)

재정분권에 따른
지방소비세 인상분

기존
지방소비세   11%   11%   11%

2018   2019   2020

22   24   26

2018   2019   2020

4.3%p 추가 인상(기존 21% → '22년 23.7% → '23년 25.3%)되고, 이와 연계하여 약 2조 3,000억 원 규모의 국고보조사업이 지방자치단체 사업으로 단계적 이양된다. 2단계 지방소비세 인상분의 일부는 광역지자체가 아닌 기초지자체(시·군·구)에 직접 배분돼 새로운 세입 기반이 된다. 또, 낙후지역의 인프라 확충 등을 위해 2022년부터 연 1조 원 규모의 지방소멸대응기금이 새롭게 도입된다.

(3) 주민체감형 자치분권의 추진

풀뿌리 민주주의의 산실인 지방의회가 주민을 위해 제대로 일할 수 있도록 제도를 정비했다. 「지방자치법」 전부개정(2020년 12월)을 통해 지방의회 인사권 독립, 정책지원 전문인력 도입 등 지방의회의 전문성과 자율성을 강화할 토대를 마련했다.

지역 맞춤형 치안서비스 제공을 위해 자치경찰제를 도입했다. 지역 주민의 실생활과 밀접한 생활·교통안전, 가정·학교·성폭력 예방 등 경찰 사무를 각 시·도지사 소속 시·도자치경찰위원회가 지휘·감독하도록 한 것이다. 자치경찰제는 일부 지역에서 시범 운영을 거쳐 2021년 7월 1일부터 전국에서 전면 시행됐다.

자치경찰은 '고위험 정신질환자 응급입원 체계 개선', '안전한 어린이 통학로 조성' 등 주민들이 체감할 수 있는 치안서비스를 제공하고 있다.

대통령 주재 하에 시·도지사와 주요 중앙행정기관장 등이 모여 지방자치 관련 정책을 논의하는 중앙지방협력회의도 2022년 1월부터 운영된다. 앞서 정부는 대통령 공약이었던 제2국무회의를 도입하기 위해 지방분권형 개헌을 추진했지만 무산된 바 있다. 그 대안으로 중앙지방협력회의를 만들어 비정기적으로 열리던 대통령과 시·도지사 간담회를 제도화해 지방자치 현안을 활발히 논의할 계획이다. 특히 시·도지사뿐 아니라 시·도의회의장협의회장, 시·군·구의회의장협의회장과 시·군·구청장협의회장도 함께 참여하게 된다.

5. 평화와 번영의 한반도

1) 남·북 정상회담 통한 한반도 평화 확보 노력

문재인 대통령은 정부 출범 직후 베를린 구상을 통해 한반도 평화에 대한 밑그림을 제시하며, 북한을 향해 대화 재개와 평화체제 구축을 위해 함께 노력하자고 제안했다.

그러나 북한의 장거리탄도미사일 발사(2017년 7월 2회, 11월 1회)와 6차 핵실험(2017년 9월) 등으로 한반도 정세는 매우 악화됐다. 악조건 속에서도 정부는 남북 간 적대적 긴장완화, 전쟁 위험 해소, 한반도의 완전한 비핵화와 항구적 평화 정착을 위한 한반도 평화 프로세스의 여정을 시작했다.

한반도 평화 프로세스는 2018년 북한 선수단의 평창동계올림픽 참가와 세 차례의 남북정상회담, 2018~2019년 두 차례의 북미정상회담, 2019년 판문점 남북미 정상회동 등을 거치며 구체화 돼왔다.

세 차례의 남북정상회담을 통해 한반도의 완전한 비핵화를 남북 정상이 명시적으로 확인했고, 한반도 문제의 당사자로서 남북한의 위상과 역할을 전 세계에 각인시켰다.

제1차 정상회담(4. 27)을 통해 남북 정상은 '한반도 평화시대' 개막을 선언하고, 남북관계의 전면적·획기적 발전, 군사적 긴장완화와 상호 불가침 합의, 한반도의 완전한 비핵화와 평화체제 구축에 대해 협의하고 「판문점 선언」에 합의하였다. 제2차 정상회담은 무산될 위기의 북미정상회담을 되살리는 계기가 되었다.

제3차 정상회담(9. 18~20)을 통해 남북 정상은 「판문점 선언」의 이행 성과를 평가하고, 남북관계를 지속 발전시켜 나가기 위해 「9월 평양공동선언」에 합의하고, 부속합의서로 「판문점 선언 이행을 위한 군사분야 합의서」를 채택하였다.

우리 정부의 적극적 중재 노력으로 최초의 북미정상회담이 2018년 6월 싱가포르에서 열렸다. 그러나 2019년 2월 베트남 하노이에서 열린 제2차 북미정상회담이 결렬되고 북미대화가 교착상태에 접어들기도 했다. 이를 타개하기 위해 우리 정부는 6월 판문점 남북미 정상회동을 성사시켰고, 도널드 트럼프 대통령은 군사분계선을 넘은 최초의 미국 대통령이 됐다.

정전협정(1953년) 이후 비무장지대(DMZ)와 북방한계선(NLL) 일대에서 크고 작은 도발과 충돌이 끊이지 않았다. 이 때문에 접경지대에서 군사적 긴장을 완화해야 한다는 의견이 제기됐고, 「9·19 남북 군사합의」를 통해 육상과 해상, 공중에서 남북 간 적대행위를 중단하기로 했다.

　DMZ 내에는 한국전쟁 당시 격전지가 많다. 그렇다 보니 전사자의 유해가 많이 묻혀 있을 것으로 추정되고 있다. 유해를 가족 품으로 돌려보내기 위해 군사합의를 통해 DMZ 내 발굴 작업을 시행했다. 우리 군은 우선 DMZ 내 우리 측 지역에서 유해 발굴(2019년 4월 1일~2021년 6월 24일)을 실시하였다. 그동안 우리 측 유해 3,092점과 유품 10만 1,816점을 발굴했고, 이 중 고 박재권 이등중사 등 9명의 신원을 확인했다. 또 발굴과정에서 중국군으로 확인된 201구의 유해를 중국 측에 송환(2020년 9월 27일, 2021년 9월 2일)하는 등 의미 있는 성과를 거뒀다.

　판문점 공동경비구역(JSA) 내 초소와 병력·화기를 철수하는 JSA 비무장화가 2018년 말 폐쇄회로(CCTV) 재배치와 공동 근무초소 통신선로 설치 작업을 끝으로 완료됐다. 이에 따라 국민들의 판문점 견학 기회도 확대됐다. 또 관련 제도·절차를 개선하고 인프라를 확충해 견학의 편의성도 높였다. 그 결과 2021년 7월까지 3만 1,000여 명의 내외국인이 판문점을 둘러봤다.

　남북은 2018년 12월 비무장지대의 모든 GP를 완전히 철수하기로 하고, 서로 가까이 붙어 있는 남북한 11개 GP를 시범적으로 철수했다. 역사적 상징성, 안보 관광지 등으로의 활용성을 고려해 남북이 각각 1개 GP를 보존하기로 합의했으며, DMZ 평화의 길과 연계해 국민에게 평화체험의 장으로 제공하고 있다.

　남북 간 교류협력을 토대로 평화경제 기반을 구축하기 위한 노력도 지속했다. 먼저 남북 간 철도·도로 현대화를 위해 북측 구간에 대한 공동조사와 착공식을 진행하고 관련 자료를 교환했으며, 우리 자체적으로 추진할 수 있는 동해북부선 단절 구간(강릉~제진) 복원 사업도 진행했다.

2) 한·미 정상회담

바이든 정부 출범 이후 처음 개최된 2021년 5월 한미정상회담을 통해 한반도 평화 프로세스는 다시 동력을 얻게 됐다. 양국 정상은 한반도의 완전한 비핵화와 항구적 평화 정착이라는 목표를 확인했고, 이를 위해 외교와 대화가 필수적이라는 점도 재확인했다.

판문점 선언 및 싱가포르 공동성명 등 기존 합의에 기초해 북한과 대화할 의지를 표명함으로써 대북정책의 연속성도 확보했다. 또 바이든 대통령이 공동 기자회견에서 성 킴 대북특별대표 임명을 직접 발표해 미국의 의지를 적극적으로 표명했다. 아울러 남북대화와 협력에 대한 미국의 지지를 확보해 남북관계와 북미관계의 선순환 구조 복원을 위한 토대를 마련했다.

3) 강한 국방

2020년 국방예산은 사상 처음 50조 원을 넘어섰다. 문재인 정부는 '힘을 통한 평화'라는 기조 하에 첨단무기 등 핵심전력을 조기 확보하기 위한 국방예산을 꾸준히 늘려왔다. 정부가 출범한 2017년 당시 40조 3,000억 원이었던 국방예산은 4년간 연평균 7.0%(2018~2021년)씩 증액됐다. 이는 지난 정부 9년간 연평균 증가율(4.7%)보다 약 1.5배 상승한 것이다.

문재인 정부는 늘어난 국방예산을 기반으로 강력한 국방력과 전방위 위협에 효과적으로 대응할 수 있는 능력을 갖춰왔다.

독자적 억제 및 대응태세 발전을 위해 전략표적 타격능력과 한국형 미사일방어 능력, 압도적 대응능력을 구축하고 있다. 우선 신속한 표적 탐지 및 타격을 위해 백두체계(신호정보수집체계) 능력을 보강하고, 고고도정찰용무인항공기(HUAV)와 F-35A 스텔스전투기, 장거리공대지순항미사일(TAURUS) 등 첨단 무기체계를 도입했다.

특히 2021년 4월에는 국내기술로 만든 최초의 전투기인 KF-21 시제 1호기를 출고했다. KF-21 전투기가 2026년까지 지상 및 비행시험을 무사히 통과하게 되면 대한민국은 세계에서 13번째로 전투기 자체개발(첨단 초음속 전투기로는 8번째)에 성공한 국가가 된다. 아울러 2021년 9월에는 국내 개발 중인 KF-21용 장거리공대지미사일의 발사 시험을 성공하였다.

또 2021년 8월에는 우리 기술로 독자설계·건조한 해군의 첫 번째 3,000톤급 잠수함인 도산안창호함이 취역했다. 이로써 우리나라는 3,000톤급 이상 잠수함을 독자 개발한 8번째 국가가 돼 조선 및 방산 강국으로 당당히 올라섰다.

2021년 9월 15일에는 국방과학연구소(ADD) 종합시험장에서 문재인 대통령이 참석한 가운데 국내 최초로 잠수함에서 SLBM 발사시험을 성공적으로 실시했다. SLBM은 도산안창호함*에 탑재되어 수중에서 발사되었으며, 목표지점에 정확히 명중했다.

나라를 위해 헌신하는 병역이행자에 대해 합리적 보상 등 국가도 책임을 다해야 한다는 인식이 확산됐다. 이에 문재인 정부는 2022년까지 병장 월급 67만 원(2017년 최저임금의 50% 수준)을 목표로 병 봉급의 연차적 인상을 추진해왔다.

2021년 현재 병장 월급은 60만 8,000원으로 2017년 최저임금 기준의 약 45% 수준까지 끌어올렸다. 정부는 2022년 예산안에 병장 월급을 67만 원으로 올리는 내용을 담았는데 국회를 통과하면 인상 목표를 달성할 수 있게 된다.

갑갑하던 병영생활도 달라지고 있다. 군 복무로 인한 고립감 해소, 자기개발, 여가선용 등을 위해 병사들의 일과 후 휴대전화 사용(휴일 포함)을 허용했다. 2018년 4월 국방부 직할 4개 부대에서 시범운영한 뒤 2019년 4월부터는 경계초소(GP), 훈련병을 제외한 전 군에서 확대 운영했다.

4) 연대와 협력의 신외교

문재인 정부는 코로나19 발생 초기부터 개방성·투명성·민주성 등 3대 원칙을 기반으로 대응하며 특별한 봉쇄 조치 없이 감염 확산을 차단해왔다.

특히 모든 국민이 방역 주체가 되어준 덕분에 한국형(K) 방역이 눈부신 성과를 거뒀다. 도움이 필요한 국가들에게는 방역물품과 우리의 경험을 적극적으로 공유하는 등 코로나19 대유행 극복에 기여해 오고 있다.

문재인 대통령은 코로나19 발생 이후 49개 국가 정상 및 국제기구 수장과 총 67차례 통화하면서 개도국 지원 의사를 분명히 전했다. 이에 따라 우리 정부는 약 1억 8,000만 달러의 관련 지원을 제공했다.

아울러 국제방역 협력 태스크포스(TF)를 설치해 방역 주제별 웹세미나 개최(9회), 정책자료 제공 등 총 800여 건의 방역 경험 공유활동을 벌였다.

문재인 정부는 전례 없는 위기를 연대와 협력의 정신으로 극복하기 위해 노력해왔다. 코로나19 상황에서도 방역과 경제 두 마리 토끼를 잡기 위해 기업인 등 필수 인력의 국경 간 이동 원활화 노력을 기울여 왔다.

중국을 시작으로 아랍에미리트(UAE), 인도네시아, 싱가포르, 일본, 베트남 등 총 6개국과 신속통로 시행에 합의했고, 문재인 대통령의 '필수 인력의 국경 이동 원활화' 제안은 G20 정상회의(2020년 11월) 정상선언문에도 반영됐다.

아울러 개도국이 백신에 공평하게 접근할 수 있도록 '코로나19 백신 선구매 공약 메커니즘'(COVAX AMC·공여국의 재정 기여로 개도국에 백신 공급)에 2020년 1,000만 달러를 공여했고, 2021~2022년에 총 2억 달러를 공여할 예정이다.

또한 향후 코로나19와 유사한 보건위기 발생 시 효과적으로 대응하기 위해 장기 대비태세도 강화했다. 역내 대응역량 강화를 위해 2020년 12월 30일 미국, 중국, 러시아, 몽골이 참여하는 '동북아 방역·보건 협력체'를 출범시켰다.

한편, 전 세계적으로 전염병보다 더 큰 위협이 될 수 있는 '기후변화 대응'도 선도했다. 문재인 대통령은 미국 주최 세계기후정상회의(2021년 4월 22일~23일)에 참여해 기후 행동 강화 의지를 설명했다.

이어, 우리나라 최초로 환경 분야 다자회의인 P4G 서울 정상회의 (2021년 5월 30일~31일, 화상 진행)를 성공적으로 주최해 녹색회복과 탄소 중립을 향한 국제사회의 의지를 모았다. 기후대응 선도국가로서 우리나라의 국제적 위상이 한층 더 높아지고 국내 기업과 청년의 해외진출, 녹색기술 개발 등 국익도 증진될 것으로 기대된다.

5) 신남방·신북방 정책으로 외교 안보·경제협력 지평 확대

문재인 대통령은 2017년 11월 9일 인도네시아에서 열린 '한-인도네시아 비즈니스 포럼' 기조연설을 통해서 동남아시아국가연합(아세안) 10개국과 인도 등 신(新)남방국가들과 정치·경제·사회·문화 등 폭넓은 분야에서 관계를 강화하는 '신남방 정책'을 공식적으로 제시하였다.

문재인 정부는 교역투자 중심이었던 신남방 지역과 기존 관계를 포괄적 협력관계로 강화하는 것을 비전으로 삼았다. 이러한 의지를 반영해 문재인 대통령은 취임 후 신남방 국가를 모두 순방했다. 우리 대통령이 임기 중 이 국가들을 모두 방문한 것은 처음이었다.

또 2019년에는 한-아세안 대화 관계수립 30주년을 기념해 부산에서 '한-아세안 특별정상회의'를 성공적으로 개최했다.

한류의 인기 덕에 인도네시아에서 K-콘텐츠 엑스포를 개최하는 등 교류의 장을 확대했다. 신남방지역 출신 정부초청장학생을 더 많이 선발하고, 개발도상국 보건의료 인력 양성 사업인 '이종욱 펠로우십' 석사과정을 운영해 신남방지역을 지원했다.

교류가 활발해지자 한국어 교육과 콘텐츠를 찾는 수요도 증가했다. 인도 등 신남방지역 7개국에서 한국어를 정규과목으로 채택했다. 아세안 지역에 수출한 콘텐츠 규모도 2016년부터 2019년 사이 연평균 약 20% 수준으로 증가했다. 한편 신남방지역은 우리 국민이 방문을 가장 선호하는 곳으로 부상했다.

신남방지역은 높은 경제성장률과 많은 인구로 인해 거대 소비시장으로 떠올랐다. 우리도 이 지역 수출을 늘려왔다. 신남방지역에 대한 수출 비중은 2019년에 처음 20%를 돌파했으며, 이제는 중국에 이어 우리의 2위 교역상대국으로 자리 잡았다.

신북방정책은 평화를 기반으로 유라시아 국가들과 협력을 강화하는 전략이다. 문재인 정부는 유라시아 대륙의 북부 및 중동부에 있는 러시아 등 구소련 12개국과 몽골, 중국 동북3성(옛 만주지역) 지역을 대상으로 신북방정책을 펴왔다.

이 국가들의 경제규모(GDP)는 약 3조 달러로 전 세계 GDP의 2.5%이며, 인구는 총 4억 명에 이른다. 또 전 세계 석유매장량의 3.6%, 가스매장량의 6.9% 등 풍부한 자원과 우수한 기초과학 기술을 보유하고 있다. 이처럼 한국과 상호보완적이며 다양한 협력 잠재력을 가지고 있어 호혜적 협력과 발전을 만들어 갈 것으로 기대된다.

문재인 정부는 2017년 8월 신북방정책의 컨트롤타워인 북방경제협력위원회를 설립했다. 북방 국가들과 협력해 우리 경제의 신성장동력을 창출하고, 남북 평화통일 기반을 구축하기 위해서이다.

| 제3부 |

변화와 성과

제6장 대한민국을 바꾼 입법성과

1. 다양한 입법을 통한 국정의 안정적 운영과 제도화

문재인 정부가 추진한 100대 국정과제는 다양한 하위 과제들로 구성되어 있다. 100대 국정과제들 중에는 정책적으로 추진되어야 하는 것들이 대부분이지만, 법령의 제개정을 필요로 하는 국정과제들도 적지 않다. 개별적인 정책들이 법령을 통하여 지속성과 안정성을 확보하는 가운데 추진될 수 있다.

100대 국정과제에 해당하지 않더라도 국정운영의 과정에서 법령의 제개정이 필요한 경우가 발생한다. 예를 들어 최근 강조되고 있는 기후위기에 대한 대응이나 혹은 여전히 줄어들지 않는 각종 안전사고의 방지를 위한 법령이 미흡할 경우, 관련 법령의 제개정은 매우 중요한 대응수단이 된다.

물론 법령의 제개정은 매우 어렵다. 법령을 둘러싸고 다양한 이해관계자들이 존재하며, 이들은 법령의 조문 하나 하나에 대해 매우 민감하게 반응할 수밖에 없다. 법령이 갖는 정당성에도 불구하고 이것의 제개정으로 인하여 발생하는 편익과 비용이 모두에게 동등하게 배분되는 것은 아니기 때문이다. 따라서 의미있는 법령의 제개정은 사회적 수요에 대한 적절한 대응, 국정과제의 안정적 수행을 위한 제도적 기반의 마련, 미래의 상황에 대한 선제적 대응이라는 관점에서 매우 중요하다.

문재인 정부의 국정운영 동안 많은 법령의 제개정이 있었다. 오랫동안 법령의 제개정이 요구되었음에도 지체되었다가 입법화된 경우도 있고, 새로운 수요에 대응하기 위하여 입법화된 경우도 매우 많다. 물론 문재인 정부 하에서의 법령의 제개정은 정부의 노력에 의해서만 이루어진 것은 당연히 아니다. 정부가 이슈를 먼저 제기하여 입법화된 경우만이 아니라, 시민사회의 지속적 요청에 의하여 입법화된 경우, 국회의원에 의하여 발의되어 입법화된 경우 등 매우 다양하다. 최종적으로는 국회에서의 논의과정을 통하여 입법화되기 때문에 국회의 역할을 결코 간과할 수 없다. 여기에서는 이와 같이 다양한 구조와 맥락속에서 문재인 정부의 국정운영 기간 동안 입법화된 법령들을 정리하였다.

여기에 정리된 100건의 법령들이 문재인 정부 시기의 가장 의미있는 법령이라 할 수는 없다. 다만 국민의 관점에서, 그리고 시대적 맥락의 관점에서 의미있는 입법 사례들을 선택적으로 정리하였다. 따라서 여기에 제시된 법령보다 더욱 더 큰 의미가 있는 경우가 많을 수 있을 것이다.

100대 입법은 공정과 개혁, 혁신성장, 사람중심경제, 포용적 복지, 국민 안전과 환경, 자치분권과 균형발전, 한반도 평화와 번영 등 7개 분야로 나뉘어 정리된다.

첫째, 공정과 개혁 분야는 권력기관의 민주적 개혁, 공직윤리 확보, 과거사문제 해결, 국민중심 혁신행정, 기업경영투명성 및 건전성 제고, 공정한 시장질서 확립 등과 관련된 입법성과들이다. 둘째, 혁신성장분야는 소재·부품·장비산업 경쟁력 강화, 규제혁신, 신산업 육성과 미래 먹거리 창출 등과 관련된 입법성과를 취합했다. 셋째, 사람 중심경제 분야는 소상공인·자영업자 지원, 중소기업 지원 등에 관련된 입법을 모았다. 넷째, 포용적 복지 분야는 코로나19 위기 대응과 국민건강권 확보, 촘촘한 사회안전망 구현, 한부모가족 지원, 아동 청소년 안전망 강화, 청년지원, 노동기본권의 국제적 수준 향상, 노동자의 인간다운 삶 보장 등과 관련된 입법을 취합했다. 다섯째, 국민안전과 환경 분야는 사회적 약자보호기반 강화, 국민생명과 안전한 대한민국, 기후위기 대응 등과 관련된 입법을 모았다. 여섯째, 자치분권과 균형발전 분야는 실질적 자치분권 구현, 참여 확대와 재정분권, 지역균형발전, 농어업 소득보전 강화 등 관련 입법을 모았다. 일곱째, 한반도 평화와 번영 분야는 남북관계 개선, 국방력 강화, 국제사회의 ODA 선도 등의 주제와 관련된 입법을 취합했다.

〈표 6-1〉 100대 주요 입법

대분류	세분류	법률명	주요 내용
Ⅰ. 공정과 개혁	1. 권력기관의 민주적 개혁	공수처법 (제) (고위공직자 범죄 수사처 설치법)	고위공직자 부패범죄 전담 공위공직자 범죄 수사처 설치
		형사소송법·검찰청법	검경수사권 조정
		경찰법	자치경찰제 도입
		국가정보원법	국정원의 정치적 중립
	2. 공직윤리의 확보	공직자 이해충돌방지법 (제)	공직자 이해충돌 상황 예방·관리
		공직자윤리법	부동산 업무 종사자의 공직을 이용한 부정한 재산증식 근절

대분류	세분류	법률명	주요 내용
I. 공정과 개혁	3. 과거사 문제 해결	5·18민주화운동 진상규명을 위한 특별법 ㉞	5·18민주화운동의 국가차원의 실체규명
		제주4·3사건 진상규명 및 희생자 명예회복에 관한 특별법 ㉞	제주4·3사건 명예회복, 피해보상
		진실화해를 위한 과거사정리 기본법	형제복지원, 6·25 민간인 학살 등에 대한 재조사
		일제하 일본군위안부 피해자 보호·지원 및 기념사업법	일본군위안부 피해자 지원 강화 및 명예회복
	4. 국민중심 혁신행정 구현	행정기본법 ㉞	행정의 원칙·기준 명문화, 국민 권리구제 확대, 적극행정 근거
		데이터기반 행정활성화법 ㉞	행정기관 간 데이터 공동활용으로 맞춤형 행정서비스 제공
	5. 기업경영 투명·건전성 제고	공정경제3법 (•상법, •독점규제 및 공정거래에 관한 법률, •금융복합기업집단의 감독에 관한 법률 ㉞)	다중대표소송제도, 사익편취 규율대상 확대, 금융복합 기업집단 감독
	6. 공정한 시장질서 확립	자본시장법	주가 조작 등 시세 조종 행위의 경우 처벌 수준 강화
		주식회사 등의 외부 감사에 관한 법률	외부감사 대상 확대, 금감원 감리주기 단축, 부실감사 제재 강화
		하도급법 (•독점규제 및 공정거래에 관한 법률, •하도급거래 공정화에 관한 법률)	징벌적 손해배상제 및 보복조치 규제범위 확대
		구글갑질방지법 (전기통신사업법)	앱 마켓사업자가 거래상 지위를 부당하게 이용해 모바일콘텐츠 사업자로 하여금 특정한 결제방식을 사용하도록 강제하는 행위 등을 금지
	7. 국가재정 운용 투명성 강화	국가재정법 시행령	국가예산과정에서 국민참여 제고

대분류	세분류	법률명	주요 내용
Ⅱ. 혁신성장	1. 소재부품 장비 산업 경쟁력 강화	소재·부품전문기업 등의 육성 특별조치법	소재부품장비산업의 전주기 지원 및 범정부 추진체계 구축
	2. 규제혁신	규제 샌드박스 4법 (•산업융합촉진법, •정보통신 진흥 및 융합활성화특별법, •금융혁신지원특별법 ㊈, •규제자유특구 및 지역특화발전특구 규제특례법)	새로운 제품이나 서비스 출시 시 일정 기간 기존 규제를 면제·유예, 규제자유특구 지정
	3. 신산업 육성과 미래 먹거리 창출	데이터 3법 (•개인정보보호법, •정보통신망 이용촉진 및 정보보호법, •신용정보 이용 및 보호법)	4차 산업혁명시대 핵심 자원인 데이터의 이용활성화를 통해 신산업을 활성화
		첨단재생의료 및 첨단바이오의약품 안전 및 지원법 ㊈	재생의료분야의 임상연구에서 첨단바이오의약품 제품화에 이르는 전주기 안전관리 및 지원체계 마련
		벤처투자 촉진법 ㊈	벤처투자 일원화 및 체계적 육성
Ⅲ. 사람중심 경제	1. 소상공인· 자영업자 지원	소상공인기본법 ㊈	소상공인 체계적 보호·육성
		소상공인 생계형적합업종 지정특별법 ㊈	영세 소상공인 사업 분야를 생계형 적합업종으로 지정·보호
		상가건물임대차보호법	상가임차인의 계약갱신청구권 행사 기간 연장
	2. 중소기업 지원	중소기업협동조합법	중소사업자단체의 공동행위를 공정거래법상 담합에서 제외
		국가계약법 시행령	중소기업제품 판로지원
	3. 대·중소 기업 상생협력	대·중소기업 상생협력 촉진에 관한 법	중소기업 기술유출 방지 위한 수탁-위탁기업간 비밀유지계약 체결, 위탁기업의 계약위반으로 인한 수탁기업 손해발생시 징벌적 손해배상
Ⅳ. 포용적 복지사회	1. 코로나19 위기 대응과 국민건강권 확보	코로나 3법 (•감염병 예방 및 관리법, •검역법, •의료법)	감염취약계층 마스크 지급, 의료 감염감시 시스템 구축 등

대분류	세분류	법률명	주요 내용
Ⅳ. 포용적 복지사회	2. 촘촘한 사회안전망 구현	기초연금법	월30만 원으로 인상, 지급 대상 확대
		아동수당법 ㉑	아동수당 지급
		초중등교육법	고교 무상교육
		국민건강보험법시행령	국민건강보험 보장성 강화
		장애인복지법	장애등급제 폐지
		치매관리법	치매국가책임제 법적근거 마련
		고용보험법	고용보험 가입 대상 확대 (예술인, 특수형태근로자 등)
		구직자취업촉진 및 생활안전지원법 ㉑	한국형 실업부조 국민취업지원제도 시행
		고용상 연령차별 금지 및 고령자고용 촉진법	50세 이상 비자발적 이직 예정자 대상 재취업 서비스 제공 의무 부여
		국민기초생활보장법	부양의무자 기준 일부 폐지
		사회서비스 지원 및 사회서비스원 설립·운영법 ㉑	시·도 사회서비스원 및 중앙 사회서비스원 설립·운영근거 마련 통해 사회서비스의 공공성, 전문성. 투명성 제고해, 국민복지 증진에 기여
	3. 한부모 가족 지원	양육비 이행확보 및 지원에 관한 법률	양육비 청구방식 등 제도 개선, 양육비 미이행 처벌 강화
		한부모가족지원법	한부모가족의 지원 강화
	4. 아동· 청소년 안전망 강화	청소년복지지원법	여성청소년 위생용품 지급 근거 마련
		아동·청소년 성보호법	아동·청소년 성착취 범죄 근절
	5. 청년 지원	청년기본법 ㉑	청년정책 수립 및 청년지원에 관한 사항 규정
	6. 노동 기본권의 국제적 수준 향상	ILO 3법 (•노동조합 및 노동관계조정법, •공무원노조법, •교원노조법)	해직자 노조가입 허용, 공무원 노조가입 직급제한 폐지

대분류	세분류	법률명	주요 내용
IV. 포용적 복지사회	7. 노동자의 인간다운 삶 보장	근로기준법	주52시간제 현장 안착, 직장 내 괴롭힘 관련 규율 신설
		김용균법 (산업안전보건법)	위험의 외주화 금지, 원청의 안전보건 책임
		임금채권보장법	체불근로자 생계보호 강화 및 체불사업주 제재 강화
		생활물류 서비스산업발전법 (제)	택배서비스종사자 권익 증진
	8. 기초 학력 보장과 교육 확대	기초학력보장법 (제)	학생의 기초학력 보장 지원 위한 체계적, 종합적 법적근거 마련하고 기초학력 보장에 대한 국가책임 강화
		디지털 기반의 원격교육 활성화 기본법 (제)	원격교육에 대한 기본적 사항과 질 높은 원격교육이 이루어질 수 있도록 국가지원의 근거와 원격교육을 운영하는 교육기관의 역할 규정
		국민 평생 직업능력 개발법	전 국민의 생애주기 직업능력개발의 종합적·체계적 법제도 마련
V. 국민안전과 환경	1. 사회적 약자보호 기반 강화	유치원 3법(•유아교육법, •사립학교법, •학교급식법)	사립유치원 회계 투명성 강화
		민식이법(•도로교통법, •특정범죄 가중처벌법)	스쿨존 안전운전 의무
		학교안전사고 예방·보상법	학교안전사고 사각지대 노출 예방, 학교안전사고 피해 적정 보상 등
		스토킹범죄의 처벌법 (제)	스토킹범죄 처벌 근거 마련
		성폭력 방지 및 피해자보호법	디지털 성폭력 피해자 대상 국가의 불법 촬영 영상물 삭제 근거 마련
		가정폭력 방지 및 피해자보호법	가정폭력 피해자 보호시설 퇴소시 자립지원금 지원
		여성폭력방지 기본법 (제)	여성폭력방지위원회 신설, 여성폭력 방지정책의 종합적·체계적 추진
		군사법원법	폭력범죄, 군인 등의 사망사건의 원인이 되는 범죄 및 군인 등이 그 신분을 취득하기 전에 저지른 범죄를 군사법원의 재판권에서 제외 등

대분류	세분류	법률명	주요 내용
V. 국민안전과 환경	2. 국민생명과 안전한 대한민국	소방공무원법	소방공무원의 국가직 전환, 소방안전서비스 향상
		중대재해처벌법 ㉑	중대재해를 야기한 사업주, 경영책임자 등의 처벌을 규정
		가습기살균제 피해구제를 위한 특별법 ㉑	가습기살균제 건강피해 범 위 확대, 피해 인과관계 추 정 요건 완화 등
		의료법	수술실에 CCTV 설치
		지하안전관리에 관한 특별법	지하시설물로 인한 지반침 하와 이로 인한 안전사고를 예방
	3. 기후위기 대응	기후위기 대응을 위한 탄소 중립·녹색성장 기본법	기후위기 대응 체계 정비 탄소중립사회 이행과 녹색 성장 추진기반 마련(기후대 응기금 신설 등)
		미세먼지 저감 및 관리특별법 ㉑	미세먼지 고농도시 비상저 감조치 전국 확대
		물관리 일원화 3법(•물관리 기본법 ㉑, •물관리기술발 전 및 물산업 진흥법 ㉑, •정부조직법)	하천 관리 업무를 제외한 물 관리 업무의 환경부 일원화
VI. 자치분권과 균형발전	1. 실질적 자치분권 구현	지방자치법	주민참여권 강화, 자치입법 권 보장 확대
		지방일괄이양법(중앙행정권 한 및 사무 등의 지방 일괄 이양을 위한 물가안정법)	16개 부처 400개 국가사무 지방 이양
	2. 참여 확대와 재정분권	지방재정법	주민 예산참여 확대
		지방세법	지방소비세율, 소방안전교부세율 인상

대분류	세분류	법률명	주요 내용
VI. 자치분권과 균형발전	3. 지역균형 발전	국가균형발전법	국가혁신융복합단지 지정·육성 및 국가균형발전 시책
		국회법	세종특별자치시에 국회세종의사당 설치
		고향사랑 기부금법 ㊂	고향사랑 기부금의 모금·접수, 관리·운용 등에 관한 사항 규정
		중앙지방협력회의 구성 및 운영에 관한 법 ㊂	국가–지자체, 지자체–지역 간 균형발전 관련 주요 정책 심의를 위한 중앙지방협력회의 설치
	4. 농어업 소득보전 강화	농업농촌공익기능 증진 직접지불제도 운영법	농어업의 공익적 기능 제도적 보호
		양식산업발전법 ㊂	양식산업 생산력 및 경쟁력 제고
		임업진흥법	산촌특화발전사업 추진
VII. 한반도 평화와 번영	1. 남북관계 개선	남북교류협력법	협력사업범위 확대, 지자체 남북교류협력 활성화
	2. 국방력 강화	국방과학기술혁신 촉진법 ㊂	국방과학기술 발전을 위한 R&D 체계 구축
	3. 국제사회의 ODA 선도	국제개발협력기본법	국제개발협력위원회 기능·역할 강화

2. 공정과 개혁 관련 입법

공정과 개혁을 확보하기 위한 다양한 입법들이 있었다. 대표적으로 고위공직자 범죄 수사처 설치법 제정, 형사소송법과 검찰청법 개정, 국가정보원법 개정, 공직자 이해충돌방지법 제정, 5·18민주화운동 진상규명을 위한 특별법 제정, 제주4·3사건 진상규명 및 희생자 명예회복에 관한 특별법 제정, 행정기본법 제정, 데이터기반 행정활성화법 제정, 공정경제3법(▲상법, ▲독점규제 및 공정거래에 관한 법률, ▲금융복합기업집단의 감독에 관한 법률) 제개정, 그리고 국가재정법 시행령 개정 등이 있다.

1) 고위공직자 범죄 수사처 설치법 제정으로 공수처 설치

가장 대표적인 것이 '고위공직자 범죄 수사처 설치법'(공수처법)이라 할 수 있다. 공수처법은 지난 20년 이상 동안 시민사회에 의하여 오랫동안 제정이 요구되었던 법이었다. 검찰 등 고위공직자들에 의하여 지속적으로 부정부패가 발생함에도 이에 대한 엄정한 수사가 이루어지지 못한다는 비판이 오랫동안 있어왔다. 오랜 논란 끝에 2019년 공수처법이 제정되었다. 검찰을 비롯한 고위공직자의 직무 관련 부정부패를 독립된 위치에서 엄정수사하고 기소할 수 있는 기관인 '고위공직자 비리조사처'를 설치하여 고위공직자 등의 비리를 상시 감시하여 권력형 비리를 예방하고 이를 통해 검찰 등 고위공직자에 대한 국민적 신뢰 및 국가 투명성을 제고하고자 함이 공수처법의 제정 목적이다. 공수처법의 주요 내용은 다음과 같다.

> ‣ 고위공직자의 범죄행위에 대한 수사 및 공소의 제기·유지에 관한 직무를 수행하기 위하여 독립한 고위공직자비리조사처를 설치하도록 함
> ‣ 조사처에 처장, 차장, 특수검사, 수사관을 둠
> ‣ 고위공직자비리조사처장은 변호사의 자격이 있는 사람으로서 15년 이상 해당 분야의 실무 경험이 있는 사람 중 국회의 인사청문을 거쳐 대통령이 임명하도록 함
> ‣ 처장 및 차장의 임기는 5년으로 하고 중임할 수 없도록 함
> ‣ 처장, 차장 및 특수검사는 탄핵 또는 금고 이상의 형의 선고를 받은 경우가 아니면 본인의 의사에 반하여 면직되지 아니하도록 함
> ‣ 조사처는 국회의원, 대통령실장 등 대통령실 소속 공무원, 국무총리, 국무위원, 법관, 검사 등에 대한 범죄수사·공소제기와 그 유지 및 국민권익위원회가 고발한 사건에 대한 수사·공소제기와 그 유지 업무를 수행하도록 함
> ‣ 특수검사는 검사의 직무 및 검찰관의 직무를 수행할 수 있도록 함
> ‣ 특수검사는 범죄의 혐의가 인정되는 경우 공소를 제기하여야 함

2) 형사소송법 등 개정과 검경수사권 조정

검찰과 경찰 간의 수사권 조정을 목적으로 형사소송법, 검찰청법이 2020년에 개정되었다. 검·경 간의 대표적인 갈등이 범죄에 대한 수사권이었다. 범죄 수사에 대하여 검찰은 과도한 권한을 갖고 있고, 반대로 경찰은 충분한 권한을 갖고 있지 못하다는 지적은 오랫동안 이어져 왔다. 검찰권에 대한 적절한 견제의 부족은 국민의 권리를 보호하는데도 문제가 될 수밖에 없다는 지적에도 불구하고 이를 해소하기 위한 대표적인 방안으로서 검경 간 수사권 조정이 오랫동안 제대로 이루어지지 못하였다.

문재인 정부 출범과 더불어 검경 간 수사권 조정을 위한 본격적인 논의가 시작되었다. 논의 끝에 2018년 6월 21일 법무부 장관과 행정안전부 장관은 시대적 상황과 국민적 요구를 반영하여 「검경 수사권 조정 합의문」을 발표하였다. 주요 내용은 수사, 공소제기 및 공소유지에 관하여 검찰과 경찰 양 기관을 상호 협력관계로 설정하면서, 경찰에게는 1차 수사에서 보다 많은 자율권을 부여하고 검찰은 사법통제 역할을 더욱 충실히 함을 원칙으로 한 것이다. 이에 따라 경찰은 1차적 수사권 및 수사종결권을 가지고, 검찰은 기소권과 함께 특정 사건에 관한 직접 수사권·송치 후 수사권·사법경찰관 수사에 대한 보완수사 및 시정조치 요구권 등 사법통제 권한을 갖도록 하였다.

2020년 1월 개정된 형사소송법은 이와 같은 「검경 수사권 조정 합의문」의 문언과 취지를 반영함으로써 검찰과 경찰로 하여금 국민의 안전과 인권 수호를 위하여 협력하게 하고, 수사권이 국민을 위해 민주적이고 효율적으로 행사되도록 함으로써 국민의 신뢰를 회복할 수 있도록 하고자 하였다. 형사소송법 개정과 동시에 검찰청법도 개정하여, 검사의 특정 사건에 관한 직접 수사권을 구체화하여 검사의 직무 조항에 검사의 직접수사 범위를 규정하고, 검사의 범죄수사에 관한 지휘·감독 대상에서 일반사법경찰관리를 제외하며, 「형사소송법」에 검찰청 직원 조항 신설에 따라 검찰청 직원의 사법경찰관리로서의 직무 근거를 규정하였다. 개정된 형사소송법의 주요 내용은 다음과 같다.

- 검사와 사법경찰관은 수사, 공소제기 및 공소유지에 관하여 서로 협력하여야 하고, 수사를 위하여 준수하여야 하는 일반적 수사준칙에 관한 사항은 대통령령으로 정함
- 경무관, 총경, 경정, 경감, 경위는 사법경찰관으로서 범죄의 혐의가 있다고 사료하는 때에는 수사를 하고, 경사, 경장, 순경은 사법경찰관리로서 수사의 보조를 해야 함
- 검사는 필요한 경우 사법경찰관에게 보완수사를 요구할 수 있고, 사법경찰관은 정당한 이유가 없는 한 이에 따라야 함
- 검사는 사법경찰관리의 수사과정에서 법령 위반, 인권침해 또는 현저한 수사권 남용이 의심되는 경우 사법경찰관에게 사건기록 등본 송부, 시정조치, 사건 송치를 요구할 수 있고, 검찰총장 또는 각급 검찰청 검사장은 해당 사법경찰관리의 징계를 요구할 수 있음
- 검사가 사법경찰관이 신청한 영장을 정당한 이유 없이 판사에게 청구하지 아니한 경우 사법경찰관은 관할 고등검찰청에 영장 청구 여부에 대한 심의를 신청할 수 있고, 심의를 위해 각 고등검찰청에 외부 위원으로 구성된 영장심의위원회를 둠
- 사법경찰관이 범죄를 수사한 때, 범죄의 혐의가 인정되는 경우에는 지체 없이 검사에게 사건을 송치하고 관계 서류와 증거물을 송부하여야 하고, 검사는 송부 받은 60일 이내에 사법경찰관에게 반환하여야 함

3) 이해충돌방지법 제정과 공직자의 윤리 확보

공직자의 윤리를 확보하기 위한 입법도 이루어졌다. 공직자의 윤리는 공직자와 정부 자체의 신뢰 확보는 물론 정책의 신뢰를 확보하는데도 매우 중요한 기반이다. 공직자의 윤리는 다양한 방법을 통하여 확보될 수 있는데, 대표적인 것이 바로 공직자가 직면하는 이해충

돌을 사전에 방지하도록 하는 것이다. 이미 공직자의 이해충돌 방지는 OECD 주요 국가들에서 공직자의 윤리를 확보하기 위한 효과적 방법으로 활용되고 있다.

공직자의 이해충돌을 방지하기 위한 논의는 오래전부터 있어 왔지만 늘 논의에만 그치고 말았다. 공직자의 이해충돌 방지를 목적으로 하는 공직자의 이해충돌방지법이 2021년 4월 제정되었다. 이 법은 공직자가 직무를 수행할 때 자신의 사적 이해관계가 관련되어 공정하고 청렴한 직무수행이 저해되거나 저해될 우려가 있는 상황인 이해충돌을 사전에 예방·관리하고, 부당한 사적 이익 추구를 금지함으로써 공직자의 공정한 직무수행을 보장하고 공공기관에 대한 국민의 신뢰를 확보하려는 것이다. 이 법의 주요 내용은 다음과 같다.

▸ 사적이해관계자의 신고 및 회피·기피 신청
　– 공직자가 자신의 직무 관련자가 사적 이해관계자임을 안 경우 그 사실을 소속기관장에게 신고하고 회피를 신청하여야 하고, 직무 관련자 또는 이해관계자는 그 공직자의 소속기관장에게 기피를 신청할 수 있음
▸ 직무 관련 외부활동의 제한
　– 공직자는 직무 관련자에게 사적으로 노무 또는 조언·자문 등을 제공하고 대가를 받는 행위, 소속된 공공기관의 상대방인 개인 ·법인을 대리하거나 조언 ·자문 또는 정보를 제공하는 행위 및 직무와 관련된 다른 직위에 취임하는 행위 등을 하여서는 아니 됨.
▸ 공공기관 직무 관련 부동산 보유·매수 신고
▸ 고위공직자의 민간 부문 업무활동 내역 제출 및 공개
▸ 직무 관련자와의 거래 신고
▸ 가족 채용 제한
▸ 수의계약 체결 제한
▸ 공공기관 물품의 사적 사용·수익 금지
▸ 직무상 비밀 등 이용 금지
▸ 퇴직공직자 사적 접촉 신고

4) 행정기본법 제정과 행정의 신뢰성 제고

행정이 국민에게 미치는 영향은 절대적이다. 행정 자체가 국민을 위한 것이지만, 행정으로 인한 영향이나 효과가 늘 국민에게 긍정적으로 나타나는 것은 아니다. 오히려 국민에게 불이익과 불편을 초래하는 경우도 있다. 그럼에도 오랫동안 행정 관련 법의 집행을 위한 원칙과 기준이 제대로 마련되어 있지 않았다. 이와 같은 문제를 해소하기 위하여 행정기본법이 2021년 2월 제정되었다.

행정 법령은 국가 법령의 대부분을 차지하고 국민생활과 기업활동에 중대한 영향을 미치는 핵심 법령임에도 그동안 행정법 분야의 집행원칙과 기준이 되는 기본법이 없어 일선 공무원과 국민들이 복잡한 행정법 체계를 이해하기 어려웠고, 개별법마다 유사한 제도를 다르게 규정하고 있어 하나의 제도 개선을 위하여 수백 개의 법률을 정비해야 하는 문제점이 있었다.

이에 따라 부당결부금지의 원칙 등 학설·판례로 정립된 행정법의 일반원칙을 명문화하고, 행정 법령 개정 시 신법과 구법의 적용 기준, 수리가 필요한 신고의 효력 발생 시점 등 법 집행의 기준을 명확히 제시하며, 개별법에 산재해 있는 인허가의제 제도 등 유사한 제도의 공통 사항을 체계화함으로써 국민 혼란을 해소하고 행정의 신뢰성·효율성을 제고하고자 하였다.

또한 일부 개별법에 따라 운영되고 있는 처분에 대한 이의신청 제도를 확대하고, 법령이나 판례에 따라 인정되는 권익보호 수단에 더하여 처분의 재심사 제도를 도입하는 등 행정 분야에서 국민의 실체적 권리를 강화함으로써 국민 중심의 행정법 체계로 전환할 수 있도록 하고, 이를 통하여 국민의 권익 보호와 법치주의의 발전에 이바지하기 위하여 행정기본법이 제정되었다. 주요 내용은 다음과 같다.

> ‣ 행정의 법 원칙 명문화
> – 헌법 원칙 및 그동안 학설과 판례에 따라 확립된 원칙인 법치행정·평등·비례·권한
>   남용금지·신뢰보호·부당결부금지의 원칙 등을 행정의 법 원칙으로 규정함.
> ‣ 법령 등 개정 시 신법과 구법의 적용 기준
> – 당사자의 신청에 따른 처분은 처분 당시의 법령 등을 따르고, 제재처분은 위반행위
>   당시의 법령 등을 따르도록 하되, 제재처분 기준이 가벼워진 경우에는 변경된 법령
>   등을 적용하도록 함.
> ‣ 위법 또는 부당한 처분의 취소 및 적법한 처분의 철회
> – 행정청이 위법 또는 부당한 처분의 전부나 일부를 소급하여 또는 장래를 향하여 취
>   소할 수 있도록 함.
> ‣ 처분에 대한 이의신청 제도 확대
> – 행정청의 처분에 대해 이의가 있는 당사자는 행정청에 이의신청을 할 수 있도록 일
>   반적 근거를 마련함.
> ‣ 처분의 재심사 제도 도입

5) 공정경제 3법 제개정과 기업 투명성 등 제고

기업의 투명성과 건전성 등을 제고하기 위한 공정경제 3법이 제개정되었다. 기업이 경제에 미치는 중요성과 영향은 매우 높음에도 기업은 오랫동안 국민들의 불신을 받아왔다. 주로 기업경영의 불투명성, 불공정 거래, 내부통제의 취약 등이라 할 수 있다. 이와 같은 문제점들을 해소하기 위하여 공정경제 3법(상법, 독점규제 및 공정거래에 관한 법, 금융복합기업집단의 감독에 관한 법)이 제·개정되었다. 공정경제 3법 중 대표적인 것이 2020년 12월 개정된 상법이다.

기업에 대한 비판의 핵심은 기업 경영의 불투명성과 불공정성이다. 이를 방지하기 위하여 감사위원회가 도입되었지만 제도상의 미비로

이것이 제 역할을 하지 못하였으며, 소수 주주들의 권익도 제대로 보호받지 못한 것이 현실이다.

개정된 상법은 모회사의 대주주가 자회사를 설립하여 자회사의 자산 또는 사업 기회를 유용하거나 감사위원회 위원의 선임에 영향력을 발휘하여 그 직무의 독립성을 해치는 등의 전횡을 방지하고, 소수 주주의 권익을 보호하기 위하여 다중대표소송제와 감사위원회 위원 분리선출제를 도입함으로써 기업의 불투명한 의사결정 구조 개선을 통해 기업과 국가경제의 지속가능한 성장구조를 마련하고자 하였다.

또한 신주의 이익배당 기준일에 대한 실무상 혼란을 초래한 규정을 정비하여 신주의 발행일에 상관없이 이익배당 기준일을 기준으로 구주와 신주 모두에게 동등하게 이익배당을 할 수 있음을 명확히 하고, 전자투표를 할 수 있도록 한 경우에는 감사 등 선임 시 발행주식 총수의 4분의 1 이상의 결의 요건을 적용하지 않도록 주주총회 결의요건을 완화하였다. 또한 상장회사의 소수 주주권의 행사 요건에 대한 특례 규정이 일반규정에 따른 소수 주주권 행사에는 영향을 미치지 않음을 명확히 하는 등 현행 제도의 운영상 나타난 미비점을 개선·보완하고자 하였다. 주요 내용은 다음과 같다.

- 다중대표소송을 제기하기 위한 원고적격으로 모회사가 상장회사인 경우에는 모회사 발행주식총수 1만분의 50 이상을 6개월 이상 보유한 주주일 것을 요구
- 주주총회에서 이사 선임 시 일반 이사와 감사위원회위원을 담당할 이사를 분리하여 선임하도록 함
- 상장회사에서 사외이사인 감사위원회위원을 선임·해임할 경우에 발행주식총수의 3%를 초과하는 주식의 의결권을 제한
- 상장회사의 주주는 상장회사 특례규정에 따른 소수주주권 행사요건과 일반규정에 따른 소수주주권 행사요건을 선택적으로 주장할 수 있도록 함
- 전자투표를 실시하는 회사는 감사 및 감사위원회위원 선임 시 주주총회 결의요건을 출석한 주주 의결권의 과반수로 한정함으로써 발행주식총수 4분의 1 이상의 결의요건을 적용하지 않도록 함
- 배당실무에서의 혼란을 해소하고 주주총회의 분산 개최를 유도하기 위해, 영업년도 말을 배당기준일로 전제한 규정을 삭제함

6) 국가재정법 시행령 개정으로 국민참여예산제도 구체화

정부를 움직이는 핵심의 하나는 예산이다. 예산을 통해 국정의 모든 것들이 작동한다 해도 과언이 아니다. 그리고 그 예산을 통하여 정책이 집행되며, 그 결과는 국민에게 절대적 영향을 미친다. 정부의 예산은 국민이 납부한 세금에 기초하여 마련된다. 그런데 정작 국민들은 국가 예산을 제대로 알 수 없다. 예산에 접근하기도 어렵고, 예산을 이해하는 것은 더더욱 어렵다. 국민의 참여를 강조하지만 정작 가장 중요한 국가예산에 이르는 길은 막혀있다. 국가예산 과정에 국민의 참여가 중요하지 않을 수 없다.

문재인 정부는 2017년 11월 국가재정법 시행령을 개정하여 국가예산과정에 국민참여를 제고하고자 하였다. 기존 국가재정법상 예산과정에의 국민참여에 관한 근거가 있으나, 시행령에 절차적 사항이 규

정되지 않았었다. 국가재정법 제16조에 규정된 "정부는 국민참여를 제고하기 위해 노력하여야 한다"는 내용에 따라 시행령을 개정하여 국민참여를 제고하기 위한 절차적 사항을 정하도록 하였다.

▸ 예산과정에의 국민참여 조항 신설
 − '기획재정부 장관이 국가재정법 제16조 제4호에 따른 국민참여를 제고하기 위한 구체적 절차를 마련하여 시행'할 것을 규정함으로써 국민참여 절차 마련의 근거를 명확화
 − '정부는 국민 의견을 예산편성시 반영할 수 있다'고 규정하여 국민 의견이 헌법과 국가재정법 상 정부의 예산편성권을 침해하지 않음을 명시
 − 국민이 예산과정에 참여할 수 있는 기구 운영의 근거 규정 마련

3. 혁신성장 관련 입법

1) 소재·부품전문기업 등의 육성 특별조치법 개정과 소부장 산업 육성

2019년 7월 1일 일본은 우리나라에 대해 핵심소재에 대한 수출규제를 전격적으로 발표했다. 소재·부품·장비는 우리 산업을 떠받치는 허리산업이다. 우리나라의 소부장 산업은 외형적으로 크게 성장하였지만 특정국에 대한 높은 의존도, 낮은 기술자립도, 수요-공급기업 간 협력 부족으로 인한 자체 공급망 형성이 취약하였다. 이와 같은 문제점을 해소하기 위하여 2019년 9월 소재·부품전문기업 등의 육성 특별조치법을 개정하였다.

소재·부품·장비산업은 우리나라 제조업 경쟁력의 핵심요소로서 주요 산업의 파급효과가 크기 때문에 기술력과 안정적 공급의 확보가 매

우 중요하다. 현행법이 제정된 2001년 이후 소재·부품·장비 분야는 생산 3배, 수출 5배 등 외형적으로 크게 성장하였고, 산업발전을 위한 기반 조성에도 크게 기여하였다. 그러나 해외 의존 구조의 지속, 수요·공급기업 간 협력모델의 부재, 기획-기술개발-실증·양산테스트-생산단계의 단절 등으로 산업의 질적 고도화와 미래 제조업의 성장에 기여하는데 한계가 있었다.

이에 따라 소재·부품과 장비 간에 결합성이 강화되는 현실을 반영하고, 국내 공급망의 안정적 구축과 산업 전반의 경쟁력을 강화하는 법제도적 기반을 새롭게 마련할 필요성이 커졌다. 이에 대응하기 위해서 현행법의 적용 대상에 장비산업을 포함하고, 산업 전반의 생태계 조성, 투자 확대, 기업·대학·연구소 간 협업, 관련 규제 특례의 근거 등을 새롭게 규정하는 한편, 법의 제명을 「소재·부품·장비산업 경쟁력 강화를 위한 특별조치법」으로 변경하였다. 전체적인 체계와 조문을 정비하여 기존의 소재·부품·장비산업의 기업 단위 육성을 소재·부품·장비산업 전반의 경쟁력 강화와 건전한 생태계 구축을 통한 국가안보 및 국민경제의 지속적인 성장에의 기여로 전환하였다. 개정된 주요 내용은 다음과 같다.

- 소재·부품전문기업의 육성에 초점이 맞춰진 현행법의 정책 대상에 장비산업을 추가하여 산업 전반의 경쟁력 강화를 고려함.
- 소재·부품·장비산업의 발전기반을 조성하고, 산업기술역량의 축적 등 소재·부품·장비산업의 경쟁력 강화 및 건전한 생태계 구축을 통하여 국가안보 및 국민경제의 지속적인 성장에 이바지함을 목적으로 함
- 계획의 수립 및 추진 실적의 평가, 소재·부품·장비 관련 기업 간 협력모델 검토 및 승인, 소재·부품·장비 핵심전략기술의 선정·관리 등에 관한 사항을 심의·조정하기 위하여 대통령 소속으로 소재·부품·장비 경쟁력위원회를 신설함
- 핵심전략기술과 관련하여 기술혁신 역량과 생산능력 등을 갖춘 기업이나 성장이 유망한 기업의 육성을 위해 특화선도기업의 지정 및 이에 관한 지원 근거를 신설함
- 소재·부품·장비의 실증시험·신뢰성평가·성능검증 등을 촉진하기 위하여 공기업 등이 보유한 실증·생산 관련 시설을 소재·부품·장비 기업에게 개방·활용 근거를 마련함
- 소재·부품·장비기업이 개발한 기술개발제품의 수요 창출을 위한 제품의 우선구매 등의 지원 근거를 마련함
- 소재·부품·장비산업의 진흥을 위하여 소재·부품·장비 특화단지를 지정하고, 특화단지에 대한 지원 근거를 명시함
- 소재·부품·장비산업 경쟁력강화 기본계획의 안정적 추진을 위한 재원 확보와 관련 사업의 효율적 시행을 위하여 소재·부품·장비경쟁력강화특별회계의 설치 근거를 마련

2) 규제 샌드박스 4법의 개정으로 혁신성장 지원

혁신적인 성장이 가능하기 위해서는 기업 활동이나 새로운 제품을 개발함에 있어서 과도한 규제가 아닌 혁신 촉진적인 기업환경이 조성되어야 한다. 이를 위한 목적으로 규제 샌드박스 4법(산업융합촉진법, 정보통신 진흥 및 융합활성화특별법, 금융혁신지원특별법, 규제자유특구 및 지역특화발전특구 규제특례법)이 개정되었다. 이를 통해 기업의 혁신활동 촉진 및 새로운 시장의 조성이 가능해진다. 이와 관련된 법률 중 2021년 3월 개정된 '규제자유특구 및 지역특화발전특구에 관한 규제특례법'을 예로 들 수 있다.

최근 인공지능·VR·자율주행·핀테크 등 기술혁신이 산업 판도를 근본적으로 변화시키고 있으며, 이는 예측이 불가능할 정도로 빠르게 진행되고 있다. 이 같은 기술혁신을 선도하고 효율적으로 대응하기 위해서는 신기술을 활용한 새로운 서비스 또는 제품 등을 규제제약 없이 실증하고 사업화할 수 있는 기업 환경을 조성하는 것이 무엇보다 중요하다.

이에 세계 각국은 산업별 시장 선점을 위해 정부 차원의 과감한 투자와 규제혁신을 추진하고 있으나 우리나라는 기업의 기술개발과 시장진입에 따르는 과도한 규제로 인해 신산업 발전기반이 상대적으로 취약하여 역량과 자원이 수도권에 집중되어 있고, 지역산업은 상대적으로 침체되어 있다.

이러한 요청에 따라 '한국형 규제 샌드박스' 제도인 규제자유특구를 도입하여 지역발전전략의 다극화 및 규제혁신을 통한 신산업의 육성·발전으로 지역과 국가의 경쟁력을 강화시키고, 4차 산업혁명의 네트워크 경쟁시대를 선도하기 위하여 법률을 개정하였다.

그러나 규제 샌드박스 승인 후 실증특례 만료 시(22년)까지 관련 법령이 정비되지 않으면 사업중단 우려를 업계에서 제기하였다. 규제 샌드박스 사업중단 우려를 해소하기 위해 실증특례 기간 만료 전 사업자의 법령 정비 요청제 도입, 법령정비의 필요성 판단 구체화, 안전성 등이 입증되어 법령 정비에 착수한 경우에는 임시허가를 할 수 있는 근거를 마련하였다.

또한 신기술 및 신산업의 경우 가입 가능한 책임보험상품이 없거나 보험료 산정이 어려운 점이 있기에 공제 등에도 가입할 수 있도록 하고, 특구계획 변경 절차를 간소화하는 등 규제자유특구 제도 운영과정에서 나타난 제도적 미비점을 보완하였다. 개정된 주요 내용은 다음과 같다.

> ‣ 규제의 판단 여부가 명확하지 않아 어려움을 겪고 있는 기업들의 불확실성 해소를 위해 규제 여부가 분명하지 않으면 실증특례 부여 사유로 추가하여 규제의 범위를 명확히 함
> ‣ 실증특례 유효기간 연장사유에 "부득이한 사유로 실증이 지연된 경우"를 추가하여 사업의 연속성을 보장하고자 함
> ‣ 규제 샌드박스 사업중단 우려를 해소하기 위해 실증특례 기간 만료 전 사업자의 법령 정비 요청제 도입, 법령 정비의 필요성 판단 절차 구체화, 안전성 등이 입증되어 법령 정비에 착수한 경우에는 임시허가를 할 수 있는 근거를 마련하고자 함
> ‣ 실증특례나 임시허가를 부여받은 사업자의 의무가입 범위에 책임보험 외에 공제 등도 포함되도록 범위를 확대하도록 함

3) 데이터 3법 개정과 데이터 산업의 활성화

최근 데이터 관련 산업이 주목을 받고 있다. 데이터의 중요성은 이미 오래전부터 부각된 것이지만, 최근에는 새로운 산업과 성장동력의 핵심으로 인식되고 있으며, 데이터 기반 산업의 확대를 위한 경쟁이 심화되고 있다. 우리나라도 예외는 아니어서 대부분의 산업에서 데이터가 강조되고 있다. 그런데 데이터가 활용되면 될수록 비례하여 중요한 것이 바로 개인정보이다. 개인정보가 확보되지 않는 가운데 데이터의 이용이 확대되는 것은 어렵다. 이에 따라 데이터 3법(개인정보보호법, 정보통신망 이용촉진 및 정보보호법, 신용정보 이용 및 보호법)이 개정되었다. 이 중에서 개인정보 보호와 신산업 경쟁력 육성·발전을 위하여 2020년 1월 개정된 '개인정보 보호법'을 들 수 있다.

데이터의 이용 활성화를 통한 신산업 육성이 국가경쟁력 확보를 위

한 핵심적 과제로 대두되었다. 특히 신산업 육성을 위해서는 인공지능(AI), 클라우드, 사물인터넷(IoT) 등을 활용한 데이터 이용이 필수적이다.

그러나 기존법은 개인정보의 개념 모호성 등으로 수범자의 혼란이 발생하는 등 한계가 있고, 개인정보 보호 감독기능은 행정안전부·방송통신위원회·개인정보 보호위원회 등으로, 개인정보 보호 관련 법령은 현행법과 「정보통신망 이용촉진 및 정보보호 등에 관한 법률」 등으로 분산되어 있어 감독기구와 개인정보 보호 법령의 체계적 정비 필요성이 존대하였다.

이에 따라 개인정보 보호법을 개정하여 개인정보의 개념을 명확히 하여 혼란을 줄이고, 안전하게 데이터를 활용하기 위한 방법과 기준 등을 새롭게 마련하여 데이터를 기반으로 하는 새로운 기술·제품·서비스의 개발 등 산업적 목적을 포함하는 과학적 연구, 통계작성, 공익적 기록보존 등의 목적으로도 가명정보를 이용할 수 있도록 하였다.

개인정보처리자의 책임성을 강화하기 위한 각종 의무 부과 및 위반 시 과징금 도입 등 처벌도 강화해서 개인정보를 안전하게 보호할 수 있도록 제도적인 장치를 마련함과 동시에, 개인정보의 오·남용 및 유출 등을 감독할 감독기구는 개인정보 보호위원회로, 관련 법률의 유사·중복 규정은 「개인정보 보호법」으로 일원화하여, 개인정보의 보호를 강화하면서도 관련 산업의 경쟁력 발전을 조화롭게 모색할 수 있도록 하였다. 개정법률의 주요 내용은 다음과 같다.

- 개인정보와 관련된 개념체계 개인정보·가명정보·익명정보로 명확히 하고, 가명정보는 통계작성, 과학적 연구, 공익적 기록보존의 목적으로 처리할 수 있도록 하며, 서로 다른 개인정보 처리자가 보유하는 가명정보는 대통령령으로 정하는 보안시설을 갖춘 전문기관을 통해서만 결합할 수 있도록 하고, 전문기관의 승인을 거쳐 반출을 허용함
- 가명정보를 처리하는 경우에는 관련 기록을 작성·보관하는 등 대통령령으로 정하는 안전성 확보조치를 하도록 하고, 특정 개인을 알아보는 행위를 금지하는 한편 이를 위반하는 경우 형사처벌, 과징금 등의 벌칙을 부과하도록 함
- 개인정보 보호위원회를 국무총리 소속 중앙행정기관으로 격상하는 한편, 현행법상 행정안전부 및 방송통신위원회의 개인정보 보호 관련 기능을 개인정보 보호위원회로 이관하여 개인정보 보호 컨트롤타워 기능을 강화함
- 「정보통신망 이용촉진 및 정보보호 등에 관한 법률」의 개인정보 보호 관련 규정을 삭제하면서, 국외 이전 시 보호 조치, 국외 재이전, 국내대리인, 손해배상 보험 등 현행법과 상이하거나 「정보통신망 이용촉진 및 정보보호 등에 관한 법률」에만 있는 규정을 특례로 규정함

4) 벤처투자촉진법 제정과 벤처기업 육성

우리나라의 지속가능한 성장을 가능하게 하는 핵심적인 동력으로서 벤처기업의 역할이 지속적으로 증대되고 있다. 전통적인 제조업과 더불어 새롭게 급성장한 벤처기업들이 우리나라 경제의 핵심으로 등장하였다. 벤처기업은 수많은 실패속에서 만들어진다는 점에서 벤처활동과 벤처기업에 대한 투자는 매우 중요하다. 벤처기업에 대한 투자의 촉진을 위하여 2020년 1월 「벤처투자 촉진법」이 제정되었다.

그동안의 벤처투자 제도는 투자 주체별로 「벤처기업육성에 관한 특별조치법」 및 「중소기업창업 지원법」에 각각 분산되어 있어 국민들이 쉽고 체계적으로 이해하기 어렵고, 투자 대상 등을 제한적으로 규정하고 있어 벤처투자 시장의 환경 변화에 탄력적으로 대응하기 어려운 문제점이 있었다.

이에 따라 창업자, 중소기업 및 벤처기업 등에 대한 투자 활성화 기반을 조성하고 벤처투자 산업을 종합적·체계적으로 육성하기 위하여 개별법에 따라 각각 운영되어 왔던 벤처투자에 관한 사항을 이 법에 통합하여 규정하였다.

벤처투자촉진법은 투자역량을 갖춘 전문적인 개인투자자를 발굴하고 건전한 개인투자 문화를 확산하기 위하여 전문개인투자자 등록제를 도입하고, 성장잠재력이 높은 우수한 기업 등에 대한 다양한 투자를 촉진하기 위하여 벤처투자조합 등의 결성주체를 확대하며, 개인투자조합 및 중소기업창업투자회사 등의 의무투자비율 산정기준을 합리적으로 조정하는 등 벤처투자 제도를 근본적으로 시장친화적인 관점에서 마련하기 위하여 제정되었다. 제정법의 주요 내용은 다음과 같다.

▸ 전문개인투자자 등록제 도입
  – 벤처투자를 하는 개인으로서 이 법의 적용을 받으려는 사람은 투자실적, 경력 및 자격요건 등을 갖추어 중소벤처기업부 장관에게 전문개인투자자로 등록하도록 함.
▸ 개인투자조합의 의무투자비율 산정기준 변경
  – 동일한 업무집행조합원이 운용하는 모든 개인투자조합 출자금액의 합의 50%의 범위에서 일정 비율 및 각 개인투자조합의 출자금액의 40%의 범위에서 일정 비율 이상만을 벤처기업과 창업자에 대한 투자에 사용하도록 하고, 그 외의 자금에 대해서는 자유로운 투자를 허용함.
▸ 중소기업창업투자회사의 의무투자비율 산정기준 변경 및 직무 관련 정보의 이용금지 의무 신설
  – 중소기업창업투자회사의 자본금과 운용 중인 모든 벤처투자조합의 출자금액의 합을 기준으로 하도록 변경함.
  – 중소기업창업투자회사의 임직원 등은 외부에 공개되지 아니한 직무와 관련된 정보를 정당한 사유 없이 자기 또는 제3자의 이익을 위하여 이용할 수 없도록 함.

▸ 한국벤처투자조합과 중소기업창업투자조합의 통합·일원화 등
  − 「벤처기업육성에 관한 특별조치법」에 따른 한국벤처투자조합과 「중소기업창업 지
    원법」에 따른 중소기업창업투자조합을 통합하여 벤처투자조합으로 일원화함.
▸ 한국벤처투자의 설립 근거 마련 등

4. 사람중심 경제 관련 입법

1) 소상공인기본법 제정과 소상공인의 지원과 육성

사람중심 경제의 핵심은 대기업과 더불어 경제의 주체가 되는 소상공인들이라 할 수 있다. 소상공인에 대한 다양한 지원책들이 마련되어 시행되지만, 소상공인들에 대한 지원과 육성을 위한 법체계는 미비하였다. 이에 따라 소상공인들에 대한 소극적 보호를 넘어 적극적인 지원과 육성을 위한 목적으로 2020년 1월 「소상공인 기본법」이 제정되었다.

그동안 소상공인들의 지원 및 규제를 통한 보호 등을 위한 여러 개별법들이 시행되고 있지만, 소상공인 문제를 직접적, 근본적으로 해결하는데 한계가 있었다는 점에서 법체계의 정비가 필요하였다.

소상공인기본법은 소상공인 영역을 경제정책의 독립 분야로 보고 이들에게 특화된 법을 제정한 것으로, 소상공인에 대한 법적 지위와 권리를 보장하고, 소상공인 정책의 통일성과 체계성을 확보하여 소상공인이 당면한 문제의 해결책을 모색하는 한편, 소상공인 정책의 지속성을 담보하는 등 소상공인의 성장 및 지원에 기여하는데 목적이 있다. 이 법의 주요 내용은 다음과 같다.

- 정부는 소상공인의 보호 및 육성을 지원하기 위하여 3년마다 소상공인 지원 기본계획을 수립함
- 소상공인의 보호 및 육성과 관련된 주요 정책 및 계획과 그 이행에 관한 사항을 심의·조정하기 위하여 중소벤처기업부에 소상공인정책심의회를 둠
- 다양한 소상공인 육성 및 생활안정 시책, 보호시책 등을 실시할 수 있도록 함
- 정부는 소상공인시책의 수립 등에 필요한 소상공인 현황 파악 등 조사, 연구 및 평가를 수행하는 전문연구평가기관을 설치할 수 있도록 함

2) 소상공인 생계형 적합업종 지정특별법 제정과 소상공인 보호

경제적으로 열위에 있는 소상공인들을 보호하기 위한 많은 노력들이 있었지만 여전히 대기업에 의한 소상공인 영역의 진입이 확대되는 등 소상공인들의 경영 환경은 갈수록 어려워졌다. 소상공인들이 주로 활동하는 골목 상권과도 밀접하게 연결되며, 소상공인들은 그 자체로서 생계형 업종에 주로 집중되어 있다는 점에서 문제의 심각성이 있다. 이에 2018년 5월 소상공인 생계형 적합업종 지정특별법이 제정되었다.

1979년부터 중소기업을 보호하기 위하여 특정업종에 대한 중소기업 고유업종제도를 시행해 오다가 2006년에 폐지되었다. 고유업종제도 폐지 이후 2009년부터 2014년까지 재벌그룹의 계열사가 모두 477개 증가하였는데, 제조업 및 농림어업, 건설업 분야는 90개(18.9%) 증가한 반면, 생계형 소상공인이 주로 영위하는 분야에서는 387개(81.1%)가 증가하여 대부분 소상공인 사업영역에 집중되었다.

대기업들이 고유업종제도 폐지 이후 진출한 분야는 전통적으로 소규모 영세 소상공인들이 사업을 영위해온 음식료, 제과, 도소매 등으로, 자본이나 고도한 기술 대신 단순한 노무투입이 많아 부가가치 창

출이 낮고 소규모 사업체들이 다수를 점하고 있으면서 진입장벽이 낮은 이른바 '생계형' 사업 분야로, 대기업의 진출은 소상공인들의 시장 매출과 점유율 하락 및 경영 환경 악화로 이어졌다.

생계형 업종은 영세 소상공인들로, 대부분 가족 구성원이 중심이 돼 가족의 생계를 유지하고 있기 때문에 이들의 몰락은 가계부채 문제와 실업증가 및 저소득층 증가로 이어져 국가 재정부담뿐 아니라 사회적 비용의 증가 등을 초래할 수 있어 시급한 보호가 필요함에도 이들에 대한 제도는 미흡하였다.

「대·중소기업 상생협력 촉진에 관한 법률」에 따라 동반성장위원회에서 중소기업 적합업종제도를 운영하고 있으나, 영세 소상공인에 대한 보호에 한계가 있어 생존권을 위협받을 수밖에 없는 실정이었다. 이에 사회적·경제적 보호가 시급한 영세 소상공인들 사이에서 경쟁하고 사업을 유지할 수 있는 사업 분야를 생계형 적합업종으로 지정하고 대기업의 진출을 억제해 영세 소상공인의 생존권을 보호하고 국민경제의 균등한 발전을 도모하고자 이 법률이 제정되었다. 주요 내용은 다음과 같다.

- 생계형 적합업종의 지정 및 해제 등의 심의·의결을 위하여 중소벤처기업부 장관 소속으로 생계형 적합업종 심의위원회를 둠
- 소상공인단체는 적합업종 품목 중 1년 이내에 합의 기간이 만료되는 업종·품목, 적합업종 합의도출이 신청된 품목 중 대기업이 사업을 인수·개시 또는 확장함으로써 해당 업종·품목을 영위하고 있는 소상공인이 현저하게 피해를 입거나 입을 우려가 있어 이를 시급히 보호할 필요가 있는 업종·품목에 대해 동반성장위원회의 추천을 거쳐 중소벤처기업부 장관에게 생계형 적합업종 지정을 신청할 수 있고, 중소벤처기업부 장관은 동반성장위원회가 생계형 적합업종의 지정을 추천한 날로부터 3개월 이내에 심의위원회의 심의·의결에 따라 생계형 적합업종을 지정·고시함
- 대기업 등은 생계형 적합업종의 사업을 인수·개시 또는 확장하여서는 아니되나, 중소벤처기업부 장관은 소비자 후생 및 관련 산업에의 영향을 고려하여 불가피하다고 인정되는 경우에는 심의위원회의 심의·의결에 따라 대기업 등이 생계형 적합업종의 사업을 인수·개시 또는 확장할 수 있도록 승인할 수 있음
- 중소벤처기업부 장관은 대기업 등이 따른 시정명령을 받은 후 그 정한 기간 내에 이행하지 아니하면 위반행위와 관련된 매출액의 5%내에서 대통령령으로 정하는 금액을 이행강제금으로 부과·징수할 수 있음
- 중소벤처기업부 장관은 생계형 적합업종의 지정·고시 당시 해당 업종·품목을 영위하고 있는 대기업 등에 대하여 3년 이내의 기간을 정하여 품목·수량·시설·용역과 판매 촉진활동 등 영업범위를 제한할 것을 권고할 수 있음

5. 포용적 복지 관련 입법

1) 코로나 3법의 제정과 감염병 대응력 강화

2020년 국내에 본격적으로 확산되기 시작한 코로나19에 효과적으로 대응하기 위하여 코로나 3법(감염병 예방 및 관리법, 검역법, 의료법)이 개정되었다. 이전부터 주기적으로 반복 발생하는 지구적 차원의 감염병에 적극적이고 체계적으로 대응하지 않으며 안 되는 상황이 되었다. 이중 대표적인 것으로 2020년 2월 개정된 「감염병의 예방 및 관리에

관한 법」을 들 수 있다.

최근 코로나19의 확산을 계기로 감염병 예방과 관리의 중요성이 더욱 커졌다. 특히 감염병 예방에 있어서 투명한 정보의 개방과 공유가 무엇보다도 중요함을 알게 되었다. 이에 따라 감염병 예방관리법을 개정하여 감염병 위기 시 대국민 정보공유의 중요성을 감안해 정보공개의 방법 등에 관한 사항을 명확히 규정하며, 국가적 차원의 감염병 대응 역량 강화를 위하여 감염병 의심자에 대한 조치 근거를 마련하고, 감염병의 예방, 방역 및 치료에 필수적인 의약외품, 의약품, 물품에 대한 수출과 국외 반출 금지 근거를 신설하였다.

또한, 역학조사관의 인력을 확대하며 시장·군수·구청장도 필요한 경우에 방역관 및 역학조사관을 임명할 수 있게 하며, 감염병관리기관의 지정 주체에 보건복지부 장관을 추가하며, 감염병병원체 감시 및 검체 수집에 관한 사항을 명확하게 규정하였다. 또한 감염 취약계층에게 마스크를 지급할 수 있도록 하고, 의료인과 약사 등에게 환자의 해외 여행력 정보를 확인하도록 함으로써 감염병으로 인한 국가위기 상황에 보다 효과적으로 대응할 수 있도록 하였다. 개정된 주요 내용은 다음과 같다.

- 감염병 기본계획에 감염병 위기 대비 비축물자 관리계획을 추가함
- 감염병관리에 대한 실태조사 실시와 결과 공표의무를 부과함
- 감염병위기 시 정보공개 범위, 절차 등을 구체화하여 법률에 명시함
- 의약외품 등의 수출 또는 국외 반출 금지 근거와 이에 위반할 경우 벌칙 부과 근거를 마련함
- 감염병 의심자에 대한 자가·시설 격리 및 증상 여부 확인 등의 조치 근거를 마련하고, 입원·격리조치를 위반하는 경우에 대한 벌칙을 상향 조정함
- 감염 취약계층에 감염예방 마스크 지급 등 필요한 조치를 취할 수 있도록 함
- 시장·군수·구청장의 방역관 및 역학조사관 임명 근거를 마련하고 역학조사관 인력을 확대함
- 위치정보 요청권자에 시·도지사 및 시장·군수·구청장을 추가하고, 감염병 예방 및 감염 전파의 차단을 위하여 보건의료기관에 감염병환자 등, 감염병 의심자의 이동경로 정보를 제공하도록 하며 의료인, 약사 및 보건의료기관의 장에게 환자의 해외여행력 정보 확인의 의무를 부과함

2) 초중등 교육법 개정과 고등학교 무상교육 실시

교육은 헌법 상 국민이 누려야 할 기본권이기 때문에 지속적으로 국민에 대한 무상교육을 확대하였다. 그러나 오랫동안 무상교육은 중학교까지만 적용되었다. 이에 고등학교까지 무상교육을 확대하는 초중등 교육법이 2019년 11월 개정되었다. 무상교육의 대상이 획기적으로 확대될 수 있게 되었다.

2017년 기준으로 우리나라 고교진학률은 99.7%로 대부분의 학생이 고등학교에 진학하고 있어 고등학교 교육과정에 대한 보편적 무상교육을 실시할 필요성이 지속적으로 제기되었다. 이러한 상황 속에서 우리나라의 민간부담 공교육비 비율은 OECD 국가 평균에 비해 2.7배 수준으로 높지만, 이에 비례하는 국가의 교육비 투자는 이루어지지 않았다.

이에 초중등 교육법을 개정해 고등학교 교육을 무상으로 실시하는 근거를 마련함으로써 국민의 기본권인 교육권을 더욱 강화하고 교육비 부담을 덜어 교육복지국가를 실현하고자 하였다.

3) 국민건강보험법 시행령 개정과 국민건강보험의 보장성 강화

국민에 대한 복지의 핵심은 건강에 대한 국민의 역할 강화라고 할 수 있다. 건강관리와 질병 치료에 대한 경제적 부담이 높게 되면 국민의 삶의 질을 높일 수 없다. 이를 위하여 건강보험상 보장성 강화를 지속적으로 확대할 필요성이 있다. 2017년 9월 국민건강보험법 시행령을 개정하여 국민건강보험의 보장성을 강화하였다..

그동안 건강보험 적용 범위를 지속적으로 확대해 왔으나, 보장률은 60% 초반에서 정체해 있으며, 건강보험이 적용되지 않는 비급여의 비중이 높아 국민들이 직접 부담하는 의료비가 선진국에 비해 매우 높은 실정이었다. 이것은 중증질환으로 인한 고액 의료비 발생 위험에 대비하는 책임이 많은 부분 개인에게 맡겨져 있다는 것을 의미한다.

특히 저소득층은 재난적 의료비 발생 등 위험에 더욱 크게 노출되어 있으나, 소득 대비 건강보험 의료비 상한금액 비율은 고소득층보다 더 높아 이들에 대한 보호장치 마련이 시급한 상황이었다. 시행령을 개정하여 저소득층에 대한 의료비 부담을 낮추고, 환자 특성에 따른 부담금 비율 등을 조정하여 건강보험에 대한 국민들의 직접적인 경제적 부담이 경감되도록 하였다.

- 중증 치매질환에 대해 환자가 100분의 10만 부담하도록 하고, 소득 수준이 낮아 본인부담금 경감 대상에 해당하는 중증 치매질환에 대해서는 100분의 5만 본인부담
- 6세 미만 15세 이하 아동 입원진료비용의 경우 환자가 100분의 5만 부담하도록 하되, 본인부담금 경감 대상에 해당하는 아동은 100분의 3만 부담
- 65세 이상 노인의 틀니 비용의 경우 환자가 100분의 30분 부담, 소득 수준이 낮아 본인부담금 경감 대상에 해당하는 65세 이상 노인의 경우 100분의 5 또는 100분의 15만 부담
- 난임 진료를 건강보험 급여 대상으로 편입하되, 환자가 난임진료비의 100분의 30에 해당하는 비용만 부담하도록 하고, 소득 수준이 낮아 본인부담금 경감 대상에 해당하는 사람은 원칙적으로 100분의 14만 부담

4) 장애인복지법 개정과 장애인 권리 강화

장애인에 대한 맞춤형 서비스의 제공과 복지 사각지대의 해소를 위한 장애인복지법이 2017년 12월 개정되었다. 특히 오랫동안의 과제였던 장애 등급제의 폐지에 따른 제도의 정비 등이 반영되었다.

즉 장애등급제 개편 사항을 반영하기 위하여 '장애 등급'을 '장애 정도'로 변경하고, 맞춤형 서비스 제공을 위하여 '서비스 지원 종합조사'를 실시할 수 있는 법적 근거를 마련하였다. 또한 자립생활 지원과 관련하여 국가와 지방자치단체의 책무 대상을 중증장애인에서 장애인으로 확대하고, 장애인에 대한 방문상담 및 사례관리 수행 근거를 마련함으로써 복지사각지대가 해소되도록 하였다.

한편, 장애인 학대 예방 및 사후지원 강화를 위하여 장애인 권익 옹호기관의 기능을 강화하기 위하여 필요한 각종 조치들을 법률에 규정하고, 장애인 학대 및 장애인 대상 성범죄 신고인에 대한 보다 효과적인 보호를 위하여 「특정범죄신고자등 보호법」의 일부 규정을 준용하고 신고인에 대한 불이익조치 금지를 명문화하였다.

5) 치매관리법 개정과 국가치매 책임제의 강화

치매환자의 증가와 이에 따른 가족의 부담 증가에도 이를 경감할 수 있는 국가적 제도와 지원이 미흡하였다. 치매 관리를 위한 인프라의 확충과 가족의 부담을 경감하는 치매 국가책임제를 강화하기 위하여 2018년 5월 치매관리법이 개정되었다.

기존법은 치매관리를 치매의 예방과 진료·요양 및 조사·연구 등으로 정의하고 있는데, 치매는 의학적 치료에 한계가 있을 뿐 아니라 그 증상을 환자 본인 및 가족 등이 감당하기 어렵다는 점에서, 개정법에서는 치매관리의 정의에 치매환자에 대한 보호·지원을 명시함으로써 치매환자에 대한 국가의 보호·지원 책무를 강화하였다.

또한 치매환자의 증가 추세에도 의료 인프라가 부족한 현실을 고려할 때 치매환자들이 진단에서부터 치료·요양에 이르는 전 과정에서 체계적이고 전문적인 의료서비스를 제공할 수 있는 전문 의료기관의 확충이 요구되고 있는 바, 지역사회를 기반으로 한 치매안심병원을 지정하고 치매안심센터를 설치하기 위한 근거를 마련하였다.

한편, 각 지방자치단체에서 치매 등 노인성 질병에 대한 진료사업을 수행하기 위하여 공립요양병원을 설치·운영하고 있으나, 지방자치단체별 조례로 상이하게 규율되고 있으므로 국가 차원의 일관성 있는 의료행정을 도모하기 위하여 공립요양병원의 설치·운영 근거를 법률에 마련하였다.

6) 고용보험법 개정과 특수형태근로자의 고용보험 가입 확대

코로나19의 확산과 플랫폼 산업의 확대 등으로 택배 종사자 등 특수형태근로종사자가 급증하였다. 그러나 이들은 근로자임에도 전통적인 고용의 형태가 아니라는 이유로 고용보험 가입 대상에서 오랫동안 배제되었다. 2020년 12월 고용보험법을 개정하여 특수형태근로종사자의 고용보험 가입 대상을 확대하였다.

즉 코로나19의 확산으로 사회적 취약계층에 대한 보호의 필요성이 커지고 있는 상황에서 실업의 위험에 노출되어 있는 특수형태근로종사자 등 노무제공자의 생활 안정과 조기 재취업 기회를 확대하기 위하여 고용보험의 피보험자격 및 구직급여 등에 관한 규정을 일정한 직종의 노무제공자에게도 적용하고, 노무제공자가 출산 또는 유산·사산으로 노무를 제공할 수 없는 경우에는 출산전후 급여 등을 지급하도록 함으로써 고용보험의 사각지대를 해소하고자 하였다.

- 노무제공자에 대한 고용보험의 적용
  - 근로자가 아니면서 자신이 아닌 다른 사람의 사업을 위하여 자신이 직접 노무를 제공하고 해당 사업주 또는 노무수령자로부터 일정한 대가를 지급받기로 하는 노무제공계약을 체결한 사람 중 일정한 직종에 종사하는 노무제공자를 고용보험 적용 대상으로 편입하되, 대통령령으로 정하는 소득 기준을 충족하지 못하는 경우 등에는 고용보험 적용 대상에서 제외함.
- 노무제공플랫폼사업자에 대한 특례 규정 신설
  - 고용노동부 장관은 노무제공자에 관한 보험사무의 효율적 처리를 위하여 노무제공자와 노무제공사업의 사업주에 관련된 자료 등을 수집·관리하는 노무제공플랫폼을 구축·운영하는 사업자에게 피보험자격 신고의무와 해당 노무제공플랫폼의 이용 및 보험관계의 확인에 필요한 자료 등의 제공을 요청할 수 있도록 함.

7) 구직자 취업촉진 및 생활안정지원에 관한 법 제정과 국민취업 지원 강화

근로능력과 구직의사가 있음에도 취업을 하지 못하여 고용보험의 보호영역 밖에 있는 국민에게 2009년부터 구직기간 동안 취업지원서비스와 수당을 지급하는 사업을 실시하고 있으나, 이는 법적 근거가 없는 사업으로 체계적이고 제도적인 지원이 어려운 한계가 있었다. 이에 2020년 5월 한국형 실업부조 국민취업지원제도 시행을 위한 「구직자 취업촉진 및 생활안정지원에 관한 법」이 제정되었다.

국가가 근로능력과 구직의사가 있음에도 취업을 하지 못한 국민에게 취업지원서비스를 제공하고, 특히 저소득 가구의 구직자에 대해서는 구직기간 동안의 생활안정을 위하여 구직촉진수당을 제공할 수 있는 법적 근거를 마련하였다.

- 취업지원 수급 요건
  - 취업지원서비스의 수급 요건을 근로능력과 구직의사가 있음에도 취업하지 못한 상태에 있는 15세 이상 64세 이하의 사람으로서 가구단위의 월평균 총소득이 기준 중위소득의 100분의 100 이하일 것으로 함.
- 구직촉진수당의 지급
  - 고용노동부 장관은 구직촉진수당 수급자격을 인정받은 사람이 취업활동계획 수립에 참여하여 그 수립이 완료되거나 취업지원 프로그램 또는 구직활동지원 프로그램을 이행하는 경우에는 구직촉진수당을 지급함.
- 구직촉진수당 등의 부정수급자에 대한 제재
  - 고용노동부장관은 수급자가 거짓이나 그 밖의 부정한 방법으로 구직촉진수당 등을 지급받은 경우 그 이후의 구직촉진수당 등을 지급하지 아니하고, 거짓이나 그 밖의 부정한 방법으로 지급받은 구직촉진수당 등의 지급결정을 취소함.

8) 사회서비스 지원 및 사회서비스원 설립·운영법을 제정

최근 저출산·고령화 사회의 도래, 여성 경제활동 및 맞벌이 가구의 증가 등 사회구조 변화에 따라 아동·노인·장애인 등 사회적 돌봄에 대한 요구가 지속적으로 증가하였다. 그동안 정부는 부족한 사회서비스 공급 확보를 위해 민간 참여를 확대해 왔으나, 서비스 공급기관 간 과도한 경쟁구조로 인해 서비스 질 관리의 어려움, 서비스 제공인력 처우 등의 문제가 발생함에 따라 공공성 강화 등 사회서비스 개선의 필요성이 제기되었다.

이에 2021년 8월 사회서비스 지원 및 사회서비스원 설립·운영법을 제정하여 시·도 사회서비스원 및 중앙 사회서비스원의 설립·운영 등에 관한 근거 마련을 통해 사회서비스의 공공성, 전문성 및 투명성을 제고하고, 국민의 복지 증진에 기여하고자 하였다. 주요 내용은 다음과 같다.

- 이 법은 사회서비스 지원과 사회서비스원의 설립·운영에 관한 사항 등을 정함으로써 사회서비스의 공공성, 전문성 및 투명성 제고 등 사회서비스를 강화하고, 사회서비스와 사회서비스 관련 일자리의 질을 높여 국민의 복지증진에 이바지하는 것을 목적으로 함
- 사회서비스, 사회서비스 제공기관 및 사회서비스 종사자에 대하여 정의함
- 국가와 지방자치단체에게 사회서비스의 공공성 및 그 질의 제고와 종사자의 처우개선 등과 관련하여 책임을 부여함
- 보건복지부 장관은 사회서비스 기본계획을 5년마다 수립하도록 하고, 시·도지사 및 시장·군수·구청장은 사회서비스 지역계획을 수립하도록 함
- 보건복지부 장관은 사회서비스의 품질을 제고하고 시·도 사회서비스원의 설립·운영을 지원하기 위하여 중앙 사회서비스원을 설립·운영할 수 있도록 함
- 보건복지부 장관은 시·도 사회서비스원에 대하여 매년 경영실적을 평가하고, 시·도 사회서비스원 원장에 대하여 업무성과 평가를 하도록 함

9) 청소년기본법 제정과 청소년 지원 체계화

대한민국 발전의 근간인 청년은 최근의 정치·경제·사회·문화적 상황의 변화로 인해 취업난이나 주거 불안정 등 제반 어려움을 겪고 있어 청년에 대한 체계적이고 종합적인 지원이 절실한 실정이다. 이에 2020년 1월 청년기본법을 제정하여 대한민국 청년에 대한 체계적이고 종합적인 지원이 이루어질 수 있도록 청년의 권리와 책임을 선언하며, 국가와 지방자치단체의 책무에 관한 기본적인 사항을 규정하였다.

청년기본법에서는 청년발전을 도모하기 위한 종합적인 계획을 수립하며, 그에 따른 청년시책이 체계적으로 추진되도록 하여 청년의 권리보호 및 신장, 정책결정과정 참여 확대, 고용촉진, 능력개발, 복지향상 등 정치·경제·사회·문화의 모든 영역에서 청년의 삶의 질을 향상시키기 위한 노력이 체계적으로 추진되도록 하였다. 청년기본법의 주요 내용은 다음과 같다.

- 국가와 지방자치단체의 청년에 대한 책무를 정하고 청년정책의 수립·조정 및 청년지원 등에 관한 기본적인 사항을 규정함
- "청년"을 19세 이상 34세 이하인 사람으로 정의함. 다만, 다른 법령과 조례에서 청년에 대한 연령을 다르게 정하여 적용하는 경우에는 그에 따를 수 있음
- 청년발전을 위한 국가와 지방자치단체의 책무를 규정하며, 청년의 권리와 책임을 선언함
- 대통령령으로 청년의 날을 지정함
- 국무총리는 청년정책에 관한 기본계획을 5년마다 수립·시행하고, 관계 중앙행정기관의 장과 시·도지사는 연도별 시행계획을 매년 수립·시행하도록 함
- 청년정책에 관한 사항을 심의·조정하기 위하여 국무총리 소속으로 청년정책조정위원회를 둠
- 관계 중앙행정기관의 장 및 시·도지사는 청년정책결정과정에 청년의 참여 및 의견수렴을 하도록 하고, 청년정책을 주로 다루는 위원회를 구성할 때는 위촉직 위원의 일정 비율 이상을 청년으로 위촉하도록 함
- 청년정책을 효율적으로 수립·시행하기 위하여 관계 중앙행정기관의 장 및 시·도지사는 소속 공무원 중에서 청년정책책임관을 지정하도록 함

10) 근로기준법 개정과 근로시간 단축

우리나라 근로자의 근로시간은 늘 세계 최고수준이라는 불명예를 안고 있었다. 과도한 근로시간과 이로 인한 근로자의 인간다운 삶의 유지 어려움, 안전의 침해 등 다양한 부작용이 있을 수밖에 없다. 주52시간의 근로시간을 안착시키는 등 과도한 근로시간의 감축을 위하여 2018년 2월 근로기준법을 개정하였다.

근로기준법을 개정하여 실근로시간 단축의 시대적 과제를 해결하고, 향후 발생할 사회적 비용을 최소화하기 위하여 1주당 최대 근로시간이 휴일근로를 포함 52시간임을 분명히 하였다. 또한 가산임금 중복 할증율을 규정하며, 사실상 제한 없는 근로를 허용하여 초장시간 근로의 원인이 되고 있는 근로시간 특례업종의 범위를 축소하는 등 근

로시간 관련 제도를 정비하였다. 주요 내용은 다음과 같다.

- 1주가 휴일을 포함한 연속된 7일임을 명시함
- 2021년 7월부터 2022년까지 30인 미만 중소사업장에 대해서는 노사합의로 8시간의 특별연장근로 허용
- 공무원과 일반 근로자가 공평하게 휴일을 향유할 수 있도록 관공서의 공휴일에 관한 규정에 따른 공휴일을 유급휴일로 하고, 기업의 부담을 감안하여 기업규모별로 3단계, 2년에 걸쳐 시행
- 8시간 이내의 휴일근로에 대해서는 통상임금의 50%를 가산하여 지급하고, 8시간을 초과하는 휴일근로에 대해 통상임금의 100%를 가산하여 지급함
- 현행 26개인 근로시간 특례업종을 5개로 축소하고, 근로시간특례가 유지되는 업종에 대해서도 근로일간 11시간의 연속휴식시간을 부여하도록 함
- 연소자의 1주간 근로시간 한도를 40시간에서 35시간으로 축소함

11) 산업안전보건법 개정과 근로자 안전의 강화

우리나라의 산업재해 수준은 선진국이라고 말하기 어려울 정도로 부끄러운 수준이다. 주요 선진국 가운데 산업재해 발생률이 가장 높은 수준이다. 여전히 산업 현장에서는 안전사고가 끊이지 않고 있다. 산업재해의 획기적 감소와 건강하게 일할 수 있는 여건을 조성하기 위한 「산업안전보건법」^(김용균법)이 2018년 12월 개정되었다.

산업재해로 인한 사고사망자 수가 연간 천여 명에 이르고 있고, 이는 주요 선진국보다 2배 이상 높은 수준으로서 산업재해로 인한 피해는 당사자뿐 아니라 국가적으로도 큰 손실을 초래한다.

이에 산업재해를 획기적으로 줄이고 안전하고 건강하게 일할 수 있는 여건을 조성하기 위하여 이 법의 보호 대상을 다양한 고용형태의 노무제공자가 포함될 수 있도록 넓히고, 근로자가 작업을 중지하고 긴

급대피할 수 있음을 명확히 하는 한편, 사업주가 긴급대피한 근로자에게 불이익 처우를 한 경우 형사적 제재를 할 수 있도록 하여 근로자의 작업중지권 행사를 실효적으로 뒷받침하고자 하였다.

또한 근로자의 산업 안전 및 보건 증진을 위하여 도금작업 등 유해·위험성이 매우 높은 작업에 대해서는 원칙적으로 도급을 금지하고, 도급인의 관계수급인 근로자에 대한 산업재해 예방 책임을 강화하며, 근로자의 안전 및 건강에 유해하거나 위험한 화학물질을 국가가 직접 관리할 수 있도록 하였다. 개정된 법률의 주요 내용은 다음과 같다.

▸ 법의 보호 대상을 확대
– 노무를 제공받는 자는 특수형태근로종사자에 대하여 필요한 안전조치 및 보건조치를 하도록 함.
▸ 근로자에게 작업중지권 부여와 실효성 확보 수단 마련
– 산업재해가 발생할 급박한 위험이 있는 경우에는 근로자가 작업을 중지하고 대피할 수 있음을 명확히 규정하고, 산업재해가 발생할 급박한 위험이 있다고 근로자가 믿을 만한 합리적인 이유가 있음에도 작업을 중지하고 대피한 근로자에 대하여 해고나 그 밖의 불리한 처우를 금지하도록 함.
▸ 도금작업 등 유해·위험한 작업의 도급금지
– 사업주 자신의 사업장에서 그 작업에 대한 도급을 원칙적으로 금지하되, 일시·간헐적으로 작업을 하는 등의 경우에만 도급할 수 있도록 함.
▸ 도급인의 산업재해 예방 책임 강화
– 관계수급인 근로자에 대하여 도급인이 안전조치 및 보건조치를 하여야 하는 장소를 도급인의 사업장 뿐 아니라 도급인이 제공하거나 지정한 장소로 확대하여 도급인의 관계수급인에 대한 산업재해 예방 책임을 강화함.
▸ 법 위반에 대한 제재 강화
– 안전조치 또는 보건조치 의무를 위반하여 근로자를 사망하게 한 자에 대하여 7년 이하의 징역 또는 1억 원 이하의 벌금에 처하도록 하던 것을, 앞으로는 제1항의 죄로 형을 선고받고 그 형이 확정된 후 5년 이내에 다시 같은 죄를 범한 자는 그 형의 2분의 1까지 가중처벌을 할 수 있도록 함.

6. 안전과 환경 관련 입법

1) 특정범위 가중처벌법 개정과 어린이 안전 강화

자동차 운전자는 교통안전에 취약한 어린이를 안전하게 보호하기 위하여, 특히 어린이 보호구역 내에서의 운전은 속도를 제한하고 전방을 주시하는 등 신중을 기하여야 함에도 최근 '민식이 사건'에서 운전자가 어린이 안전에 유의하면서 운전하여야 할 의무를 위반함으로써 어린이 보호구역 내 어린이 교통사고에 대한 가중처벌 필요성이 지속적으로 제기되었다.

또한 기존법은 도주차량 운전이나 음주운전의 경우 가중 처벌을 하고 있지만, 어린이 보호구역 안에서 사망사고를 일으킨 운전자에 대한 별도의 처벌 규정을 두고 있지 않았으며, 「교통사고처리 특례법」은 가해자를 과도하게 보호하고 있다는 지적이 있었다. 이에 특정범죄 가중처벌법(일명 민식이법)을 개정하여, 어린이 보호구역에서 자동차(원동기장치자전거 포함)의 교통으로 인하여 어린이를 사망 또는 상해에 이르게 한 경우에는 가중처벌하도록 함으로써 어린이 안전보장을 높이고자 하였다.

2) 스토킹범죄의 처벌법 제정과 인권보호의 강화

최근 스토킹으로 인하여 정상적인 일상생활이 어려울 만큼 정신적·신체적 피해를 입는 사례가 증가하였으며, 범행 초기에 가해자 처벌 및 피해자에 대한 보호조치가 이루어지지 아니하여 스토킹이 폭행, 살인 등 신체 또는 생명을 위협하는 강력범죄로 이어져 사회 문제가 되었다.

이에 따라 2021년 3월 「스토킹범죄의 처벌 등에 관한 법」을 제정하여 스토킹이 범죄임을 명확히 규정하고, 가해자 처벌 및 그 절차에 관한 특례와 스토킹범죄 피해자에 대한 각종 보호절차를 마련하여 범죄 발생 초기 단계에서부터 피해자를 보호하고, 스토킹이 더욱 심각한 범죄로 이어지는 것을 방지하고자 하였다. 주된 내용은 다음과 같다.

▸ 스토킹행위 및 스토킹범죄의 정의
 - 피해자의 의사에 반하여 정당한 이유 없이 피해자에게 접근하거나 따라다니거나 진로를 막아서는 행위, 주거·직장·학교, 그밖에 일상적으로 생활하는 장소 또는 그 부근에서 기다리거나 지켜보는 행위, 우편·전화·정보통신망 등을 이용하여 물건이나 글·말·그림·부호·영상·화상을 도달하게 하는 행위, 직접 또는 제3자를 통하여 물건등을 도달하게 하거나 주거등 또는 그 부근에 물건 등을 두는 행위, 주거 등 또는 그 부근에 놓여져 있는 물건 등을 훼손하는 행위를 하여 불안감 또는 공포심을 일으키는 것을 스토킹행위로 정의함.
 - 지속적 또는 반복적으로 스토킹행위를 하는 것을 스토킹범죄로 정의함.
▸ 스토킹행위에 대한 응급조치 등
 - 사법경찰관리는 진행 중인 스토킹행위에 대하여 스토킹범죄 신고를 받은 즉시 현장에 나가 스토킹행위를 제지하고, 향후의 스토킹행위를 금지함을 통보하며, 잠정조치 요청 절차 등을 피해자에게 안내하는 등의 조치를 하도록 함.
▸ 스토킹범죄에 대한 벌칙
 - 스토킹범죄를 저지른 사람을 3년 이하의 징역 또는 3천만 원 이하의 벌금에 처할 수 있도록 하고, 흉기 또는 그 밖의 위험한 물건을 휴대하거나 이용하여 스토킹범죄를 저지른 사람을 5년 이하의 징역 또는 5천만 원 이하의 벌금에 처할 수 있도록 함.

3) 여성폭력방지 기본법 제정과 여성안전의 강화

여성에 대한 차별과 혐오로 인한 여성폭력·살해사건이 끊이지 않고 있다. 검찰청 자료에 의하면, 성별이 확인된 강력 흉악범죄 피해자 중 여성 비율이 89%(2015년)로 여성 안전은 심각하게 위협받고 있다. 또한 가정폭력, 성폭력, 성매매, 성희롱, 지속적인 괴롭힘 행위와 그밖에 친밀한 관계에서 발생하는 데이트폭력, 디지털폭력, 묻지마 폭력 등 여성에 대한 각종 범죄로 여성의 51%는 일상생활에서 불안감을 느끼고 있다. 반면, 그동안 국가는 여성에 대한 폭력에 대해 가급적 개입하지 않았고 가해자와 피해자에게 필요한 조치를 취하지 않아왔던 것이 사실이다.

이에 2018월 12월 「여성폭력방지 기본법」을 제정하여 여성에 대한 폭력 방지와 피해자 보호 지원에 관한 국가의 책임을 명백히 하고, 여성폭력방지정책의 종합적·체계적 추진을 규정하며, 여성폭력 특수성을 반영한 피해자 지원시스템 및 일관성 있는 통계구축, 교과과정 내 폭력예방교육을 통한 성평등 의식 확산 등 여성폭력 피해자 지원정책의 실효성을 높이고자 하였다. 제정법의 주요 내용은 다음과 같다.

> ‣ 여성에 대한 폭력 방지와 피해자 보호 지원에 관한 국가의 책임을 명백히 함
> ‣ 여성폭력방지정책의 종합적·체계적 추진을 규정함
> ‣ 여성폭력 특수성을 반영한 피해자 지원시스템 및 일관성 있는 통계구축, 교과과정 내 폭력예방교육을 통한 성평등 의식 확산 등 여성폭력 피해자 지원정책의 실효성을 높이고자 함

4) 중대재해처벌법 제정과 안전사고의 예방 강화

현대중공업 아르곤 가스 질식 사망사고, 태안화력발전소 압사사고, 물류창고 건설현장 화재사고와 같은 산업재해로 인한 사망사고와 함께 가습기 살균제 사건 및 4·16 세월호 사건과 같은 시민재해로 인한 사망사고 발생 등이 사회적 문제로 지적되어 왔다.

- 사업 또는 사업장, 공중이용시설 및 공중교통수단을 운영하거나 인체에 해로운 원료나 제조물을 취급하면서 안전·보건 확보의무를 위반하여 인명피해를 발생하게 한 경우 해당 사업주, 경영책임자, 및 법인의 처벌 등을 규정함으로써 중대재해를 예방하고 시민과 종사자의 생명과 신체를 보호함을 목적으로 함
- 사업주 또는 경영책임자 등은 사업주나 법인 또는 기관이 실질적으로 지배·운영·관리하는 사업 또는 사업장에서 종사자의 생명, 신체의 안전·보건상의 유해 또는 위험을 방지할 의무가 있고, 사업주나 법인 또는 기관이 제3자에게 도급, 용역, 위탁 등을 행한 경우 제3자의 종사자에 대한 안전 및 보건 확보의무를 부담함
- 사업주 또는 경영책임자 등이 안전 및 보건 확보의무를 위반하여 중대산업재해가 발생한 경우 사업주와 경영책임자 등을 처벌하고, 경영책임자 등이 제6조의 위반행위를 하는 경우 법인 또는 기관에 대해서도 벌금형을 부과함
- 사업주 또는 경영책임자 등은 원료나 제조물로 인한 공중 위험의 발생 또는 공중이용시설 및 공중교통수단에서의 위험의 발생으로부터 그 이용자 등의 안전 및 보건 확보의무를 부담함
- 사업주 또는 경영책임자 등이 안전 및 보건 확보의무를 위반하여 중대시민재해가 발생한 경우 사업주와 경영책임자 등을 처벌하고 법인 또는 기관에 대해서도 벌금형을 부과함
- 사업주 또는 경영책임자 등이 고의 또는 중대한 과실로 이 법에서 정한 의무를 위반하여 중대재해를 발생하게 한 경우, 중대재해로 손해를 입은 사람에 대하여 그 손해액의 5배를 넘지 않는 범위에서 배상책임을 짐

이에 2021년 1월 중대재해로부터 근로자와 시민의 안전권 확보를 위한 「중대재해 처벌 등에 관한 법」을 제정하여 사업주, 법인 또는 기관 등이 운영하는 사업장 등에서 발생한 중대산업재해와 공중이용시설 또는 공중교통수단을 운영하거나 위험한 원료 및 제조물을 취급하면서 안전·보건 조치의무를 위반하여 인명사고가 발생한 중대시민재해의 경우, 사업주와 경영책임자 및 법인 등을 처벌함으로써 근로자를 포함한 종사자와 일반 시민의 안전권을 확보하고, 기업의 조직문화 또는 안전관리 시스템 미비로 인해 일어나는 중대재해사고를 사전에 방

지하고자 하였다. 주된 내용은 앞의 표와 같다.

5) 기후위기 대응을 위한 탄소중립·녹색성장 기본법 제정

최근의 급격한 기후변화는 홍수, 가뭄, 한파, 산불 등의 자연재난과 화재, 감염병 등 사회재난, 일자리 감소 등 경제침체를 비롯한 전방위적인 기후위기로 표출되면서 그 강도와 빈도가 지속적으로 증가하는 경향을 보이고 있다.

이에 대응하기 위해 2015년 파리에서 채택된 「파리협정」에 따라 당사국 모두는 자발적으로 온실가스 감축목표를 수립하고 이를 이행할 의무를 지니고 있다. EU, 미국, 영국, 일본 등 세계 각국은 2050년까지 온실가스 순배출량을 영(0)으로 하는 탄소중립을 앞다투어 선언하였으며, 이를 이행하기 위한 새로운 경제체제 구축 등을 적극 모색하고 있다. 우리나라도 기후위기의 심각성에 대한 인식을 바탕으로 이러한 국제사회의 흐름에 발맞추어 2020년 7월 그린뉴딜 정책을 발표하고, 같은 해 10월 2050년 탄소중립 목표를 선언하였다.

「저탄소 녹색성장 기본법」을 중심으로 한 현행 법·제도 상 기후위기 대응 체계는 최초로 국가 온실가스 감축목표를 설정하고, 국가 전체 온실가스 배출량의 약 70%를 포괄하는 온실가스 배출권거래제 출범의 기반을 다지는 등 그간 우리나라 기후변화 대응 정책을 이끌어 왔으며, 2019년 우리나라 국가 온실가스 배출량을 최초로 감소세로 돌아서도록 하는데 기여하였다. 그러나 탄소중립 사회로의 이행을 위한 온실가스 감축과 기후위기에 대한 적응, 이행과정에서의 일자리 감소나 지역경제·취약계층 피해 최소화와 함께, 경제와 환경이 조화를 이루는 녹색성장 추진까지를 아우르는 통합적인 고려가 불충분하고 법률적 기반에 한계가 있다는 지적이 있었다.

이에 2021년 8월 탄소중립사회로의 이행과 녹색성장 추진을 위한 「기후위기 대응을 위한 탄소중립·녹색성장 기본법」을 제정하였다. 법 제정을 통하여 중장기 온실가스 감축목표 설정과 이를 달성하기 위한 국가기본계획의 수립·시행, 이행 현황의 점검 등을 포함하는 기후위기 대응 체계를 정비하고, 기후변화영향평가 및 탄소흡수원의 확충 등 온실가스 감축시책과 국가·지자체·공공기관의 기후위기 적응대책 수립·시행, 정의로운 전환 특별지구의 지정 등 정의로운 전환시책, 녹색기술·녹색산업 육성·지원 등 녹색성장 시책을 포괄하는 정책수단과 이를 뒷받침할 기후대응기금 신설을 규정함으로써 탄소중립 사회로의 이행과 녹색성장의 추진을 위한 제도와 기반을 마련하고자 하였다.

- 정부는 2050년까지 탄소중립을 목표로 하여 탄소중립 사회로 이행하고 환경과 경제의 조화로운 발전을 도모하는 것을 국가비전으로 하며, 이를 실현하기 위한 국가전략을 수립하여야 함
- 정부는 국가비전을 달성하기 위한 중장기 감축목표를 설정하고, 그 이행 현황을 매년 점검하며, 중앙행정기관·지방자치단체·공공기관은 부진·개선 사항을 해당 기관의 정책 등에 의무적으로 반영하도록 함
- 정부는 국가비전 및 중장기 감축목표를 달성하기 위해 20년을 계획기간으로 하는 국가 탄소중립 녹색성장 기본계획을 5년마다 수립·시행함
- 정부의 탄소중립 사회로의 이행과 녹색성장의 추진을 위한 주요 정책·계획과 그 시행에 관한 사항을 심의·의결하기 위하여 대통령 소속으로 2050 탄소중립녹색성장위원회를 두도록 함
- 정부는 기후변화영향평가, 온실가스감축인지 예산제도, 배출권거래제, 목표관리제, 탄소중립 도시, 지역 에너지 전환 지원, 녹색건축물, 녹색교통, 탄소흡수원 확충, 탄소 포집·이용·저장기술, 국제 감축사업, 온실가스 종합정보관리체계 구축 등 온실가스 감축을 위한 제도·시책을 시행하도록 함

6) 미세먼지 저감 및 관리에 관한 특별법 제정

오늘날 미세먼지는 국민건강을 위협하는 가장 중요한 문제로 인식되고 있으며 정부가 특별대책을 발표하고 각종 정책을 시행하고 있음에도 여전히 개선의 기미가 보이지 않음에 따라 갈수록 국민들의 불안을 증폭시키고 있는 상황이다. 또한 이로 인해 미세먼지를 줄이기 위한 특단의 대책 마련에 대한 요구가 갈수록 커지고 있으며 보다 근본적인 차원의 미세먼지 원인 규명 및 대책 마련이 시급하다고 할 수 있다.

- "미세먼지"를 「대기환경보전법」 제2조제6호에 의한 먼지 중 각 호의 흡입성먼지로 정의하고 대기 중에서 미세먼지로 전환되는 질소산화물 등의 물질을 '미세먼지 생성물질'로 정의함
- 정부는 5년마다 미세먼지관리종합계획을 수립하여 미세먼지특별대책위원회의 심의를 거쳐 확정하여야 하고, 시·도지사는 종합계획의 시행을 위한 세부 계획을 수립하여야 함
- 미세먼지 저감 및 관리를 효율적으로 추진하기 위하여 국무총리를 위원장으로, 대통령령으로 정하는 관계 중앙행정기관의 장 등을 위원으로 하는 국무총리 소속의 미세먼지특별대책위원회를 두도록 함
- 환경부 장관은 미세먼지 배출량의 정확한 산정과 관련 정보의 효율적 관리를 위하여 국가미세먼지정보센터를 설치함
- 시·도지사는 일정 요건 충족 시 자동차의 운행제한 또는 환경부령으로 정하는 대기오염물질 배출시설의 가동시간 변경이나 가동률 조정, 대기오염방지시설의 효율 개선 등의 비상저감조치를 시행할 수 있도록 함
- 환경부 장관은 계절적, 비상시적 요인 등으로 미세먼지 저감 및 관리를 효율적으로 수행하기 위하여 필요하다고 인정하는 경우 관계 중앙행정기관의 장, 지방자치단체의 장 또는 시설운영자에게 대기오염물질 배출시설에 대한 가동률 조정을 요청할 수 있음
- 정부는 어린이·노인 등 미세먼지로부터 취약한 계층의 건강을 보호하기 위하여 일정 농도 이상 시 야외 단체활동 제한, 취약계층 활동공간 종사자에 대한 교육 등 취약계층 보호대책을 마련하여야 함

이에 2018년 7월 미세먼지의 배출을 저감하고 효율적으로 관리함으로써 국민건강에 미치는 위해를 예방하고 보다 쾌적한 생활환경을 조성하기 위해 미세먼지 저감 및 관리에 관한 특별법을 제정하여 미세먼지 저감을 위한 사업 및 지원, 취약계층 등 국민에 대한 보호 대책을 마련토록 하였다. 주요 내용은 앞의 표와 같다.

7. 자치분권과 균형발전 관련 입법

1) 지방자치법 전부 개정과 지방자치의 확대 강화

자치분권의 확대에 대한 요구에도 불구하고 이를 위한 핵심 법률인 지방자치법은 오랜 기간 제대로 개정되지 못하였다. 그동안 부분적인 개정이 있었지만 자치분권을 획기적으로 전환시키기에는 역부족이었다.

이에 2020년 12월 지방자치법을 전부 개정하여, 민선지방자치 출범 이후 변화된 지방행정 환경을 반영하여 새로운 시대에 걸맞은 주민 중심의 지방자치를 구현하고자 하였다.

지방자치법 전부 개정으로 지방자치단체의 자율성 강화와 이에 따른 투명성 및 책임성을 확보하기 위하여 지방자치단체의 기관구성을 다양화할 수 있는 근거를 마련하였고, 지방자치단체에 대하여 주민에 대한 정보공개 의무를 부여하였으며, 주민의 감사청구 제도를 개선하였고, 중앙지방협력회의의 설치 근거를 마련하였다. 주된 개정 내용은 다음과 같다.

‣ 지방자치단체의 기관구성 다양화 근거 마련
- 지방자치단체의 의회 및 집행기관의 구성을 따로 법률로 정하는 바에 따라 달리 할
  수 있도록 함.
‣ 지방자치단체 규칙에 대한 제정 및 개정·폐지 의견 제출
- 주민은 권리·의무와 직접 관련되는 규칙에 대한 제정 및 개정·폐지 의견을 지방자
  치단체의 장에게 제출할 수 있도록 함.
‣ 주민의 감사청구 제도 개선
- 주민의 감사청구 제도가 주민의 권익침해에 대한 실질적인 구제 수단으로 운영되도
  록 하기 위하여 감사청구 연령 기준을 종전의 19세에서 18세로 낮추고, 청구주민
  수 기준을 시·도의 경우 종전의 500명 이내에서 조례로 정하는 수에서 300명 이내
  에서 조례로 정하는 수로 하여 주민의 감사청구 요건을 완화함.
‣ 지방의회의 역량 강화 및 인사권 독립
- 지방의회 사무기구 인력운영의 자율성을 제고하기 위하여 지방의회 사무직원에 대
  한 임면·교육·훈련·복무·징계 등을 지방의회의 의장이 처리하도록 함.
‣ 중앙지방협력회의의 설치
- 국가와 지방자치단체 간의 협력을 도모하고 지방자치 발전과 지역 간 균형발전에
  관련되는 중요 정책을 심의하기 위하여 중앙지방협력회의를 두고, 그 구성 및 운영
  에 관한 사항은 따로 법률로 정하도록 함.
‣ 특별지방자치단체의 설치 근거 마련

2) 지방재정법 개정과 주민참여예산제도 강화

지방예산 편성 과정에 주민이 참여할 수 있는 절차와 제도에 관한 사항을 심의하기 위하여 주민참여예산위원회를 두도록 하는 등 현행 제도의 운영상 나타난 일부 미비점을 개선·보완하기 위하여 2018년2월 지방재정법을 개정하였다. 개정을 통해 지방예산 편성 과정에 주민이 참여할 수 있는 절차와 제도의 운영에 관한 사항과 지방의회에 제출하는 예산안에 대한 주민의 의견서에 관한 사항 등을 심의하기 위하여 해당 지방자치단체의 조례로 정하는 바에 따라 지방자치단체의 장

소속으로 주민참여예산위원회를 의무적으로 두도록 하였다.

3) 국회법 개정과 세종시 국회분원 설치 근거 마련

행정중심복합도시인 세종특별자치시는 수도권의 과도한 집중에 따른 부작용을 시정하고, 지역개발과 국가균형발전, 국가경쟁력 강화에 이바지하기 위하여 설립되었다. 그러나 정부세종청사에 입주한 정부부처들이 국회와의 업무를 상시적으로 수행하여야 하는 현실에도 물리적 거리의 제약으로 상당한 시간과 비용이 소모되고 있으며, 공무원들의 잦은 국회 출장으로 인한 정책의 질 저하 등 많은 불편과 비효율이 발생하였다.

이에 2021년 9월 국회법을 개정하여, 세종특별자치시에 국회 분원(分院)으로 세종의사당을 두도록 하여 국정운영의 효율을 제고하고 국가의 균형발전을 도모하고자 하였다.

4) 고향사랑 기부금에 관한 법 제정과 지역 경제 활성화 촉진

최근 가속화되고 있는 지역 인구유출로 인해 지역사회의 활력이 지속적으로 저하되고 있다. 2019년 말 기준 수도권 인구 비율이 전체 인구의 50%를 넘어선 일에서 확인할 수 있는 것처럼, 우리나라 인구 분포의 불균형 현상은 점차 심화되고 있다. 지역에서 성장한 각계각층의 인재들이 외지로 이주하는 탓에 이들이 나고 자란 고장에 기여하는 선순환 구조를 만드는 것도 어려운 실정이다.

고향을 떠나 외지에 살고 있는 사람들이 느끼는 애향심은 침체된 지역에 활력을 불러올 수 있는 효과적인 요소가 될 수 있다. 이를 위해 2021년 9월 「고향사랑 기부금에 관한 법」이 제정되었다. 이 제도는 고향을 생각하는 사람들이 고향 지자체에 기부할 수 있는 기회를 열어줌으로써 지역에 활력을 불어넣고자 하는 것이다. 제도 참여자들은 열악한 지방재정을 돕고 지역경제 활성화에 보탬을 줄 수 있으며, 기부 행위를 통해 고향에 거주하는 이웃들의 형편과 미래 계획을 이해할 수 있다. 이것은 연대와 협력을 통해 우리 사회의 상생 공동체 문화를 형성하는 데에도 크게 도움을 줄 것이다.

일본에서도 2008년부터 고향에 기부할 경우 세액감면 등의 혜택을 제공하는 고향납세제도를 도입하여 운영하고 있다. 이 제도는 재난 상황 발생 등과 같이 고향이 어려움을 겪고 있을 때 큰 호응을 얻어 지방자치단체의 세수를 증대시키는 데 상당한 도움을 주고 있다는 평가를 받고 있다.

> ‣ 지방자치단체는 해당 지방자치단체의 주민이 아닌 사람에 대해서만 고향사랑 기부금을 모금·접수할 수 있음
> ‣ 지방자치단체는 모금·접수한 고향사랑 기부금의 효율적인 관리·운용을 위하여 기금을 설치하여야 하고, 지역경제 활성화 및 주민의 복리 증진 등의 목적으로만 사용되어야 함
> ‣ 행정안전부 장관 및 지방자치단체의 장은 고향사랑 기부제에 대한 주기적인 조사·분석, 연구 등을 통하여 기부가 활성화되도록 노력하여야 하고, 정보시스템을 구축·운영할 수 있도록 함
> ‣ 지방자치단체는 고향사랑 기부금의 접수 현황과 고향사랑기금의 운용 결과 등을 공개하여야 함

5) 중앙지방협력회의 구성 및 운영에 관한 법 제정과 중앙-지방협력 강화

오랫동안 중앙-지방의 수직적 구조하에서 국가가 운영되었으며, 이로 인하여 늘 지방자치단체는 협력의 대상이기보다는 지원과 관리의 대상으로 인식되었다. 지방자치의 확대와 분권의 요구 증대로 이제는 중앙과 지방 간의 수평적 협력관계가 강조될 수밖에 없다.

이에 따라 「중앙지방협력회의 구성 및 운영에 관한 법」이 2021년 6월 제정되어, 국가와 지방자치단체 간 소통과 협력을 강화하고 지방자치와 지역 간 균형발전에 관련되는 중요 정책을 심의하기 위하여 중앙지방협력회의를 설치하도록 하였다. 주요 내용은 다음과 같다.

▸ 중앙지방협력회의의 기능
 - 중앙지방협력회의는 국가와 지방자치단체 간 협력에 관한 사항, 국가와 지방자치단체의 권한·사무·재원의 배분에 관한 사항, 지역 간 균형발전에 관한 사항, 지방자치단체의 재정 및 세제에 영향을 미치는 국가 정책에 관한 사항 등을 심의함
▸ 중앙지방협력회의의 구성 및 운영
 - 중앙지방협력회의는 대통령, 국무총리, 기획재정부 장관, 교육부 장관, 행정안전부 장관, 국무조정실장, 법제처장, 시·도지사, 시·도의회 의장 협의체의 대표자, 시장·군수·자치구의 구청장 협의체의 대표자 및 시·군·자치구의회의 의장 협의체의 대표자 등으로 구성함
 - 대통령은 중앙지방협력회의의 의장으로서 회의를 소집하며, 국무총리와 시·도지사 협의회장은 중앙지방협력회의의 공동 부의장이 됨
▸ 심의 결과의 활용
 - 국가 및 지방자치단체는 중앙지방협력회의의 심의 결과를 존중하고 성실히 이행하여야 하며, 심의 결과에 따른 조치 계획 및 그 이행 결과를 중앙지방협력회의에 보고하여야 함

8. 한반도 평화 관련 입법

1) 남북교류협력에 관한 법 개정과 남북 교류 활성화 촉진

한반도의 지속적 평화를 유지하기 위해서는 남북한 간에 지속적인 교류와 협력이 이루어질 필요가 있다. 이를 위하여 2020년 11월 남북 협력사업 범위의 확대와 지방자치단체의 남북교류협력 활성화를 위한 「남북교류협력에 관한 법」이 개정되었다. 이 법의 개정을 통해 남북 협력사업의 범위 및 남북교류협력추진협의회의 구성을 확대하고, 지방자치단체가 남북교류협력사업의 주체임을 명확히 하여 지방자치단체의 남북교류협력을 활성화하며, 지방자치단체 남북교류협력 정책협의회의 법적 근거를 마련하고자 하였다. 주요 내용은 다음과 같다.

- ▸ 협력사업의 범위에 환경, 과학기술, 정보통신, 방역, 교통, 농림축산, 해양수산 분야를 추가함
- ▸ 남북교류협력추진협의회의 위원 정수를 25명으로 확대하고, 민간전문가를 7명 이상 위촉하며, 민간 전문가 중 1명 이상은 「지방자치법」제165조제1항제1호에 따라 설립된 협의체가 추천하는 사람으로 함.
- ▸ 지방자치단체를 협력사업의 주체로 명시하고, 지방자치단체 남북교류협력 정책협의회의 법적 근거를 마련함

2) 국방과학기술혁신 촉진법 제정과 국방과학기술 혁신 강화

기술발전의 속도가 가속화되고 4차 산업혁명에 기반한 신기술들이 등장하는 등 국방과학기술의 혁신 및 발전이 요구되는 시점임에도 기존의 방위산업은 무기체계 획득을 위한 수단으로만 인식되고 있을 뿐 국방과학기술의 진흥과 발전을 위한 연구개발에 관한 체계가 부족하

였다.

기존의 「방위사업법」에서 국방력 증진을 위한 연구개발에 관하여 규정하고 있으나, 무기체계의 소요(所要)에 기반한 연구개발이 중심이 되어왔기에 신기술의 도입이 어려웠던 측면이 있다. 연구개발을 통해 신기술을 개발하고, 개발된 신기술이 무기체계 소요를 창출할 수 있도록 하기 위한 도전적이고 혁신적인 연구개발 체계 도입이 요구되는 상황이었다.

이에 2020년 3월 국방과학기술의 발전, 진흥 및 촉진을 위한 「국방과학기술혁신 촉진법」을 제정하여 국방과학기술 혁신을 위한 연구개발이 체계적이고 지속적으로 이루어질 수 있도록 하였다. 주된 내용은 다음과 같다.

- 국방부 장관은 5년마다 국가과학기술자문회의 및 방위사업추진위원회의 심의를 거쳐 국방과학기술혁신 기본계획을 수립하도록 하고, 방위사업청장은 기본계획에 따른 국방과학기술혁신 시행계획을 매년 수립하도록 함
- 방위사업청장은 기업, 대학, 연구기관 및 국방과학기술 관련 기관·단체 등에게 국방연구 개발사업을 수행하게 할 수 있도록 하며 연구개발 주관기관 또는 연구개발 참여기관과 계약 또는 협약을 체결할 수 있도록 함
- 국방연구 개발사업으로 얻어진 개발성과물은 원칙적으로 국가의 소유로 하고, 개발성과물 중 지식재산권은 계약 또는 협약으로 정하는 바에 따라 국가 및 연구개발 주관기관의 공동소유로 함
- 방위사업청장은 국방과학기술과 관련된 지식 및 정보를 종합적이고 체계적으로 관리하도록 함

제7장 세계가 주목한 국제평가

1. 외신을 통한 보도와 평가

1) 외신보도의 현황

우리나라에 대한 국제사회에서의 평가는 외신을 통해서도 확인할 수 있다. 우선적으로 우리나라의 상황에 대한 다양한 외신보도의 양과 내용을 통해 평가를 확인하는 것이 가능하다.

우리나라에 대한 외신보도의 양이 문재인 정부 들어와서 크게 증가한 것으로 나타났다. 2010년 약 9천 건에서 2020년 약 3만 건으로 10

[그림 7-1] 한국 관련 외신 보도량 변화 추이(2010~2020)

출처: 문화체육관광부(2021).

년만에 3배 이상 크게 증가했다. 물론 그동안 언론매체 수도 증가하였지만 보도량도 크게 증가한 것을 확인할 수 있다.

2) 코로나19와 외신보도

우리나라만이 아니라 전 세계의 모든 국가가 2020년 이후 코로나19의 위기 상황에 놓였다. 모든 국가들이 코로나19 위기를 극복하기 위하여 노력하였다. 2020년 1월 20일 국내에서 처음 확진자가 발생한 이래 정부는 코로나19에 대응하기 위하여 다각적으로 노력하였다. 이 과정에서 정부는 신속하고 체계적인 방역활동을 하였으며 의미있는 성과도 거두었다. 우리나라의 코로나19와 관련한 노력과 성과에 대해 해외 언론은 'K-방역'이라는 용어를 사용하며 보도하였다.

코로나19 분야는 전체 외신기사 보도량 중 두 번째로 많은 보도량이 집중된 주제이다. 이 기간 동안 전체 기사량의 13%가 넘는 17,230건이 보도되었다. 외국 국가 중에서 일본(4,185건), 미국(2,173건), 영국(1,381건)이 우리나라에 대해 가장 많이 보도하였다. 일본 언론들은 특히 일본의 확산 상황이나 방역정책을 비교하여 보도하였다. 미국과 영국의 언론들은 우리나라의 방역 모델과 효과를 중심으로 보도하였다.

코로나19 관련 해외 언론의 보도는 부정에서 긍정으로 변동하는 흐름을 보여주었다. 2020년 초기에는 코로나19 확진 환자의 급증으로 인하여 부정적이었지만, 2020년 3월 이후부터 방역체계를 갖추고 두 달도 안 되어 확진자수를 급격하게 줄이게 하자 'K-방역'에 대한 긍정적 평가가 이루어지기 시작했다. 효과적인 추적-격리-관리 시스템과 '봉쇄' 없는 대응체계, 그리고 정부와 의료계, 국민들의 협력적 대응에 전세계의 언론들이 긍정적 평가를 하였다.

〈표 7-1〉국내 코로나19 확산 흐름과 외신 보도 기조(2020. 10. 20~2021. 11. 9)

구분	1차 대유행 '20. 2~3월		2차 대유행 '20. 8. 15 ~9월		3차 대유행 '20. 12~ '21. 3월		4차 대유행 '21. 7월~ 현재
현황	2020. 1. 20. 첫 확진자 발생 집단감염으로 2020. 2. 29. 1일 최다 확진 909명	1일 확진자 한 자릿수 급감 *4.15총선	집단감염으로 2020. 8. 27. 1일 최다 확진 441명	1일 확진자 두 자릿수 급감 *추석연휴	소규모 산발감염으로 2020. 12. 25. 1일 최다 확진 1,240명	1일 확진자 세 자릿수 소폭 감소	변이·돌파감염 등으로 1일 2~4천 명대 확진. 특히 9월 말부터 급증
	2020. 3. 11. WHO '팬데믹' 선언				2021. 3. 25. 누적 10만 명		2021. 9. 26. 누적 30만 명
정책	2020. 2. 29. 마스크 착용 및 사회적 거리두기 시작		강화된 사회적 거리두기 시행		2021. 2. 26. 백신 접종 시작		2021. 7. 12. 수도권 거리두기 4단계로 격상
							2021. 10. 29. 0시 기준 백신 1차접종 70% 달성
							2021. 10. 30. 사회적 거리두기 종료(611일만)
							2021. 11. 1. 단계적 일상회복 정책으로 전환
외신 보도 기조	• 중국 외 최대 발 병국이라는 부정 적 이미지 • 아시아 혐오 범죄 우려도 제기	• '20. 3부터 거의 모든 외신의 논조가 긍정적으로 급변 - '한국형 방역 모델(K-방역) = 세계 방역 표준(Gold Standard)'으로 여겨짐 • 봉쇄·사재기·패닉 없고, 4.15총선을 무사히 치러낸 '방역 모범국'으 로 극찬 • 선진화된 방역·의료 체계, 투명한 소통, 탁월한 리더십, 민주시민의식 등 호평 • 성공적 방역으로 경제 회복 속도도 OECD 국가들 중 가장 빠르다고 분석					• 긍정-관망 혼재 • 대부분 확진 자수 전달 위 주 스트레이 트 보도 • 돌파감염 원 인 불명 상황 에 의문 제기 • '일상회복 2단 계' 난망

출처: 문화체육관광부(2022).

〈참고〉한국의 코로나19 방역 관련 외신기사

- 미국 〈WP〉 봉쇄 없는 한국과 일본, 코로나19와의 공존과 관련해 귀감 ('21. 10. 21)
- 미국 〈Bloomberg〉 최악의 코로나19 타격도 가린 한국의 사상 최저 실업률('21. 9. 15)
- 미국 〈브루킹스연구소〉 코로나19에 대한 한국의 정책적 제도적 대응 분석('21. 6. 15)
- 프랑스 〈Le Monde〉 '제로 covid(코로나 박멸)' 전략 국가들의 승리 방정식…보건·경제 모두 잡아('21. 5. 6)
- 영국 〈BBC〉 코로나 대응 누가 옳았는가 : 동아시아에서는 대한민국이 신속하고 결단적 조치로 가장 잘 대응. 한국은 과거 경험으로 많은 교훈을 얻었고 이번 팬데믹에 준비되어 있었음('21. 3. 22)
- 프랑스 〈Le Monde-Eric Bidet 프랑스 르망대학교 연구교수 기고〉 "한국의 방역 전략은 최대 다수의 자유를 보장하면서 형평성과 효율성 사이에서 훌륭한 균형을 제공하고 있다"('21. 2. 18)
- 미국 〈NYT〉 백신 접종 절박하지 않은 일본과 한국의 여유있는 행보('21. 2. 1)
- 미국 〈Forbes〉 한국, 코로나19 시대에 어떻게 대처했는지 OECD 국가들에게 본보기('21. 1. 29)
- 미국 〈SCMP〉 민주주의의 힘에서 찾을 수 있는 교훈 : 자발적 희생 의지가 성공 요인('20. 11. 15)
- 프랑스 〈Le Monde〉 한국과 일본의 코로나19 관리 교훈('20. 10. 20)
- 미국 〈VOA〉 "현재까지 알려진 최고의 치료제는 유능하고 뛰어난 대응력을 지닌 정부 리더십"('20. 4. 15)
- 영국 〈Guardian〉 그간 이상적이었던 서구의 이미지는 산산조각. 한국인들에게 이는 그들이 수년 동안 싸워온 소위 '한국형 모델'의 정당성을 입증하는 계기('20. 4. 11)
- 영국 〈BBC〉 한국은 효과적 위기 대응을 보여주는 대표 사례('20. 3. 28)
- 스페인 〈ABC〉 한국은 이제 세계의 새로운 모범이 되는 중('20. 3. 27)
- 홍콩 〈Asia Times〉 한국은 심각한 타격을 입은 민주주의 국가 중 가장 성공적 대응 사례('20. 3. 27)
- 독일 〈SZ/Focus〉 한국, 인상적인 본보기가 되는 나라...독일도 따른다('20. 3. 27)
- 영국 〈Channel4 News〉 코로나19 퇴치 '모델'이 된 한국('20. 3. 26)
- 프랑스 〈Le Monde〉 한국의 코로나19 바이러스 대응 방법을 롤모델로 삼아야 한다('20. 3. 19)
- 미국 〈WP〉 민주주의 국가가 국민 건강 보호에 더 적합함을 보여주는 국가 한국('20. 3. 11)

우리나라의 코로나19 방역과 관련하여 외신은 다양한 분석에 평가한 의견을 제시하였다. 미국의 〈월스트리트저널〉은 한국이 성공적으로 코로나19를 관리한 방법을 다음과 같이 보도하였다(20. 9. 25, 1면 전면). 기사를 요약하면 다음과 같다.

- 한국은 코로나19 대응을 위한 암호를 풀어낸 듯. 한국의 해법은 간단하면서도 유연하며, 따라하기에 비교적 수월. 한국의 성공은 기술과 검사의 탁월한 조합, 중앙집중 통제방식, 그리고 소통에 기반을 두고 있으며 실패 가능성에 대한 경계심도 빼놓을 수 없는 요인
- 상대적으로 여유 있는 재정과 초연결사회망(hyperconnectivity)을 활용해 감염자 발생 장소를 문자로 전송. 전문가들이 정부 브리핑 연단에서 자주 경고. 국민들은 거의 모두 마스크를 착용. 치료는 무료. 그 결과 한국은 봉쇄할 필요가 없었고 경제적 타격을 완화
- 코로나 문제가 증대될수록 문 대통령은 의도적으로 자신의 모습을 드러내지 않아. 전문가가 브리핑하는 것이 더 객관적이고 국민 신뢰를 얻는 길이라는 게 대통령 입장이라고 전해져

프랑스의 〈르몽드〉는 한국의 코로나 추적 특집(20. 12. 9, 1~3면)에서, 한국은 시민들의 자유로운 이동을 제한하지 않고도 사망자 수를 낮게 유지하는 데 성공하였다면서, 한국 정부는 국내 코로나19 최초 발병 이후 실책들을 수정해가면서 국민 신뢰를 확보하였다고 보도하였다.

러시아의 〈타스통신〉('20. 3. 30)은 첫째는 정부의 신속하고 적절한 대응 조치. 둘째, 국민들의 성숙하고 절제된 시민의식. 셋째, 의료시스템. 넷째, 상당히 높은 수준의 준비상태라고 보도하였다.

특히 2020년에 실시된 4.15 총선거와 관련된 외신보도를 통해 우리나라에 대한 해외 언론의 평가를 확인할 수 있다. 주요 관련 기사를

보면 다음과 같다.

- 미국 〈NYT-기고〉 코로나바이러스를 이겨낸 민주주의
- 미국 〈LAT〉 기록적 투표율로 민주주의가 코로나19를 이긴 한국
- 미국 〈WP〉 한국은 자유·공정·안전한 선거가 가능하다는 것을 보여줌
- 영국 〈Independent〉 임마누엘 페스트라이쉬 아시아 인스티튜트 소장 "한국 총선, 다른 나라에 횃불이자 영감의 원천"으로 평가
- 프랑스 〈Le Monde〉 총선, 한국 보건정책의 승리
- 독일 〈SZ〉 한국 총선, 민주주의가 살아있다는 중요한 신호
- 오스트리아 〈Die Presse〉 성공적 결과 만들어낸 한국의 코로나19 선거

3. 코로나19 상황 하에서의 경제와 관련한 보도

코로나19가 전 세계 국가들의 경제에 미친 영향은 매우 컸으며, 우리나라도 예외는 아니었다. 그러나 이러한 가운데 우리나라는 경제의 회복을 위하여 많은 노력을 하였으며, 이에 대해 해외언론들은 긍정적 보도를 하였다. 이와 관련한 주요 보도는 다음 표와 같다.

국제통화기금은 정부의 재정지원, 금융 안정화 조치, 신용확대 등 정부의 종합적인 정책 대응에 대해 긍정적으로 평가하고, 한국 정부의 과감한 정책 대응이 코로나 충격 완화에 기여할 것이라고 평가하였다('21. 4. 29). 아시아개발은행도 정부의 확장적 재정 및 통화 정책, 수출 증가, 자동차세 인하 등을 통한 소비 촉진 유도 및 한국판 뉴딜 이니셔티브 등이 성장 회복에 기여할 것이라고 평가하였다('21. 4. 28).

한국의 경제 회복에 관한 긍정적 외신기사

- 미국 〈Forbes〉 또다시 회의론자들이 틀렸음을 입증…'강한 한국(Teflon Korea)' ('21. 5. 1)
- 미국 〈Bloomberg〉 △한국 경기 회복은 세계 교역의 회복 시사('20. 12. 1) △한국, 세계적 혁신 이끌어('20. 12. 1) △부국 지위 넘보는 한국('21. 4. 27) △한국경제, 전 세계적으로 몇 안 되는, 팬데믹 이전 규모를 넘어선 곳('21. 4. 27) 등
- 미국 〈WSJ〉 한국, 팬데믹 중 아시아의 경제 회복력 보여줘('21. 1. 26)
- 영국 〈Reuters〉 한국 수출 32년만에 최대폭 증가…수출이 급증하며 제조업 의존도가 높은 한국 경제 회복세 견인 △코스피 3,000 시대… 2,000 돌파 후 13.5년 만. 2020년에 30.8% 증가('21. 6. 1)
- 영국 〈FT〉 △아시아 4위 규모 한국 경제, 팬데믹 이전 수준으로 복귀 △1분기 수출 호조와 활발한 시설 투자 덕분에 경기 살아나 등('21. 4. 27)
- 일본 〈지지통신〉 한국 GDP 1.6% 성장, 코로나19로 부진 면치 못하던 민간소비도 회복세('21. 4. 27)
- 중국 〈신보〉 선진국 최초로 코로나 발생 이전의 성장률 수준 회복('21. 4. 28)
- 카타르 〈알자지라〉 한국, 경제 회복되며 '바이러스 블루스' 타파('21. 4. 28)

4. 한류와 관련한 외신보도

한류에 관한 외신보도는 세 번째로 많았다. 특히 K-컬쳐라고 해도 과언이 아닐 정도의 현상이 코로나19 와중에서 형성되었다는 것이 특별한 점이다.

영국의 〈가디언〉은 한국의 콘텐츠와 한국의 기업, 철학, 보건의료 등 한국과 관련한 전 분야가 세계적으로 주목받는 현상을 가리켜 'K-boom'으로 표현했고('21. 10. 13), 일본 〈아사히〉는 'Korea의 K가 팬층도 국경도 가볍게 뛰어넘고 있다'고 보도하였다('21. 5. 22). 영국 〈Monocle〉은 2020년 한국의 소프트파워를 세계 2위로 평가했다('20.

11. 26). 이탈리아 시사주간지 〈Panorama〉는 '한류가 파도처럼 온 세계를 덮는데 성공했고, 라이프스타일까지 세계에 수출하는 나라가 됐다'('21. 3. 31)고 평가했다.

국정 4년 6개월 동안 관련 한국의 문화와 한류 관련 기사는 총 14,440건이었다. 이 시기에 봉준호 감독이 영화 〈기생충〉으로 칸영화제 황금종려상을 수상했고, 재미교포 감독의 영화 〈미나리〉에 출연한 배우 윤여정씨가 아카데미 여우조연상을 수상했으며, 아이돌그룹 방탄소년단(BTS)이 빌보드 핫100에서 10주 연속 1위를 차지하고 빌보드 선정 '2020 가장 위대한 팝스타'에 올랐다. 코로나19로 개방형 온라인 동영상 서비스(Over The Top: OTT) 시장이 커지면서 한국의 웰메이드 영화, 드라마, 예능 콘텐츠들은 더욱 빛을 보기도 했다. 대표적 글로벌 OTT 업체인 〈넷플릭스〉를 통해 제작·공개된 드라마 〈오징어 게임〉은 지금까지의 넷플릭스 역사상 가장 짧은 기간 동안 가장 많은 시청 횟수를 기록하는 기적을 썼으며, 최장 기간인 46일 동안 시청률 1위 자리를 지켰다. 철저히 한국적 놀이문화와 한국적 사회 경제를 배경으로 만들어진 콘텐츠임에도 전 세계가 이 내용에 열광하고 K-콘텐츠를 새로운 시각으로 보기 시작했다. '방탄소년단'을 검색어로 하는 기사는 총 1,882건으로 전체 한류 관련 기사의 13%에 해당하는 수치이며, K-팝 그룹인 '블랙핑크' 관련 기사도 557건에 달했다.

영화 〈기생충〉 관련 기사는 1,381건, 〈미나리〉 관련 기사는 300건이었다. 2021년 트위터에서 가장 많이 트윗된 K-콘텐츠 상위 20개가 공개되었는데, 영화 중에서는 〈기생충〉이 1위, 〈미나리〉가 2위에 올랐고, 봉준호 감독의 〈설국열차〉, 〈옥자〉, 〈마더〉, 〈괴물〉 등이 모두 20위권에 포함되었다.

K-컬처의 영향력과 한류 확산에 대한 외신기사

- 이탈리아 〈Panorama〉 "한국은 어떻게 일본의 자리를 차지하게 되었나 : 한류가 파도처럼 온 세계를 덮는데 성공했고 한국은 문화, 라이프스타일까지 세계에 수출하는 나라가 됐다('21. 3. 31)
- 영국 〈Monocle〉 한국은 엔터테인먼트 산업과 혁신에 있어 새로운 기준을 세웠다('20. 11. 27)
- 영국 〈The Guardian〉 K-드라마, 영화, 팝음악…3K 돌풍('20. 10. 18)
- 영국 〈BBC〉 '오징어 게임'의 파격적 인기는 최근 수년 간 서구에서 쌓여온 한국 문화의 해일에서 가장 최근 몰아닥친 파도('21. 10. 17)
- 오스트리아 〈쿠리에〉 헐리우드와는 다른 문화 강국 한국('20. 2. 11)
- 멕시코 〈레포르마〉 한국, 브랜드가 되다('20. 3. 23)
- 멕시코 〈EL FINANCIERO〉 한국의 콘텐츠 생산 능력, 할리우드에 필적할 만하다('21. 9. 28)
- 인도네시아 〈자카르타포스트〉 인도네시아에서의 한류, 그 끝이 보이지 않는다('20. 10. 30)
- 태국 〈PPTV〉 한국문화, 세계 트렌드를 이끌다('21. 10. 13)
- 영국 〈Monocle〉 한국, 소프트파워 세계 2위…엔터테인먼트와 혁신에 대한 기준 세워('20. 11. 26)
- 프랑스 〈Le Monde〉 이제 한류는 한국 외교 영향력에 없어서는 안 될 존재('21. 2. 29)
- 미국 〈CNN〉 '2020년을 규정한 문화계 순간'에 영화 기생충 아카데미 4관왕 선정('20. 12. 21)
- 영국 〈BBC〉 '기생충'은 한국이 문화강국이자, 역사책 한 자리를 차지하는 국가임을 보여줘('21. 2. 11)
- 미국 〈WP〉 방탄소년단, 세계 음악 산업에 발자취를 남기다('21. 1. 30)
- 영국 〈The Guardian〉 K팝은 K드라마와 함께 한국의 가장 성공적인 문화 수출품('21. 9. 1)
- 미국 〈CNN〉 한국 정부, 소프트파워 촉진 및 국가 위상 제고를 위해 문화 전파 지원해와('21. 2. 11)

유아 콘텐츠인 '아기상어-싱앤댄스'(스마트스터디社)가 유튜브 조회수 1위를 기록하였다. 조회수 70억4천만 회를 돌파했는데('20. 11. 2), 외신들은 이 영상이 30,187년 동안 연속 재생되었다는 것과 같은 의미라며 놀라워했다(BBC '20. 11. 2). 미국 메이저리그 경기에서 '아기상어'가 워싱턴 내셔널즈팀의 응원가로 불리는가 하면(AFP, MLB닷컴 등, 19.10월), 레바논의 대규모 반정부 시위 현장에 '아기상어'가 울려퍼져 화제를 모으기도 했다(CNN, '19. 10. 22 등).

2. 주요 지표별 국제평가

문재인 정부 5년 동안 우리나라에 대한 다양한 국제평가가 있었다. 국제평가는 시점과 기준에 따라 다양하게 이루어지기 때문에 이 평가가 늘 일정한 것은 아니다. 그러나 다양한 국제평가들을 통해 우리나라의 국제적인 위상을 확인할 수 있을 것이다. 여기에 제시된 국제평가 관련 자료들은 언론을 통해서도 확인할 수 있는 것들로서, 제한적으로 제시되었다. 그리고 평가는 매년 달라질 수 있으며, 여기에 제시된 평가는 발표 시점을 기준으로 이해되어야 할 것이다.

1) 경제 관련 평가

(1) OECD 최고 수준 경제성장률 달성(2021년 1분기)

우리나라는 2020년 GDP 성장률이 -1.0%를 기록하여 OECD 37개 회원국 중 5번째로 높은 성장률을 달성하였다. 2021년 1/4분기 GDP가 전분기 대비 1.6% 성장하였으며, 3050 클럽 국가 중에서 2021년

1/4분기에 2020년 4/4분기 GDP 수준을 돌파한 유일한 국가이다.

[그림 7-2] 3050클럽 국가 '21.1분기 실질GDP 수준

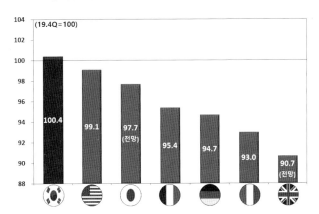

[그림 7-3] 주요 선진국 GDP 추이

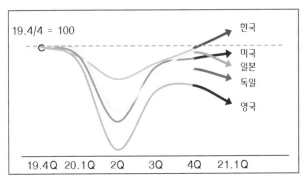

(2) 국가신용등급 AA 역대 최고(S&P, 2021년 4월)

국가 부도위험을 나타내는 CDS 프리미엄이 글로벌 금융위기 이후 최저수준을 유지하였다. 양호한 재정건전성(OECD 4위), 11년 연속 무역 흑자(수출 7위, 5,424억 달러)에 기반한 평가라 할 수 있다.

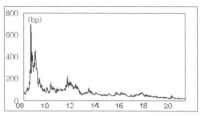

출처: 대한민국 정부.

(3) 세계경제규모 10위(2020년 4월)

2020년 경제규모(경상GDP) 1조 6,382억 달러로 세계 10위가 되었다. 2020년 기준 경제성장률이 OECD 평균과 비교하여 가장 높은 수준을 보였으며, 경제규모는 2019년 12위에서 2020년에 10위가 되었다.

[그림 7-6] 주요국 신용등급 비교   [그림 7-7] CDS 프리미엄(5년물) 추이

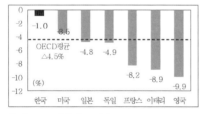

출처: IMF, 대한민국 정부.

(4) 세계 최고 수준의 수소경제 선도 국가(2020년)

수소차 보급에서 세계 1위를 기록하였다(수소차 누적 1.1만 여대, 2020년 말 기준). 한국은 10,831인 반면, 미국은 8,801, 일본 3,982, 독일은 374(2020년)에 그쳤다.

구분	2017년		2020년	
1	미국	2,331	**한국**	**5,827**
2	일본	1,142	미국	937
3	**한국**	**61**	일본	717
4	독일	61	독일	212

〈표 7-2〉 국내·외 수소차 보급 실적(대)

구분	2016년	2020년	2021년(3월)
친환경차	25만 대	84만 대	91만 대
전기차	1.2만 대	14만 대	15만 대
수소차	94대	1.1만 대	1.2만 대
하이브리드	24만 대	69만 대	75만 대

〈표 7-3〉 친환경차 누적 보급

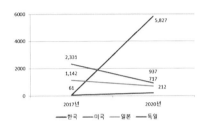

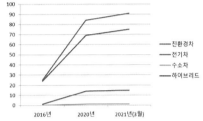

출처: 대한민국 정부.

(5) 높아진 국가경쟁력(2021년)

IMD(International Institute for Management Development)의 국가경쟁력 평가가 상승하였다.(2021년) 이 평가는 국가(기업하기 좋은 환경을 만들어 줄 수 있는 역량)와 기업(효율적으로 운영하는 역량)이 그들의 부를 증진하고 삶의 질을 향상시키기 위하여 보유하고 있는 역량을 평가하는 것으로, OECD 국가 및 신흥국 총 64개국이 평가 대상이다.

여기서 한국은 역대 최고 수준 평가를 유지했다. 한국은 전체 국가 중에서 23위, 14개 아시아-태평양 국가 중에서는 7위, 인구 2천만명 이상 29개 국가 중에서 8위로 전년과 동일한 높은 순위를 유지했다.

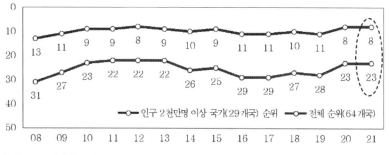

[그림 7-8] IMD 국제경쟁력 순위 변화

출처: IMD, 대한민국 정부

경제성과 분야는 2020년 27위에서 2021년 18위로 9단계 상승하였다. 경제적 성과 분야는 2021년 우리나라는 국내경제 부문(↑6), 국제무역 부문(↑8), 고용 부문(↑7)이 큰 폭으로 상승하여 국제투자 부문(↓4)과 물가 부문(↓3)의 하락에도 전년 대비 9단계 상승하였다.

과학 인프라 순위는 2020년 3위에서 2021년 2위로 1단계 상승하였다. 한국의 과학 인프라 순위는 역대 가장 높은 2위이며, 연구개발투자, 연구개발인력, 특허수, 첨단산업의 부가가치 비중 등의 순위가 높다. 인구 천명 당 R&D 연구자 수 1위, GDP 대비 총 연구개발 투자비 및 기업연구개발비 비중 2위, 인구 10만명 당 출원인 국적별 특허 출원수 2위이다.

〈표 7-4〉 IMD 국제경쟁력 분야별 순위 변화

구분	경제성과 (27 → 18)					정부 효율성 (28 → 34)					기업 효율성 (28 → 27)					인프라 (16 → 17)				
	국내경제	국제무역	국제투자	고용	물가	재정	조세정책	제도여건	기업여건	사회여건	생산성	노동시장	금융시장	경영활동	행태가치	기본인프라	기술인프라	과학인프라	보건환경	교육
2020년	11	41	30	12	48	27	19	29	46	31	38	28	34	36	15	20	13	3	31	27
2021년	5	33	34	5	51	26	25	30	49	33	31	37	23	30	21	18	17	2	30	30

출처: IMD, 대한민국 정부

2) 혁신 관련 평가

(1) 블룸버그 혁신지수 60여 개국 중 1위(2021년)

국가경쟁력과 지속가능한 성장을 위한 중요한 지표의 하나가 혁신이다. 혁신 관련 국제적 평가에서 우리나라는 높은 평가를 받았다. 연구개발 집중도, 제조업 부가가치, 생산성, 첨단기술 집중도, 교육 효율성, 연구 집중도, 특허활동 등 7개 부문 점수를 매긴 뒤 합산, 순위를 도출하는 미국 경제지 〈블룸버그〉의 혁신지수 평가에서 한국은 2021년 90.49점으로 세계 1위로 평가되었다. 우리나라는 2014~2019년 6년 연속 1위를 차지하다가 2020년 2위였다가 다시 1위로 올라섰다. 세계 최고의 혁신국가임을 다시 확인할 수 있었다.

2021년 평가에서, 2위는 싱가포르(87.76점), 3위는 스위스(87.60점), 4위는 독일(86.45점)이며, 미국은 11위, 일본은 12위, 중국은 16위를 차지했다.

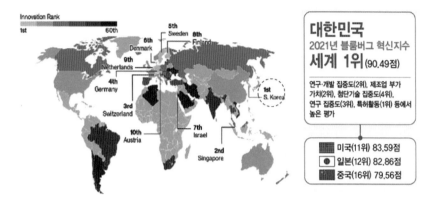

[그림 7-9] 블룸버그 혁신지수 국가별 분포도

출처: 블룸버그, 대한민국 정부

(2) 글로벌 혁신 지수 세계 5위(2021년)

UN 산하 세계지식재산기구(World Intellectual Property Organization: WIPO)의 글로벌 혁신지수(Global Innovation Index: GII) 평가에서, 우리나라는 세계 5위, 아시아 1위를 기록했다. 이 지수는 유럽경영대학원(INSEAD)등이 세계지적재산기구 회원국을 대상으로 미래 경제발전의 핵심동력인 혁신역량을 측정하여 각국에 공공정책 등 전략 수립에 필요한 정보를 제공하기 위해 2007년부터 시작되었다.

우리나라는 그동안 10위권 대에 머물렀으나 2021년 처음으로 5위를 차지했다. 2018년 12위에서 2019년 11위, 2020년 10위였는데, 2021년에 5위로 크게 올랐다. 이 중에서 미래에 대한 투자를 평가하는 인적자본·연구 분야는 3년 연속 세계 1위를 차지했다. 그리고 81개 세부 지표 중 9개 지표에서 세계 1위를 차지하였다. GDP 대비 특허 출원, GDP 대비 PCT 출원, GDP 대비 특허패밀리(2개국 이상 출원), GDP 대비 디자인 출원(이상 지식재산 관련), 인구 대비 연구원, 인구 대비 기업 연구원, 정부 온라인 서비스, 전자정부 온라인 참여, 하이테크 수출 비중 등에서 세계 1위로 평가되었다.

(3) 기업환경평가 190개국 중 5위(세계은행, 2019년)

세계은행 기업환경평가는 창업부터 퇴출까지 기업의 생애주기에 따라 10개 항목을 바탕으로 평가한다. 시나리오를 적용해 부문별 점수를 산정하고, 전체 평균 점수를 기준으로 순위를 매기는 방식이다.

우리나라는 2019년 190개국 중 5위를 기록하며 6년 연속 5위권을 달성했다. 우리나라는 2011년 8위로 처음 10위권에 진입하였는데, 2014년부터 2019년까지 6년 연속 5위권을 기록하였다. 1위는 뉴질랜드이며, 이어 싱가포르(2위), 홍콩(3위), 덴마크(4위) 순이다. 우리나라의 뒤를 이어 미국 6위, 영국 8위, 독일 22위, 캐나다 23위, 일본 29위, 중국 31위이다. 주요 20개국(G20) 중에서 한국이 1위를 기록했다.

[그림 7-10] 세계은행 기업환경평가 순위

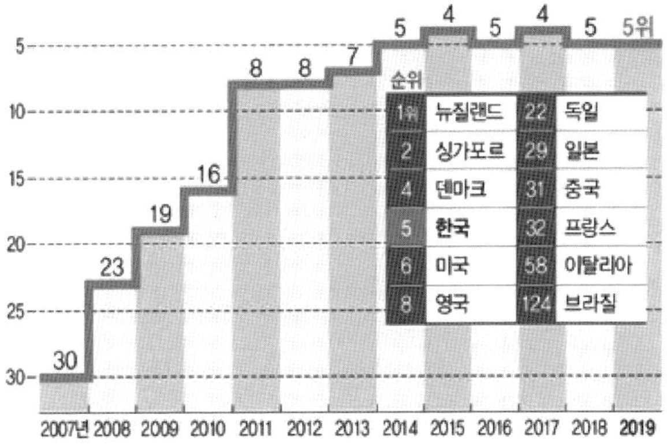

출처: 세계은행, 대한민국 정부

3) 정부 신뢰 및 정부혁신 관련 평가

(1) OECD 정부신뢰도 37개 회원국 중 20위(2021년)

우리나라는 2019년 신뢰도 39%(36개 국가 중 22위)에서 2021년 45%(37개 국가 중 20위, 역대 최고 성적)로, 2017년 이후 3회 연속 순위가 상승하였다. 우리나라 정부 신뢰도는 2007년 24%, 2011년 27%, 2013년 23%, 2015년 34%, 2017년 24%, 2019년 39%를 기록하였다.

[그림 7-11] OECD 정부신뢰도

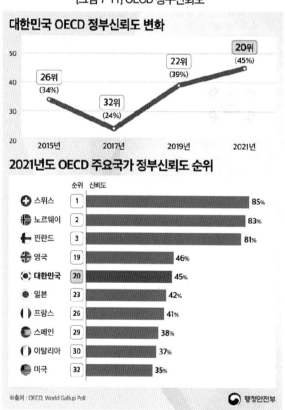

출처: OECD, 행정안전부.

OECD 회원국 전체 평균은 50.7%인데, 스위스 85%(1위), 노르웨이 83%(2위), 핀란드 81%(3위), 일본 42%(23위), 프랑스 41%(26위), 미국 25%(32위)의 순이다.

(2) UN 전자정부 평가, 세계 최고수준 유지(2020년)

UN 전자정부평가는 UN이 2002년부터 2년마다 193개 전체 회원국을 대상으로 실시하고 있다. 전자정부 서비스의 우수성과 통신망·교육수준 등 활용 여건을 평가하는 전자정부발전지수와 온라인을 통한 정책참여 활성화 수준을 평가하는 온라인참여지수를 국가별로 발표한다.

2020년 UN 전자정부평가에서 전자정부발전지수 종합 지수 193개 회원국 중 2위, 전자정부 온라인참여지수는 1위를 기록하였다. 온라인 서비스 1위, 정보통신 인프라 4위, 인적자본 23위로 나타났다.

[그림 7-12] UN 전자정부 평가

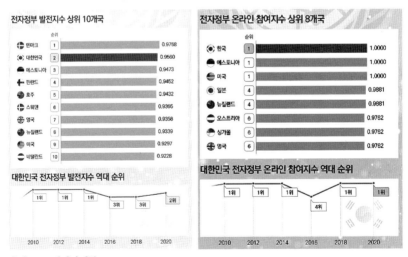

출처: UN, 행정안전부.

(3) OECD 디지털정부 평가 1위(2020년)

2020년 처음으로 발표된 지표로서 회원국들의 디지털 전환 수준과 디지털정부 성숙도를 측정하기 위해 총 33개국(회원국 29개국, 비회원국 4개국)을 대상으로 2018년부터 2019년까지 2년에 걸쳐 6가지 평가항목을 측정하였다. 평가항목은 ① 디지털 우선 정부(Digital by design), ② 플랫폼 정부(Government as a platform), ③ 열린 정부(Open by default), ④ 데이터 기반 정부(Data- driven public sector), ⑤ 국민주도형 정부(User- driven), ⑥ 선제적 정부(Proactiveness)이다.

우리나라는 2020년 발표한 OECD 디지털 정부평가(The OECD 2019 Digital Government Index)에서 종합 1위를 달성했다(0.742점, 1점 만점). 2위는 영국(0.736점), 3위 콜롬비아(0.729점), 4위 덴마크(0.652점), 5위 일본(0.645점)의 순이다. OECD 평균은 0.501점이다.

디지털 우선 정부부문에서는 1위로 평가받았다. 디지털 우선 정부는 정부가 공공서비스를 만들고 혁신하는 과정에서 처음부터 디지털 기술을 반영하여 설계하고, 필요시 법제도, 행정절차, 대국민 소통 방식 등을 근본적으로 바꿔나가는 노력을 평가한다. 열린 정부부문에서

〈표 7-5〉 디지털정부평가 상위 5개국 세부 평가결과

구 분	종합	디지털 우선 정부	플랫폼 정부	열린 정부	데이터 기반 정부	국민 주도형 정부	선제적 정부
대한민국	1위	1위	2위	1위	3위	4위	12위
영국	2위	6위	1위	2위	1위	3위	11위
콜롬비아	3위	3위	5위	11위	5위	2위	1위
덴마크	4위	5위	12위	6위	2위	1위	15위
일본	5위	2위	9위	19위	8위	5위	7위

출처: OECD, 행정안전부.

도 1위로 평가되었다. 열린 정부는 정부가 가진 데이터와 정보, 시스템, 프로세스 등을 공개하여 공익에 기여하고 지식 기반 행정을 실현하려는 노력을 측정한다.

(4) 국가청렴도(CPI) 평가, 32위로 역대 최고 기록(2021년)

국제투명성기구(Transparency International: TI)에서 2022년 1월 발표한 국가별 부패인식지수(Corruption Perceptions Index: CPI)에서 180개국 중 32위(62점)로 역대 최고 점수를 기록하였다. 이 지수는 공공·정치부문에 존재하는 것으로 인식되는 부패의 정도를 측정하는 지표로서, 반부패에 대한 관심을 불러일으키는 유용한 도구로 1995년부터 발표되고 있다.

우리나라의 CPI는 5년 연속 상승하여 총 20순위 상승하였고, OECD 37개국 중에서는 22위로 전년 대비 5단계 상승하였다. OECD 국가들 중에서 가장 높은 상승폭을 기록하였다.

유럽 반부패국가역량 연구센터(ERCAS)가 2019년 발표한 국가별 공공청렴지수(Index of Public Integrity: IPI)에서, 우리나라는 117개국 중 20위로, 아시아 국가 중 2위를 기록하였다. 이것은 2017년과 비교하여 4단계 상승한 것이다. 전자적 시민권(1위), 행정적 부담(19위), 정부예산 투명성(26위), 언론의 자유(36위), 교역 개방성(40위), 사법부 독립성(51위) 등에서 긍정적 평가를 받았다.

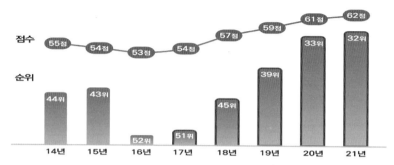

[그림 7-13] 우리나라 TI 국가청렴도(부패인식지수) 평가

출처: 국민권익위원회.

〈표 7-6〉 국가별 공공청렴지수 순위

연도	총계		사법부 독립성		행정적 부담		교역 개방성		예산 투명성		전자적 시민권		언론자유	
	점수	순위												
19년	8.33	20위	5.58	/51	9.40	/19	9.38	/40	8.50	/26	10.00	/1	7.15	/36
17년	8.02	24위	5.44	/53	9.61	/10	8.97	/36	8.50	/26	8.28	/16	7.30	/34
15년	8.04	23위	5.40	/51	9.44	/13	8.97	/38	8.93	/15	8.19	/17	7.31	/34

출처: 국민권익위원회.

4) 민주주의 관련 평가

(1) EIU 민주주의지수, 완전한 민주주의 유지(2020년)

우리나라는 2022년 2월 EIU(Economist Intelligence Unit)가 발표한 민주주의지수(Democracy Index 2021)에서, 8.16점으로 완전한 민주주의(full democracy)로 평가되었다. 평가 대상 167개 국가 중 16위로서, 2016년 7.92점, 2017~19년 8.0점, 2020년 8.1점에서 상승한 결과이다. 우리나라는 선거과정과 다원주의 9.58점, 정부기능 8.57점, 정치참여 7.22점, 정치문화 7.5점, 국민자유 7.94점을 받아 평균 8.16점을 기

록했다.

EIU는 2006년부터 167개 국가를 대상으로 선거과정과 다원주의, 정부기능, 정치참여, 정치문화, 국민자유 등 5개 영역을 평가해 민주주의 발전수준 지수를 측정했다. '완전한 민주주의' 국가는 9.75점으로 가장 높은 점수를 받은 노르웨이를 비롯해 뉴질랜드(9.37), 핀란드(9.27), 스웨덴(9.26) 등 21개 나라가 꼽혔다. 아시아 국가 중에는 8.99점으로 8위에 오른 대만, 16위의 한국과 17위의 일본이 '완전한 민주주의'에 포함됐다.

민주주의 체제에서 살고 있는 세계 인구 비율은 45.7%이며, 이 중 완전한 민주주의를 누리는 인구는 6.4%이다. 세계 인구의 3분의 1 이상이 권위주의 체제하에 살고 있는 것으로 평가되었다.

(2) 언론자유지수, 아시아 1위(2021년)

국경없는 기자회(Reporters without Borders: RSF)가 2021년 12월 발표한 2021년 세계언론자유지수(World Press Freedom Index)에서 우리나라는 조사 대상 180개국 중 23.43점으로 42위를 기록하였다. 2016년 180개 국가 중 70위에 머물렀으나 점차 순위가 상승하여 2021년에 42위를 기록하였고, 2019년부터 2021년까지 3년 연속 아시아 1위를 유지하였다. 국경없는 기자회는 한국을 뉴질랜드, 호주 등과 함께 아시아태평양 지역 언론 자유의 모델이라 평가하기도 하였다.

[그림 7-14] 우리나라 언론자유지수 변화

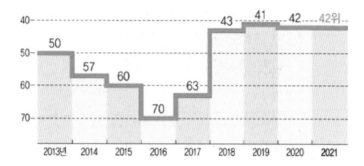

출처: 대한민국 정부.

제8장 국민이 만든 국정 성과,
대한민국 5대 강국론

1. 위기에 강한 정부

1) 전사회적 협력에 기초한 방역의 추진 :
생활치료센터의 활용 등

코로나19와 같은 긴박한 위기 상황 속에서도 정부와 시민사회 간 유기적 협업에 근거한 혁신적 방역 대책 및 유연한 행정조치 시행을 통하여 국민 건강권을 효과적으로 보호할 수 있었다.

특히 혁신적인 생활치료센터 설치 및 운영 등 방역자원의 창의적이고 적극적인 활용으로 많은 문제들을 해결할 수 있었다. 다음과 같은 성과들을 들 수 있다.

- 경증환자의 비율이 높은 코로나19의 특성에 기반하여 경중에 관계없이 입원치료를 원칙으로 했던 초기 방침의 수정
- 확진자 증가에 따른 중증환자의 치료 병실 부족 해결
- 보건의료자원의 효율적, 효과적 배분을 가능하게 한 K-방역의 핵심전략
- 입원 대기 중 사망 등 적절한 치료의 부재로 인하여 발생하는 사건 대응

- 의료진 1일 2회 모니터링 및 24시간 유선 또는 영상 진료상담을 통한 증상 확인
- 입소자의 숙식, 폐기물 처리, 시설 소독 등 생활 지원서비스 제공을 통하여 입소자가 안락하고 편안하게 격리 상황을 보낼 수 있는 환경 제공
- 중앙부처뿐 아니라 공공기관, 기업, 금융기관, 학교, 종교계 등의 시설제공을 통한 생활치료센터 확보

지역사회의 참여와 협력을 통하여 이미 지역사회에 존재하는 시설들을 활용할 수 있었던 정부와 지역사회 협력의 대표적인 사례라 할 수 있다. 이를 통해 코로나19 확진자 증가에 따른 보건의료체계의 부담을 줄임으로써 코로나19 환자뿐 아니라 중증 필수 의료서비스가 필요한 환자들에게 적절한 보건의료 서비스를 제공할 수 있는 보건의료체계의 대응력 강화에 크게 기여하였다. 또한 코로나19 증상의 악화 시 감염병 전담병원 또는 국가지정 입원병상으로의 신속한 이송 시스템을 구축하여 환자의 안전을 최대한 확보할 수 있도록 하였다.

2) 혁신적이고 창의적인 방역 노력

무엇보다도 코로나19 상황 속에서 많은 혁신적 아이디어들이 빛을 발하였다. 특히 드라이브스루(Drive Thru) 검사 시행은 확진자를 최대한 신속하게 찾아서 적기에 조치를 하기 위한 K-방역의 혁신 전략이다. 국민들의 성숙한 시민의식과 적극적 참여를 통하여 효과가 배가되었고, 민간 의료기관의 적극적 참여를 통한 공공-민간 협력의 대표적 사례라 할 수 있다. 이것은 코로나19 검사시간 단축 및 방역복 교체 부

담 경감에 매우 효과적인 조치로서, 이후 한국형 신속검사 모델로 인정받으며 많은 국가에서 벤치마킹하였다. 이것은 이후 워킹스루(1인 부스 적용), 글러브 월(투명한 벽을 사이에 두고 검체 채취) 등의 다양한 형태로 진화하였다.

3) 근거기반 정책결정 강화 및 적극적이고 유연한 행정조치 시행

코로나19의 극복을 위하여 관련 데이터의 합리적 분석과 활용이 있었다. 즉 데이터 기반의 정책결정을 통해 국민에게 정확한 정보 전달과 불편 최소화가 가능하였다. 마스크 5부제 시행 과정에서 약국 판매를 실시하면서 판매량 관리를 위하여 건강보험 심사평가원의 요양기관 업무포탈 시스템을 활용하였다. 이것은 그동안 IT에 기반한 보건의료 정보시스템이 고도화되어 있었기에 가능한 것이었다는 점에서, 우리의 높은 수준의 보건의료 관리역량을 증명하는 것이다.

- 마스크 재고량 데이터 공개를 통한 150여 개 앱/웹 서비스 제공
- 법령과 제도를 현실에 맞게 운영하여 국민 불편 최소화

그리고 코로나19 진단키트에 대한 긴급사용 승인제도를 적용하여 통상 80일 소요된 사용 허가가 7일 만에 이루어지게 함으로써 코로나19 감염에 대한 적극적 관리가 가능하도록 하였으며, 이는 코로나19의 확산을 방지하는데 크게 기여하였다.

4) 민주주의에 기반한 국민들의 적극적 참여, 지지, 노력에 기반한 성과

많은 국가가 코로나19에 대응하기 위하여 통행 및 출입제한, 경제 활동 봉쇄 등 비상조치들을 도입하였다. 이러한 통제 중심의 정부 대응은 시민의 자유와 기본권에 대한 일정한 제약을 수반할 수밖에 없었다.

이에 반해 우리나라는 코로나19 진단, 추적, 치료에 있어서 효율적인 정부 대처와 투명한 정보 공개, 시민사회의 적극적 참여로 우수한 방역 성과를 창출하는 등 어느 국가에서도 찾을 수 없는 민주방역, 시민참여 방역을 성공적으로 추진하였다.

유엔이 권고한 '불가피한 경우에만, 위험이 비례하는 수준에서, 비차별적으로'기본권 제한이 이루어지도록 하는 정책을 선도적으로 구현하였다는 점에서 우리나라의 방역관리체계는 세계의 모범적인 표준으로 평가되고 있다.

5) 사회적 자본의 축적을 통한 정부·기업·시민사회 간 신뢰의 증대

코로나19와 같은 공중보건 위기 상황에서 검증되지 않은 정보들의 범람 속에서 정부의 투명한 정보 공개로 인하여 정부·기업·시민사회 간 신뢰가 증대될 수 있었다. 이것은 정부의 방역정책이 성공적으로 추진될 수 있는 핵심적 기반이 되었다.

신뢰는 한 사회의 집합적 행동을 수월하게 하는 사회적 자본으로서 사회 위기 대처에 필수적 요소이다. 투명한 정보 공개와 의사소통 노력에 기반한 정부 혁신이 코로나19 대응에 대한 정부 신뢰 및 사회적 신뢰로 이어졌고, 이것이 감염병 대응 및 극복 과정에서의 성과 창출에 핵심적으로 기여하였다. 첫 환자 발생 이후 매일 브리핑을 통하여 관련 데이터와 방역 상황이 공개되었고, 장기간의 사회적 거리두기는 K-방역 성과에 크게 기여했으나 이 정책에 대한 신뢰 및 사회구성원 간 신뢰가 없이는 불가능한 것이다.

6) 개방, 투명, 민주의 원칙과 창의적 방식에 기반한 K-방역 모델 정립

대대적인 검사, 진단과 추적, 시민의식과 마스크 착용 등 방역을 위한 조치뿐 아니라 개방성, 투명성, 신속성, 혁신 추구 등의 한국 사회의 가치 지향점과의 유기적 결합의 결과이다. 이를 통해서 K-방역은 세계적 방역 표준으로서의 위상을 획득할 수 있었다.

- 방역 당국과 의료진의 헌신, 자원봉사자들의 자발적 참여, 연대와 협력의 정신을 기반으로 하는 대한민국 고유의 방역 시스템 정립
- 3無(공황, 사재기, 봉쇄가 없는) 상황 속에서 차분한 일상과 세계 최저 수준의 치명률이 공존하는 국가라는 국제적 평가의 근거
- 코로나19 팬데믹 상황 속에서도 세계 최초로 선거를 문제없이 실시할 수 있었던 기반을 제공
- 새로운 방역 방법을 개발하여 다른 국가들에게 영향을 미칠 수 있는 역량을 인정받음으로써 바람직한 제도나 정책을 성공적으로 수행하여 모범을 보인 국가로 평가받음
- 우리가 세계 선도국가로서의 역할을 수행할 수 있는 기회를 마련

2. 미래를 여는 정부

1) 코로나19 위기의 극복과 포스트코로나 시대의 선제적 대응

전례 없는 코로나19 확산으로 세계는 그동안 경험하지 못했던 큰 위기를 겪고 있다. 각국의 강력한 봉쇄조치(lock-down)는 공급망 교란, 소비 위축, 일자리 감소 등 경제 모든 영역에 큰 충격을 미쳤다. 일자리 안정성도 위협받고 있다.

2020년 9월 G20 고용노동장관회의 공동선언문(모두를 위한 21세기 기회 실현)에서 코로나19 충격으로 2020년 2분기 근로시간이 약 14% 감소하였고, 이는 4억 개 전일제 일자리 상실과 맞먹는 수준이라고 발표했다. 반면, 온라인 교육, 디지털 돌봄 등 비대면 산업이 활성화되면서 인공지능(AI), 빅데이터, 5G 통신 등의 중요성이 높아졌다. 기후변화 위기의 파급력과 시급성도 새롭게 인식하게 되었다. 코로나19를 계기로 OECD 회원국을 필두로 세계 각국은 '더 나은 재건(building back better)'을 기치로 내걸고 온실가스 감축정책을 강화하고, 기업들은 미래전략을 환경친화적으로 바꾸고 있다.

우리 경제도 심각한 어려움에 처했다. 코로나19에 따른 사회적 거리두기로 인한 내수 감소와 주요 교역 상대국의 강도 높은 봉쇄조치로 인한 글로벌 공급망의 붕괴 등으로 우리 경제의 성장률은 하락하였다. 전기 대비 성장률은 코로나19 발생 이후 2020년 1분기에 △1.3%, 2분기에는 △3.2%로 하락하였다. 지금까지 경험하지 못한 위기에 적극적으로 대응하고 선도국가로의 진입을 위한 지속가능한 발전 동력을 확보하기 위한 과감한 국가전략 수립이 시급한 상황이었다.

이에 정부는 2020년 7월 14일 코로나 위기를 극복하고 포스트코

로나 시대의 경제·사회구조 변화에 선제적으로 대응하기 위해 「한국
판 뉴딜 종합계획」을 마련하여 발표하였다. 한국판 뉴딜은 우리나라가
'선도국가로 도약하기 위한 대한민국 대전환' 전략이다.

2) 한국판 뉴딜과 탄소중립

(1) 세계가 인정한 한국판 뉴딜

해외언론, 각국 정상, 국제기구, 해외석학·전문가 등 국제사회에서
도 한국판 뉴딜에 대해 긍정적 평가를 하고 있다.

〈블룸버그〉는 "한국판 뉴딜의 성공은 지역 경제 강국인 한국의 명
성을 더 높일 것"이라고 평가하였고('20. 7. 14), APEC(아시아 태평양 경제
협력체) 정상회의에서는 "APEC의 미래 청사진으로서 한국판 뉴딜과
맥락을 같이 한 APEC 푸트라자야 비전 2040(▲무역자유화, ▲디지털 경제,
▲포용적이고 지속가능한 성장)을 채택"하였다('20. 1. 20).

OECD는 한국판 뉴딜이 디지털·그린·사람투자를 통해 친환경적·포
용적 경기회복을 뒷받침하는 것으로 평가하였고('21. 8월), IMF는 팬데
믹 이후 시대에 새로운 성장동력 개발과 포용성 확대를 내용으로 하는
한국판 뉴딜은 환영받을 전략이라고 진단하였다('21. 3월).

노벨경제학상 수상자 조지프 스티글리츠 미 컬럼비아대 교수는 "한
국이 코로나 대응 정책의 일환으로 그린뉴딜을 추진하는 국가들 중 선
도적인 역할을 하는 것을 매우 환영"한다고 하였으며('20. 9. 17), 앙헬
구리아 전 OECD 사무총장은 "한국은 디지털 뉴딜과 그린 뉴딜 어젠
다를 모두 제시할 수 있는 리더가 되기 위해 필요한 모든 디지털 기술
을 보유하고 있다"고 평가했다('21. 2. 17).

세계가 바라본 한국판 뉴딜

❶ 해외언론

- "코로나로 인한 경제적 충격에 대응하기 위해 한국판 뉴딜 정책 발표" (Forbes, '20. 7. 14)
- "한국판 뉴딜의 성공은 지역 경제 강국인 한국의 명성을 더 높일 것" (Bloomberg, '20. 7. 14)
- "한국판 뉴딜은 코로나 경제위기 극복뿐 아니라 국가 전체 디지털 전환 및 포스트코로나 시대 선도국가 도약을 제시하고 있다." (The Diplomat, '20. 8. 1)
- "한국의 그린뉴딜은 현명한 경제회복이 어떤 것인지를 세계에 보여준다" (The Conversation, '20. 9. 9)

❷ 각국 정상

- "문 대통령이 루스벨트 기념관을 찾아주고, 한국판 뉴딜 정책을 추진해 감사" (조 바이든 미국 대통령, '21. 5. 21, 한미정상회담)
- "한국판 뉴딜 정책과 한반도 평화 등 문재인 대통령의 개방적이고 건설적인 정책을 전반적으로 지지" (샤브카트 미르지요예프 우즈베키스탄 대통령, '21. 1. 28, 한-우즈베키스탄 화상 정상회담)
- "한국의 디지털 뉴딜과 그린 뉴딜은 중미의 디지털 전환, 그린 전환을 통한 지속가능한 발전에 공통점이 있으며, 기술혁신과 친환경 정책 노하우를 배우겠다." (루이스 아비나데르 도미니카 공화국 대통령, '21. 6. 25, 한-중미통합체제(SICA) 화상 정상회의)
- APEC 미래 청사진으로 한국판 뉴딜과 맥락을 같이 한 APEC 푸트라자야 비전 2040(▲무역자유화, ▲디지털 경제, ▲포용적이고 지속가능한 성장)을 채택 ('20. 11. 20, APEC 정상회의)
- "한국이 코로나19 방역과 경제 분야에서 모범적인 성과를 내고 있고, 한국판 뉴딜 정책이 4차 산업혁명 시대를 반영하고 지속가능성과 사회안전망 구축 및 기후변화 대응까지 내실있게 포괄하고 있는 점 등을 고려했다." ('21. 1. 27, 세계경제포럼(WEF) '한국 특별회의' 초청장)

❸ 국제기구

- "한국판 뉴딜은 환경친화적·포용적 경기회복을 뒷받침할 것… 재생에너지·친환경 기술 지원 확대는 재정 승수가 높아 경제회복 공공화에 기여" (OECD, '21. 8월, 한국경제보고서)
- "한국판 뉴딜은 포스트코로나 시대의 새로운 성장동력 확보와 포용성 제고 등을 위한 환영받을 전략" (IMF, '21. 3월, IMF 연례협의보고서 등)

❹ 해외석학·전문가

- "한국이 코로나 대응 정책의 일환으로 그린뉴딜을 추진하는 국가들 중 선도적인 역할을 하는 것을 매우 환영" (조지프 스티글리츠 미 컬럼비아대 교수, 노벨경제학상 수상자, '20. 9. 17, 그린뉴딜 국제컨퍼런스)
- "전 세계의 모든 국가들이 한국이 추진하고 있는 그린뉴딜 정책을 적용해야 한다고 본다." (제프리 삭스 미 컬럼비아대 교수, '21. 1월, 〈아시아경제〉 인터뷰)
- "한국의 탄소중립을 2050년까지 달성하겠다는 발표는 매우 중요. 한국의 그린뉴딜은 이러한 탄소중립목표를 달성하는데 경로가 될 수 있음. 또한 포스트코로나 시대의 경제회복도 견인하게 될 것" (크리스탈리나 게오르기에바 IMF 총재, '21. 5. 31, P4G 정상회의)
- "한국의 그린뉴딜 정책은 '2050 탄소중립선언'과 함께 전 세계 다른 국가들에게 중요한 사례를 제시" (잉거 앤더슨 UNEP 사무총장, '21. 5. 30, P4G 정상회의)
- "지속가능성과 포용성에 기반한 한국판 뉴딜 모델은 강력한 회복과 성장에 중점을 두고 있다. 한국은 디지털 뉴딜과 그린 뉴딜 어젠다를 모두 제시할 수 있는 리더가 되기 위해 필요한 모든 디지털 기술을 보유하고 있다." (앙헬 구리아 전 OECD 사무총장, '21. 2. 17, KDI 국제컨퍼런스)

실제로 비대면 거래·교육 확산, 저탄소·친환경 산업생태계 구축 등 신속한 디지털·그린 전환은 코로나19 위기 극복에 기여하였으며, 신산업을 중심으로 한 수출 확대, IT 및 신기술·친환경 투자 확대 등에 힘입어 우리 경제는 2021년에 빠르고 강한 경제 회복세를 나타내고 있다. 2021년 우리 경제는 당초 전망치인 3.2%를 넘어 4.2% 성장이 전망되고 있다.

(2) 우리가 먼저 선택한 길, 세계를 선도하는 국가전략으로 부상

2020년 코로나19 위기 상황에서 과감한 국가전략으로 채택한 한국판 뉴딜의 핵심 정책인 디지털 뉴딜과 그린 뉴딜은 뒤이어 미국, EU 등 주요 국가에서도 유사한 관련 국가정책을 발표·추진하면서 세계적으로도 옳은 선택이었음이 확인되고 있다.

주요국들은 디지털 전환에 대한 투자계획을 수립하는 등 디지털 경제 선도를 위한 경쟁을 가속화하고 있다. 미국 바이든 정부는 2021년 3월 2조 달러 규모의 인프라 재건 계획을 발표하여 초고속 통신망 구축, AI 등 신기술 R&D에 대한 투자를 강화하였다. EU의 경우에도 2021년 3월 2030 디지털 컴퍼스 전략을 발표하여 디지털 기술인력 양성, 5G 등 디지털 인프라 구축, 디지털 비즈니스 전환 등 디지털 전환을 본격화하였다. 2021년 4월 기후정상회의, 2021년 5~6월의 P4G 정상회의 등을 통해 탄소중립을 향한 그린뉴딜은 글로벌 뉴노멀로 정착되고 있다. 우리나라가 디지털 전환과 그린 뉴딜 분야에서 세계적인 선도국가로 자리 잡게 되었다.

"국제사회에서도 한국판 뉴딜을 코로나19 위기 극복과 기후위기 대응을 위한 대표적인 국가발전 전략으로 평가하고 있습니다. 이제 한국판 뉴딜은 세계가 함께 가는 길이 되었습니다. 우리가 1년 전 제시한 국가발전전략이, 세계가 추구하는 보편적 방향이 되었음을 G7 정상회의에서도 확인할 수 있었습니다."

(한국판 뉴딜 2.0, 문재인 대통령 기조연설, '21. 7. 14.)

〈표 8-1〉 주요국의 디지털 뉴딜 및 그린 뉴딜 관련 정책

디지털 뉴딜	1. (미) 바이든 정부 2조 달러 인프라 재건 계획 발표(American Job plan, 2021. 3월) - 초고속 통신망 구축 및 AI 등 신기술 R&D에 대규모 투자 2. (EU) '2030 디지털 컴퍼스'(2021. 3월), 호라이즌 유럽(Horizon Europe) 등 디지털 전환 추진 - 디지털 기술인력 양성, 5G 등 디지털 인프라 구축, 디지털 비즈니스 전환 등 3. (중) 14차 5개년('21~'25) 계획 발표('21. 3월), 디지털 중국 건설을 표명 - 5G 네트워크, AI 등 디지털 新 인프라에 대한 투자 확대(9조 위안, ~2025)
그린 뉴딜	1. (EU) 유럽 연결 프로젝트(Connecting Europe Facility, 2021. 3월) 발표, 유럽기후법 승인(2021. 6월), 탄소조정국경제도(Carbon Border Adjustment Measure) 도입(2023~) - 친환경·디지털 운송에 33.7억 유로를 투자(2021~2027), 2050년까지 90% 절감 계획 2. (중) 14차 5개년(2021~2025) 계획(2021. 3월)에서 녹색경제 발전을 강조 - 비화석 에너지 사용 비중 확대(2021년 15% → 2025년 20%), 재활용·전기차 활용 확대 등 3. (일) 2050 탄소중립에 따른 그린 성장전략 실행계획 발표(2020. 12월) - 2조 엔 규모 기금 신설, 세제혜택·금융지원·규제개선 등을 통해 전력·비전력·산업 부문 탄소중립 추진 및 14개 유망 산업분야 육성 등

(3) 세계 선도국가로의 도약을 위한 한국판 뉴딜의 추진

「한국판 뉴딜」은 저성장·양극화 심화에 대응하여 추진해 온 문재인 정부의 「혁신적 포용국가」 정책의 성과를 바탕으로 코로나19로 당면한 방역위기, 경제·일자리위기, 기후·생태위기, 불평등·공동체 위기를 극복하고, 21세기의 대한민국을 디지털경제시스템, 그린사회생태계, 휴먼공동체로의 사회경제구조 혁신과 정의로운 대전환·국가 대개조를 위한 중장기 국가발전전략으로 진화하고 있다.

또한 포스트코로나 탄소중립 시대에 4차 산업혁명, 디지털 및 그린 사회경제로의 전환, 글로벌 가치사슬과 공급망 재구축 및 탄소중립을 지향하는 국제 신경제질서를 선도하는 국가로 도약하기 위한 국가발전전략으로 국제사회의 주목을 받고 있다.

(4) 디지털 뉴딜: 코로나19를 넘어 대한민국의 미래사회 혁신의 동력

세계 최고 수준의 우리나라 ICT 역량을 기반으로 사회경제 시스템의 디지털 대전환과 체질 개선을 통해 혁신산업 및 미래형 일자리 창출 등 디지털 선도국가로 도약하기 위한 범국가적으로 사회경제 시스템을 혁신하는 전략으로 발전하고 있다. 이를 통해 지식사회 기술력 강화 및 사회 전반의 디지털리터러시 제고, 비대면산업 활성화에 따른 국민의 삶의 질이 개선될 것으로 기대된다.

(5) 그린 뉴딜: 지속가능한 탄소중립 사회의 지렛대

기존의 에너지전환 정책 기조의 연장선에서 사회경제 각 분야의 대전환을 통해 탄소사회경제에서 탈피하여 지속가능하고 정의로운 탄소중립 사회경제를 실현하는 지렛대이자 주춧돌의 역할을 하고 있다.

(6) 탄소 중립: 경제성장·삶의 질 향상이 가능한 지속가능한 사회로의 전환

기후변화 대응정책이 기존의 온실가스 감축 중심의 '적응적(Adaptive) 감축' 정책에서 지속가능한 경제·사회구조 시스템을 구축하는 '능동적(Proactivie) 대응' 정책으로 전환되는 출발점이자 이정표가 마련되었다.

(7) 지역균형 뉴딜: 지역의 균형발전과 혁신을 위한 엔진

지역의 주도로 지역별 맞춤형 사업을 통해 지역의 현안 해결과 지역특성 기반 사회경제 혁신발전으로 지역 간 불균형을 해소하고 지역균형발전을 구현하게 될 것으로 기대된다. 수도권 집중심화, 지방의 산업경제생태계 약화, 지역격차 심화현상의 국가적 지역위기 상황을 돌파할 수 있는 수단으로 적극적으로 활용될 필요가 있다.

(8) 디지털 사회 및 탄소중립 실현을 위한 금융시스템으로의 전환

녹색금융 역할 등의 확대·강화로 포스트코로나 탄소중립 대전환시대에 지속가능발전 및 녹색산업 생태계의 안착에 기여하게 될 것이다. 정책형 뉴딜펀드는 디지털 뉴딜과 그린 뉴딜 사업 및 탄소중립 전략의 안정적이고 지속적인 추진을 위한 재정적 기반으로 역할을 하게 될 것이다.

3. 복지를 확장한 정부

1) 아동의 돌봄에 대한 국가의 역할과 책임의 적극적 확대

아동에 대한 돌봄의 확대 문제는 아동만의 문제가 아니라 저출산, 일가정 양립, 가정의 복지 부담, 교육 등 매우 복합적인 이슈들과 연결되어 있다는 점에서, 아동에 대한 돌봄의 확대 정책은 포용적 복지국가로의 진입에 있어서 절대적인 조건이며, 지속적으로 확대 필요성이 있는 영역이다.

2) 국민의 교육기본권 실현을 위한 초중등 무상교육 완성

초·중·고 전면 무상교육이 완성됨으로 가정환경·지역·계층과 관계없이 모든 학생들이 학비 걱정 없이 고등학교 교육까지 받을 수 있는 기반이 마련되었다. 초·중·고 교육의 국가 책임을 강화함으로써 헌법상 보장된 모든 국민의 교육기본권 실현에 기여하였으며, 가정환경·지역·계층에 관계없이 모든 학생들에게 공평한 교육 기회를 보장하여, 소득격차에 따른 교육격차를 해소하는데 기여할 수 있게 되었다.

3) 치매국가 책임제를 통한 국가의 역할 확대

치매를 더이상 환자 자신과 가족만이 감당해야 할 문제가 아닌 "국가가 책임져야 할 사회문제"로 전환하는 전기를 마련할 수 있게 되었다. 치매국가책임제는 체감도가 높은 정책으로, 국민의 75%가 긍정적 평가(건강보험공단·한국리서치 주관 설문조사(2019. 6))를 하였다는 점에서 매우 의미있는 제도라 할 수 있다.

4) 공공의료 강화를 통한 보건의료의 접근성과 보편성 증대

누구나 어디서든 이용할 수 있도록 공공의료의 접근성·보편성을 높여 치료가능 사망률을 2018년 현재 43.8명에서 2025년까지 30.7명으로 낮추고, 지역 간 치료가능 사망률 격차를 2018년 1.40배에서 2025년 1.26배로 낮추는 계획을 추진하고 있다. 2018년 11월부터 약제비 본인부담 차등제(경증질환으로 대형병원을 이용하는 환자의 약제비 본인부담 인상)를 확대 실시하여 경증 외래환자의 대형병원 이용이 감소하는 등 의료기관 이용 효율화 증대에도 기여할 수 있게 되었다. 누구나 어디서든 이용할 수 있도록 공공의료의 접근성·보편성을 높여 치료가능 사망률과 지역 간 치료가능 사망률 격차를 낮춘 것이다.

5) 문재인 케어를 통한 국민의 보건의료 보장성 강화와 건강의 질 증대

의학적 비급여의 단계적 급여화를 통해 가계의료비 부담을 약 9조 2천억 원 경감하였고, 약 3,700만 명(중복 제외)의 국민이 보장성 강화정책의 혜택을 받을 수 있게 되었다. 또한 보장성 강화정책을 통해 2019년 기준으로 당초 예측된 비급여 진료비를 약 4.6조 원 억제하는 효과를 거두었다. 질병으로 인한 의료비 부담으로 가계가 파탄하는 위험을 방지하여 건강보험의 사회안전망 기능이 강화될 수 있게 되었다.

6) 부양의무자 기준 폐지를 통해 취약계층에 대한 실질적 지원 강화

부양의무자 기준 폐지를 통한 신규 수급자는 2020년 12월 기준 주거급여에서 7만 4천 명, 생계급여는 17만 6천 명에 이르는 등 지속적으로 늘어나고 있다. 기초생활보장제도 총 수급자 수는 2020년 12월 213만 명, 2021년 3월에는 220만 명으로 늘었다. 또한 장애등급제 폐지로 12개 부처 23개 서비스의 지원 대상이 확대되었으며, 장애인 활동지원 수급자가 2019년 대비 8.5% 증가하는 등 서비스 지원 규모도 확대되었다. 기초보장제도 부양의무자 기준 폐지를 통해 빈곤층 보호의 사각지대를 크게 개선할 수 있게 되었다. 이외에도 기초연금 수급액 증가와 장애인등급제 폐지와 종합지원체계를 도입함으로써 우리 사회 취약계층의 삶을 국가가 책임지고 보호하는 의식이 강화될 수 있는 기반이 튼튼하게 구축될 수 있게 되었다.

7) 노동시간 단축을 통한 근로자의 일-생활 균형 확보와 기본권 강화

2017년 기준으로 2,014시간이던 우리나라 임금근로자의 연간 근로시간(상용 5인 이상 사업장 기준)은 2020년 1,952시간으로 크게 줄었으며, 주 53시간 이상 일하는 취업자의 비율도 19.9%에서 12.4%로 줄었다. 이와 같이 근로자들의 근로시간 단축 등을 통해 일-생활에 균형을 회복하게 함으로써 근로자가 행복한 사회로 나아가는데 기여할 수 있게 되었다. 노동의 존중과 더불어 충분한 휴식권을 보장함으로써 인간다운 삶을 누릴 있는 여건을 조성할 수 있는 제도적 장치를 마련한 것이다.

8) 고용보험 확대를 통한 전 국민 고용안전망의 강화

2020년 전년 대비 고용보험에 가입한 자영업자는 61.7% 늘어난 1만 6,251명으로 증가하였고, 저소득 근로자의 고용보험 가입 촉진을 위한 사회보험료 지원 사업의 지원 대상이 되는 소득수준을 점차 늘려 나가, 2020년에는 총 274만 명의 저소득 근로자들이 사회보험료 지원 혜택을 받아 새로이 고용보험에 가입하는 성과를 거두었다.

예술인들은 제도 시행 4개월 만에 2만6천 명(2021. 4. 13. 기준)이 가 입하는 등 제도에 대한 관심이 단기간에 높아졌다. 2021년 1월 1일에 첫발을 디딘 국민취업지원제도도 2021년 4월 중순에 2021년 지원규 모 64만 명의 40%가 넘는 26.5만 명이 신청하는 등 국민적 관심이 매 우 높아졌다.

4. 권력을 개혁한 정부

1) 헌법 제1조에 기반한 권력기관의 재정비(주권재민)

민주공화국인 대한민국에서 모든 권력은 국민으로부터 나온다(헌법 제1조). 또한 모든 국가권력은 인치(人治)가 아니라 헌법과 법률을 통한 견제와 균형의 구조로 조직될 때만 건강하게 유지될 수 있다. 이를 위 해서는 시민의 실질적인 통제력, 견제력 확보와 행사가 관건이다. 문 민통제, 시민의 견제력이 보장되어야만 형사사법제도가 시민의 훼손 된 자유를 회복시키고, 정의를 실현할 수 있을 것이다.

문재인 정부의 권력기관 개혁은 국가권력에 대한 시민통제와 시민 의 견제력을 제고하고 시민이 스스로 권력을 행사할 수 있는 장치를 마련해 줌으로써 우리의 민주주의가 공화주의적으로 한 단계 진일보 하는데 중요한 전환점을 마련해 준 것이다.

2) 권력기관 간 견제와 균형의 원리의 제도화

검·경수사권 조정은 정부 수립 이후 70여 년 만에 검찰과 경찰이 상호협력 속에서 합리적으로 경쟁할 수 있는 제도의 틀을 확립한 것이다. 또한 2021년은 수사권 다원화의 실질적 원년으로서, 권력기관의 양축이라고 할 수 있는 검찰과 경찰이 민주주의 원리속에서 국민을 위하여 제자리를 잡을 수 있도록 체계적으로 제도화하였다고 할 수 있다.

사회문제가 복잡해지고 각국에서 국가-시민사회 간 협력적 거버넌스가 확대되고 있는 오늘날 사실 판단의 전문화와 그에 따른 수사권 다원화는 불가피하다. 특히 의료, 군사, 조세, 금융, 노동, 지적재산, 국제상사, 사이버, 방역 등 전문 영역은 해당 분야의 사실 판단에 정통한 전문가가 아니면 사실상 수사가 불가능한 상황이다. 종래의 체제하에서는 사실 판단의 전문성이 없는 검사가 수사의 전권을 행사하고, 검찰조직 내부에서 도제수습 형식을 통해 수사역량을 배양하지만 객관적 검증은 불가능했다.

'수사권과 기소권의 분리'는 비대한 검찰 권력의 분할뿐 아니라 사실 판단인 수사는 해당 영역의 전문 역량을 갖춘 수사관에게 맡기고, 법률가는 형사과정의 각 단계에서 법률 판단을 기초로 이를 감독하고 통제하는 형사사법의 신거버넌스로의 전진을 상징한다. 단순한 수사-기소권의 분리가 아니라 민주적이고 전문적인 체계의 구축을 의미한다.

3) 검찰권에 대한 견제와 권력형 범죄의 통제를 위한 '공수처'의 출범

고위공직자범죄수사처의 출범은 한국 사회에서 불신의 근원으로 지목되어온 정치 엘리트 및 고위관료집단의 부패에 대한 강력한 통제

수단이 등장했음을 의미하며, 특히 판사·검사·경무관 이상 경찰공무원의 공직범죄에 대하여는 공수처에 기소권까지 부여함으로써 향후 사법 영역의 부패에 대한 엄정하고 공정한 대응이 가능해졌음을 의미한다. 오랫동안 국민의 불신을 받았던 권력형 부패에 대한 공정하고 객관적인 처리와 이를 바탕으로 국민의 신뢰 회복이 가능해지게 되었다고 할 수 있다.

4) 자치경찰제 도입과 자치분권의 실현

검·경수사권 조정에 따른 경찰 권력의 비대화 및 오·남용을 막기 위하여 경찰 사무의 3분 구조를 도입하고, 그에 따라 국가경찰 및 자치경찰을 조직했으며, 정보경찰의 규모를 축소하고, 정치관여금지 및 위반시 형사처벌 규정 등을 신설하였다.

다만, 국가경찰로부터 실질적인 조직 분리가 이루어지지 않은 채, 자치경찰에게는 단지 자치사무에 관련된 행정경찰의 권한만이 부여되었기 때문에 역할이 제한적이므로 향후 자치경찰의 실질적 강화를 위한 정책적 노력이 필요하다. 자치경찰제의 도입은 국가운영의 민주적인 원리로서 자치와 분권을 강화하기 위한 조치이면서, 동시에 국민 중심의 치안을 위한 핵심적인 제도의 출발이라 할 수 있다. 자치경찰제의 도입 이후에는 해당 자치단체의 실정에 맞게 자치경찰제가 지역사회에 뿌리를 내릴 수 있을 것이다.

5) 국가정보원의 국민의 정보기관화

국내 정보 수집기능 폐지, 대공수사권 이관 등 국가정보원의 개혁은 군사정권이 시작한 정보기관의 권력기구화를 마침내 제도적으로

종식시키고, 국회의 통제 속에서 민주화 시대에 적합한 대북·해외 전문 정보기관으로 거듭날 수 있도록 하였다는 점에서 역사적 의미가 매우 크다 할 수 있다. 권력을 위한 정보기관에서 이제는 국익과 국민의 안전을 위한 기관으로 거듭날 수 있게 되었다.

5. 평화시대를 다진 정부

문재인 정부 출범 전후로 남북한의 긴장은 북한의 미사일 발사 및 핵실험 등으로 매우 고조되어 있었다. 세계는 한반도가 일촉즉발의 위기 상황에 처한 것으로 인식할 정도였다. 문재인 정부는 한반도 위기 상황의 해소와 평화체제의 구축, 그리고 성공적인 평창 올림픽의 개최를 위하여 3차례에 걸친 남북 정상회담을 개최하였고, 판문점 및 평양 선언을 도출하였으며, 남북한이 동시 참여하는 평창 평화올림픽을 성사시켰다. 남북 정상회담을 통하여 위기의 한반도가 평화의 한반도로 전환될 수 있는 계기가 만들어졌다고 할 수 있다. 또한 남북 정상회담을 토대로 북미 정상회담이 개최되는 등 한반도 평화를 위한 국제적 논의가 확장되었다고 할 수 있다.

한반도의 평화는 강한 안보에 바탕을 두어야 한다는 점에서, 문재인 정부는 국방력 강화를 위하여 많은 노력을 하였다. 문재인 정부 출범시 40.3조원이었던 국방예산은 3년 만에 10조 원이 늘어 국방예산 50조 원 시대를 열었다. 방위력 개선비 증가율이 지난 정부 9년간의 연평균 증가율 5.3%보다 1.6배 상승했다는 점에서 문재인 정부의 국방력 강화를 위한 의지를 확인할 수 있다. 또한 전략표적 타격 능력의 향상을 위한 백두체계능력, 고고도 정찰용 무인항공기(HUAV), F-35A

스텔스 전투기, 장거리 공대지 순항미사일(TAURUS) 등의 첨단 무기체계 전력화, 한국형미사일 방어능력을 위한 패트리어트 성능 개량, 탄도탄 조기경보 레이더-II 등 첨단 무기체계 도입으로 강한 국방을 구현하고자 하였다.

또한 2021년 5월 워싱턴DC에서 개최된 한미정상회담에서 미사일 지침의 종료를 발표함으로써 한국의 미사일 주권을 환수했다. 즉 문재인 정부는 출범부터 한·미 미사일 지침에 의해 제한된 기술개발을 극복하기 위해 노력했고, 그 결과 2017년 사거리 800km 범위에서 탄두중량에 관계없이 탄도미사일을 개발할 수 있게 되었고, 2020년에는 우주발사체의 고체연료 사용제한을 폐지했다. 한국의 미사일 주권 환수는 새로운 차원에서 한반도 평화프로세스의 재개를 가능하게 하는 원천이라 할 수 있다.

북핵위기와 코로나19의 팬데믹 속에서도 한국의 국제적 위상은 높아졌으며, 그것은 G7 정상회담에의 참여와 신남방 및 신북방 정책에서도 나타났다. 즉 한국은 영국에서의 G7 정상회담에 참여하여 세계적 이슈인 백신 공급 확대 및 글로벌 보건 거버넌스 강화, 인권·민주주의·자유무역 등 핵심가치의 보호와 증진, 그리고 기후변화와 탄소중립 이슈에 주도적으로 참여하여 국제적인 연대와 협력을 주도하였다. 높아진 우리의 국격에 걸맞는 역할을 하게 된 것이다. 특히 문재인 정부의 경제·외교 협력 전략인 '사람중심의 평화와 번영의 공동체' 비전 구현을 위한 신남방·신북방 정책을 통해, 경제, 문화, 교육, 방역과 보건, 안보 등 다방면의 교류협력 사업을 추진하였다. 선도국가로서 국제적인 연대와 협력, 평화를 위한 노력을 추진한 것이다.

| 참고문헌 |

국정기획자문위원회. 2017. 국민의 나라 정의로운 대한민국

기획재정부. 2021. 문재인 정부 4주년, 그간의 경제정책 추진성과 및 과제

대한민국 정부. 2020. 100대 국정과제

대한민국 정부. 2021. 대한민국, 위기를 넘어 선진국으로

대한민국 정부. 2021. 대한민국 대전환과 도약의 길

대한민국 정부. 2021. 문재인 정부 4년, 100대 국정과제 실적

문화체육관광부. 2021. 문재인 정부 4년반 외신보도 분석

정책기획위원회. 2020. 한국판 뉴딜 : 비전과 전략.

정책기획위원회. 2021. 대한민국을 변화시킨 100대 입법

정책기획위원회. 2021. 세계가 주목하는 국제지표

정책기획위원회. 2021. 국정성과로 보는 5대 강국론

정책기획위원회. 2021. 국민과 함께 극복한 3대 위기

정책기획위원회. 2021. 문재인 정부, 국정비전의 진화와 국정성과

국정과제협의회 정책기획시리즈 19

위기와 미래 – 문재인 정부 국정비전의 진화와 5대 강국론 –

발행일	2022년 3월 30일
발행인	조대엽
발행처	**대통령직속 정책기획위원회** 서울특별시 종로구 세종대로 209 정부서울청사 13층 대통령직속 정책기획위원회 (02-2100-1499)
판매가	22,000원
편집·인쇄	경인문화사 031-955-9300
ISBN	979-11-978306-5-5 93300

Copyright@대통령직속 정책기획위원회, 2022, Printed in Korea